KB180199

홍콩의 토지와 지배계급

홍콩의 토지와 지배 계급

초판 1쇄 인쇄 | 2021년 9월 15일
초판 1쇄 발행 | 2021년 9월 30일

지은이 앨리스 푼
옮긴이 조성찬
책임편집 손성실
편집 조성우
디자인 권월화
펴낸곳 생각비행
등록일 2010년 3월 29일 | 등록번호 제2010-000092호
주소 서울시 마포구 월드컵북로 132, 402호
전화 02) 3141-0485
팩스 02) 3141-0486
이메일 ideas0419@hanmail.net
블로그 www.ideas0419.com

ⓒ 생각비행, 2021
ISBN 979-11-89576-86-8 03300

책값은 뒤표지에 적혀 있습니다.
잘못된 책은 구매하신 서점에서 바꾸어드립니다.

이 책 내용의 전부 또는 일부를 재사용하려면
반드시 지은이와 출판사 양쪽의 동의를 받아야 합니다.

도시국가를
뒤흔드는
부 동 산
헤 게 모 니

홍콩의 토지와
지배 계급

앨리스 푼 지음
조성찬 옮김

생각비행

이 기회를 빌려 이 책이 세상에 나올 수 있도록 해준 엔리치 프로페
셔널 출판사Enrich Professional Publishing에 감사를 표한다.

　이 책을 중국어로 출판하게 된 중요한 계기는 홍콩에 있는 서점
인 HKReaders가 기획해 2010년 4월 15일에 진행한 영문판(제1판)
출판 기념 북토크였다. 참석자 중 한 명이 강연이 매우 좋았으며 강
연이 끝난 뒤 책을 사려는 주문이 많았다고 전해주었다. 또 이 책이
중국어로 출간된다면 현지에서 더욱 폭넓은 독자층을 확보할 수 있
을 것이라고 했다. 이것이 나를 자극해 중국어로 출판하게 한 신호
였다. 중국어로 이 책을 소개하고 평론을 쓴 로널드 익Ronald Yick에
게도 큰 신세를 졌다.

　《캐나다 도서 리뷰 연감Canadian Book Review Annual》에도 감사를 전
한다. 《캐나다 도서 리뷰 연감》은 2007년 9·10월 편집자 선정 학술
도서에 내 책의 초판을 선정해주었다. 그 덕에 초판은 현재 캐나다
의 대학 도서관 열두 곳, 미국 공공도서관 및 대학 도서관 여섯 곳,

영국의 케임브리지대 도서관에 비치되어 있다. 이 책은 홍콩침회대, 홍콩대, 홍콩과학기술대에서도 이용할 수 있다.

2010년

앨리스 푼

《홍콩의 토지와 지배 계급》의 저자 앨리스 푼입니다. 생각비행 출판사에서 출간한 한국어판에 관심을 가져주신 한국 독자께 감사를 드립니다.

2003년에 이 원고를 처음 썼고, 2005년에 캐나다에서 자비로 출판했습니다. 이후 캐나다의 서평 전문지인 《캐나다 도서 리뷰 연감》은 이 책을 2007년 9·10월 편집자 선정 학술 도서로 꼽았습니다. 평론가 게리 왓슨은 서평에서 "푼의 간결하고 잘 논증된 분석은 홍콩이 처한 곤경을 이해할 수 있는 몇 안 되는 영어 자료 중 하나"라고 논평했습니다. 2010년 엔리치 프로페셔널 출판사와 홍콩경제 저널이 중국어로 출간한 이 책은 순식간에 베스트셀러가 되었습니다. 이듬해에는 제4회 홍콩도서상을 수상하기도 했습니다.

이 책은 비즈니스 저널리스트로 일하면서 관찰한 것뿐만 아니라 홍콩 부동산 개발 분야에서 수년간 일한 경험, 특히 중견 개발업체에서 개발기획 매니저로 일하면서 쌓은 지식과 경험에 기초하고 있습니다. 또 이 책의 전제에 대한 중요한 영감은 미국의 토지 개혁가이자 경제학자인 헨리 조지Henry George(1839~1897)가 지대와 불평등한 부의 분배 사이의 관계를 다룬 저서 《진보와 빈곤》을 읽은 데서 촉발되었습니다.

《홍콩의 토지와 지배 계급》은 몇몇 경제 권력가의 손에 경제력과 부가 지나치게 집중되어 있다는 문제에 초점을 맞추고 있는데, 이는 기본적으로 홍콩의 토지 제도와 주요 부문의 경쟁 부족 탓입니다. 이 책은 영국 정부로부터 물려받은 토지 제도가 어떻게 지배층의 막대한 재산 증식을 촉진했는지, 그리고 경쟁법의 부재가 어떻게 지배층에게 산업과 경제를 집중시켰는지에 대해 논합니다. 토지 제도, 산업 집중 그리고 엄청난 부의 불균형은 많은 사회·경제적 병폐를 야기했습니다. 마지막으로 이 책은 홍콩을 치료하기 위한 몇 가지 해결책을 제안하며 끝을 맺습니다.

많은 홍콩 시민이 터무니없는 집값과 생활비에 오랫동안 시달려

온 터라 이 책이 처음 출간되었을 때 홍콩 사회에 큰 반향을 불러일으켰습니다. 홍콩 시민들은 홍콩 정부가 토지 매각으로 세수의 대부분을 얻는 최대 토지 소유주이기 때문에 이러한 복잡한 문제를 다룰 때 그들의 손발이 묶여 있다는 점도 빨리 깨달았습니다.

운 좋게도 부동산 마차에 올라탄 시민들은 토지와 부동산 가격을 끌어내릴 수도 있는 토지 정책의 변화를 원하지 않습니다. 그러나 감당할 수 없는 집값이 저소득층의 열악한 주거환경으로 이어진 것도 엄연한 현실입니다. 이러한 상황에서 쉽게 벗어날 방법은 없습니다.

홍콩은 조세 부담이 낮다고 알려져 있습니다. 그런데 홍콩의 소득세율은 상대적으로 낮지만, 주택을 소유한 노동자 시민은 매입 가격의 필수적인 부분을 차지하는 과중한 토지 프리미엄을 지급해야 하기 때문에 여기에는 오해의 소지가 있습니다. 일반 시민들 사이에서 토지 프리미엄은 '숨겨진 세금'으로 불립니다.

남북한의 토지 제도와 정책에는 나름의 도전 과제가 있을 것입니다. 남한은 최근 부동산 가격 급등과 투기 문제로 어려움을 겪고 있다고 들었습니다. 그리고 그 가운데 공공주택 공급을 담당하는 LH의 부패가 중요한 이슈로 부각되고 있다는 점도 알고 있습니다. 중국 경제특구의 토지 사용 제도를 벤치마킹한 북한은 국제적인 경제 제재하에서 경제 발전을 위해 보다 큰 틀에서 토지 사용 개혁이 필요한 시점입니다. 제 책이 홍콩의 사례연구로서 남북한이 맞닥뜨린 도전을 타개하려는 시도에 미약하나마 시사점을 제공할 수 있기를 겸손한 마음으로 바랍니다.

조성찬 박사를 통해 제 견해를 한국 독자들과 나눌 기회가 주어져 매우 고맙게 생각합니다. 여러분의 관심과 성원에 미리 감사를 드립니다.

2021년 4월
앨리스 푼

차례

서
론

합리적인 사람은 자신을 세상에 맞춘다. 비합리적인
사람은 세상을 자신에게 맞추려고 노력한다. 그러므
로 모든 진보는 비합리적인 사람에게 달려 있다.

— 조지 버나드 쇼

2005년 이후 홍콩 사회는 빈부 격차와 사회적 불평등 면에서 꾸준
히 악화한 것으로 보인다. 이 시기는 도널드 창Donald Tsang, 曾蔭權이
둥젠화董建華의 뒤를 이어 홍콩의 최고 통치자로 재임한 기간과 겹친
다. 따라서 악화일로의 홍콩 상황이 도널드 창 행정부와 관련되었
다고 가정해도 무리는 아니다. 홍콩 사람들은 그가 취임했을 때 큰
기대를 걸었지만, 희망은 슬프게도 환멸로 변했다.

　엘리트 계층은 정부의 비호 아래 불공정한 토지·주택 정책과 경
쟁 규정의 부재를 이용해 일반 시민들에게 피해를 입히면서 부를 축
적하고 있다. 이러한 고질적이고 불공평한 사회·경제 현상은 사회
구조에 깊이 뿌리박혀 있다. 이 책의 목적은 그러한 현상의 근본적
원인을 살펴보는 것이다.

　홍콩의 기득권이 지난 몇 년간 의도적으로 재연한 부동산 거품은

극도로 높은 생계비 환경을 조성하여 시민들의 일상생활에 타격을 주었으며, 경제라는 운동장은 더욱 기울어졌고, 일자리와 창업 기회는 계속해서 감소했다. 이러한 상황은 일반 대중의 분노를 이끌어 냈는데, 특히 1980년대 이후에 태어난 세대를 격분시켰다. 여기에는 그간 침착하고 참을성 있던 젊은 중산층 전문직도 함께했다.

집값 폭등은 홍콩 사회에 만연한 질병의 한 가지 증상일 뿐이다. 다른 증상들은 다음과 같다. 홍콩의 2009년 구매력 평가 기준 1인당 국내총생산GDP이 4만 3000미국달러에 달해 스위스와 같은 수준이라고 자랑하지만, 빈부 격차를 측정하는 지니계수●는 0.434로 높아 중앙아프리카공화국(0.436)에 근접하고 중국 본토(0.415)보다 높은 수준이다. 홍콩은 아시아에서 세 번째로 물가가 높은 도시로,[1] 집값은 세계에서 네 번째로 비싸다(제곱피트당 1382미국달러로, 도쿄보다 비싸다). 또 홍콩의 소매점 임대료는 전 세계에서 두 번째로 비싸다.[2] 이 질병은 '고지가 정책'이라고 불리며, 지독한 바이러스가 토지 제도와 부동산 시장 구조 속에 침투해 있다. 이는 이 책에서 다루는 주요한 주제다.

2009년 기준, 123만 명의 홍콩 주민이 빈곤선 이하에서 살고 있다. 그중 약 10만 명이 새장 같은 누추한 집에서 살고 있다. 리자청

● 지니계수Gini index는 완전 평등을 의미하는 0에서 완전 불평등을 의미하는 1 사이의 값으로 표현된다. (이 책에 나오는 모든 각주는 옮긴이가 달았다.)

李嘉誠(리카싱), 궈郭 형제들 그리고 리자오지李兆基(리쇼키)는 2009년 《포브스》가 선정한 세계 억만장자 50인 안에 포함되었다. 이들은 각각 163억, 106억, 90억 미국달러의 순자산을 보유했는데, 2003년 과 비교해 6년 동안 각각 107%, 59%, 142% 증가했다. 같은 기간 홍콩의 중간관리자와 전문직 종사자의 임금지수는 8.4% 상승했다.[3]

권력을 휘두르는 부동산 카르텔과 대중 사이의 오랜 분열이 끝날 기미 없이 계속 심화하고 있다는 판단에는 별다른 이견이 없을 것이다.

도널드 창 행정장관은 2005년 6월 임명식에서 "행동할 준비가 되어 있다는 것을 홍콩 시민들에게 보여주고, 그들의 복지와 이익을 위해 적시에 행동할 것"이라고 약속했지만 뿌리 깊은 사회적 불평등과 불공평은 그의 통치하에서 꾸준히 악화해갔다. 정부의 인기 없는 조치, 무감각한 관성 그리고 어정쩡한 조치의 결과로, 홍콩 사회는 중국의 원자바오溫家寶 총리가 "뿌리 깊은 갈등"이라고 부른 상황에서 무력하게 허둥대고 있다.

사유재산권 침해 ―

직능 선거구가 통제하는 입법회는 2010년 3월 일반 대중과 민주파 의원들의 거센 반발에도 불구하고 논쟁적인 법안을 통과시키고,

50년 이상 된 건물에 대한 강제수용 동의율compulsory sale threshold을 90%에서 80%로 낮췄다. 1999년 재개발을 위한 토지 강제수용 조례가 동의율 90%를 기준으로 처음 통과되었을 때 그 입법 취지는 한두 명의 소유자를 찾지 못해 개발업체*가 토지 매입 과정에서 어려움에 봉착하지 않도록 하기 위해서였다. 그러나 이렇게 동의율을 낮춘 것은 명백히 자의적이고 근거 없는 조치로, 사유재산권을 더욱 침해하는 것이자 노골적으로 개발업체 편을 드는 것이다.

발전국 국장이던 캐리 람Carrie Lam, 林鄭月娥이 진행한 전화 라디오 포럼에서 한 중학생이 "개발업체들이 동의율을 70%나 60% 또는 50%로 더 낮추라고 정부에 요구하지 않는다는 보장이 있는가?"라고 날카롭게 질문했다. 의심의 여지 없이 새로운 규칙은 홍콩 사회, 특히 중산층에 광범위하게 영향을 미칠 것이다.

미드 레벨Mid-Level 지역에 있는 47년 된 건물을 매입하려던 개발업체는 당시 매입에 동의하지 않던 20%의 소유주들과 보상금 협상을 벌이고 있었는데, 2010년 4월 1일 이 법이 발효되자마자 협상을 중단했다. 3년만 더 기다리면 건물 수명이 50년이 되기 때문에 소

---

* 원문에는 developer로 표기되어 있는데, 이 표현은 우리말로 '시행사'를 의미한다. 시행사란 건설 프로젝트 전반을 총괄 지휘하고 책임지는 회사다. 반면 '시공사'는 시행사로부터 건축 용역을 받아 수행하는 회사를 말하는데, 한국에서는 시행사가 형식상의 역할만 감당하고 실제로는 시공사, 즉 대규모 건설 자본이 그 역할을 담당한다. 본문의 '개발업체'라는 표현은 시공사가 아닌 '시행사'를 의미한다.

유주들과 흥정할 필요 없이 강제수용을 신청할 수 있다고 판단해서 였다.

이 새로운 규칙을 비판하는 자들은 과거 강제수용 대상 건물들이 거의 모두 미드 레벨과 같은 고급스러운 도시 주거 지역에 위치했다고 지적한다. 이는 법의 목적이 마터우웨이馬頭圍처럼 황폐한 지역의 재개발을 촉진하기 위함이라는 발전국장의 미심쩍은 주장을 반박하는 것이다.

또 1999년 강제수용법이 통과된 이후 성사된 총 20건의 강제수용 사례 중 18건의 건물이 경쟁입찰 없이 개발업체들에 입찰 최저가로 판매된 것으로 드러났다. 노스 포인트North Point에 있는 고급 주거지 브래마 힐Braemar Hill의 최근 강제수용 사례에서 오래된 주거단지 두 블록이 제곱피트당 448미국달러라는 터무니없이 낮은 가격으로 신스제新世界 그룹에 매각되었다. 이처럼 동의율이 낮아지면 고급 주거지에 위치한 오래된 건물의 소유주들이 강제수용이 적용되기 전의 시장가격보다 낮은 가격에 자신의 주택을 매각할 수밖에 없다는 점은 쉽사리 예측할 수 있다.

만약 개발업체의 표적이 된 건물의 소유주가 매각을 꺼린다면, 그 이유는 감성적이자 현실적일 것이다. 현실적인 측면에서 볼 때 개발업체가 제시하는 금액은 같은 동네에서 비슷한 주택을 사기에 부족하다. 돈 문제를 떠나서 오랫동안 거주하며 익숙해진 동네를 떠나지 않으려는 마음은 지극히 자연스럽고 인간적이다. 노인들은 특히 더 그러하다. 이처럼 매각을 꺼리는 많은 이들은 그들이 살고 있는 건물의 수명이 50년이 다 되어 개발업체의 표적이 되었을 때 의지할 곳이 거의 없다는 사실을 깨닫게 될 것이다.

정상적인 토지 수용 절차에서 공공의 이익을 위해 토지나 부동산을 반환하라고 요구할 수 있는 권한은 정부와 도시재개발청Urban Renewal Authority, URA에만 있다. 1999년 이후 부동산 개발업체들은 동일한 토지 수용 권한을 부여받았는데, 이는 사익을 챙기기 위한 목적이었다. 애초에 부동산 개발업체의 손에 쥐여주지 말았어야 할 그 권한은 동의율 인하를 통해 더욱 강력해졌다. 그래서 그 법이 굉장히 고약한 것이다. 입법자들은 "홍콩특별행정구는 법에 따라 사유재산권을 보호해야 한다"라는 기본법 제6조를 잊어버린 듯하다.

상식에서 이탈하는 철로 ——

2010년 1월 직능 선거구 입법의원들이 입법회를 밀어붙여 통과시킨 또 다른 논쟁적 법안은 '광저우-선전-홍콩 고속철로 연결' 사업의 자금 지원 승인이었다. 전 세계에서 사업비가 가장 큰 철로 연결 사업일 거라는 이 사업은 납세자들이 86억 3000만 미국달러의 비용을 부담하는 반면, 50년 동안 발생하는 수익은 겨우 103억 2000만 미국달러에 불과할 것으로 추산된다.

시민정신이 투철한 여러 분야의 엔지니어와 전문가로 구성된 프로페셔널 커먼스The Professional Commons는 전면적이고 대안적인 철도 연결 사업 제안서를 내놓으며, 정부안보다 "더 빠르고, 더 저렴하며, 더 나을" 것이라고 자신했다. 이 제안서는 진상루西九龍, West Kowloon에 터미널을 설치하려는 정부안의 일곱 가지 결함을 지적하며, 훨씬 더 바람직한 위치는 신제新界에 있는 캄성로錦上路라고 주장했다. 전문가 그룹이 제안한 철로 연결에는 32억 3000만 미국달러의 비용이 예상되었는데, 이는 81억 3000만 미국달러가 소요되는 정부 안보다 훨씬 저렴했다. 더구나 전문가 그룹이 제안한 대로 철로를 정비하면 집을 지키기 위해 정부와 치열하게 싸워오고 있는 초이윈 췬菜園村 마을 사람들을 쫓아내야 하는 번거로운 상황도 피할 수 있었다.

하지만 자기들 입장에서 꿈쩍도 하지 않으려는 공무원들은 신중하게 작성된 제안서를 비방하기만 할 뿐이었다.

자금 지원 법안이 입법회의 재정위원회에 상정된 날, 시위대 수천 명이 의사당 건물을 에워쌌다. 시위대 가운데 80년대 이후에 태어난 20대들은 건물을 둘러싸고 오체투지를 했다. 한때 시위대 일부가 정부청사로 행진해 도널드 창과의 면담을 요구하겠다고 결정하긴 했지만 실현되지는 않았으며, 항의 집회는 대체로 평화로웠다.

고속철로 연결 사업으로 누가 가장 이득을 볼까? 직능 선거구 의원들은 왜 그리 간절하게 자금 지원 법안이 통과되기를 바랐을까?

혹시 개발업체의 건설 자회사 그리고 지역 업체들과 연줄이 있는 중국 본토 시공사들이 수익성 좋은 철도 관련 계약을 얻어낼 수 있기 때문일까? 아마도 더 많은 이해관계자가 있을 것이다.

철도 터미널이 서주룽문화지구와 인접해 있기에 신설된 서주룽문화지구청은 40헥타르 이내의 범위에서 주거 또는 상업용 개발을 위한 값진 부지를 입찰할 좋은 구실을 찾아낼 수 있을 것이다. 그러한 부지 입찰은 홍콩철도공사MTR Corporation,[4] 항공청, 도시재개발청 같은 다른 법정 기관의 부지 입찰과 마찬가지로 입법회의 감독 대상이 아니다. 물론 서주룽문화지구청이 실제로 부지 입찰을 할 것인지는 순전히 저자의 추측이다. 그러나 이 추측은 부동산 카르텔이 이제 교통의 중심지가 될 곳에 인접한 이 황금 같은 땅을 내버려두지 않을 것이라는 믿음에 근거한다.

지지할 수 없는 토지·주택 정책 ―

도널드 창 정부의 냉담한 관성을 생각하면 가장 먼저 두 가지가 떠오른다. 하나는, 지난 몇 년간 부동산 시장이 급격하게 과열되는데도 정부가 정기적인 공공토지 경매 재개를 완강히 거부했다는 점이다. 공공토지 경매는 2002, 2003년의 일시 중단이 끝난 후 2004년부터 신청 목록 제도application list system로 대체되었다. 다른 하나는,

주택 가격 급등에 대한 대중의 원성에도 불구하고 정부가 2003년 이후로 중단된 주택 소유 계획Home Ownership Scheme, HOS[5] 주택의 건축을 재개하라는 사회적 요구를 지속적으로 거부해왔다는 점이다.

주택 가격은 2003년 7월부터 2005년 5월까지 63% 올랐다가 2006년 상반기에 잠시 제자리걸음을 했다. 그러다가 2006년 중반부터 2008년 중반 사이에 다시 32.4% 올랐다. 글로벌 금융 쓰나미가 닥치자 2008년 6월과 12월 사이에 가격이 17% 하락했지만 곧 반등해 2008년 말부터 2009년 8월까지 20% 상승했다. 그 후 상승세는 수그러들지 않고 있으며, 지난 반년 동안 33%가 올랐다.[6]

2009년 10월 한 개발업체가 제곱피트당 9197미국달러의 가격으로 중국 본토 구매자에게 고급 주택을 판매했다는 소식이 알려졌다. 《월스트리트저널》에 따르면 2008년 11월 중국 정부가 내놓은 4조 위안의 경기부양책이 제공한 유동성에 힘입어 본토 구매자들이 신축 주택 판매량의 40%를 사들였다고 한다. 본토로부터의 자금 유입이 집값 상승에 일조한 것은 의심의 여지가 없다. 이민 신청 요건으로 부동산 투자를 요구하는 이민 정책도 여기에 한몫했는데, 이민 신청자 대다수가 중국 본토 사람이다. 비슷한 상황에 처한 호주 정부는 이미 주거용 부동산에 대한 외국인 투자를 제한하려는 움직임을 보이고 있다. 그러나 홍콩 정부는 여전히 수수방관하고 있다.

인기 블로거인 80년대생 의사는 감당할 수 없는 집값에 대한 80년대 이후 세대의 깊은 불만을 대변하며 행정장관에게 공개서한을 보냈다(홍콩 일간지《밍바오明報》에 게재).

창 행정장관님, 저희 같은 4세대가 보금자리를 마련하는 일이 얼마나 힘든지 짐작이나 하십니까? 최근 반년간 아파트 가격이 33%가량 올랐고, 임대료도 20~30%나 폭등했습니다. 당신은 주택 구매를 고려할 때 예산에 신경 써야 한다고 말합니다. 그러나 나는 오늘날 젊은이들이 주택 구매력과 생활비 면에서 여건이 그다지 좋지 않다고 말하고 싶습니다. 집을 사려면 계약금을 저축해야 합니다. 하지만 대부분 젊은이는 여전히 학자금을 갚고 추가적인 교육비를 부담하기 위해 고군분투하고 있습니다. 행여 계약금을 낼 만큼 저축했다 하더라도 그 돈으로는 결코 인상된 부동산 가격을 따라갈 수 없다는 사실을 금방 깨닫게 될 것입니다. 95%의 담보대출을 받을 수 있는 (신축) 부동산은 모두 200만 홍콩달러에서 300만 홍콩달러(25만 8000~38만 7000미국달러) 사이의 가격대에 있는데, 이는 월소득이 5만 홍콩달러(6450미국달러) 정도 되는 부부의 구매력을 넘어섭니다. 그보다 덜 비싼 노후 부동산을 구매하려 해도 기꺼이 높은 비율로 주택담보대출을 해줄 은행을 찾기란 쉽지 않습니다. 당신이 10만 홍콩달러(1만 2900미국달러)를 모았을 때쯤이면 사려던 부동산의 가격은 이미 30만 홍콩달러(3만 8700미국달러)가 넘게 올랐을 것입니다.

또 다른 거품의 형성이 확실한 상황에서도 정부는 팔짱만 끼고 있다. 서론을 쓰고 있는 현재 정부는 겨우 두 개 부지에 대해서 경매를 계획하고 있기는 하지만, 주택 공급이 실수요에 뒤처졌다는 확실한 증거에도 불구하고 정기 경매('9개 항 계획'[7]이 시작되기 전에는 일반적인 관행이었다) 재개에 대해서는 아직 결정을 내리지 못하고 있다. 최근 5년간 연평균 아파트 청약자 수가 매년 신축 아파트 공급을 초과했다. 공실률은 2003년 6.8%에서 2009년 4.3%로 떨어졌다. 2009년 1분기에서 4분기 사이에 주택 임대료 수준은 15.4% 상승했고[8] 2010년에도 가파른 상승세가 지속될 태세다. 2008년 완공된 주택은 전년 대비 16.1% 감소한 8800호로, 20년 만에 처음으로 1만 가구를 밑돌았다.[9]

렁춘잉梁振英 행정회의 의장은 2010년 4월 23일《밍바오》에 쓴 글에서 1997, 1998년에 발생한 부동산 시장 붕괴가 둥젠화의 '8만 5000호 정책' 때문이라는 일반의 주장을 분명하게 반박했다.[10] 렁춘잉이 분명하게 지적했듯이 지난 1997년 1월 8만 5000호 정책을 근거로 작성한 '장기 주택 전략 검토 심의서'가 공개되었을 때 시장은 폭락하지 않았다(심의 기간은 1997년 1월부터 5월 말까지 이어졌다). 1997년 10월 둥젠화의 시정보고는 단지 그 문서에 나오는 정책을 발표한 것에 불과했다. 둥젠화의 8만 5000 정책 때문에 시장이 붕괴했다고 주류 언론이 비난했을 때 나는 그가 희생양이 되었다고 생각했다.

렁춘잉의 주요 논지에는 나 역시 충분히 공감한다. 즉, 정부는 사회 안정을 증진하고 시민들의 안정감과 소속감을 증진하기 위해 필요한 사람들에게 적당한 가격으로 주택을 제공해야 할 공적 책임이 있으며, HOS 주택을 되살리는 것은 시장경제 원리와 모순되지 않는다.

1997년의 심의서는 당시 주택국장이던 도미닉 웡Dominic Wong, 黃星華이 크리스 패튼Chris Patten 총독의 지원하에, 1976년 HOS 주택을 처음 도입한 맥레호스MacLehose 행정부의 정신에 기초하여 작성한 것으로, 모든 가구가 적당한 가격으로 적절한 주택에 접근할 수 있도록 돕고, 주택 소유를 장려하는 것을 목표로 했다. 이 문서는 정부가 충분한 토지를 적시에 공급할 수 있도록 장기적인 주택 수요를 정확하게 측정할 과학적이고 정량적인 모델의 사용을 제안했다. 또한 중산층과 저소득층의 내 집 마련을 돕기 위한 보조금의 집행을 옹호했으며, 부동산 시장의 투기를 억제할 적절한 조치도 제안했다.

불행히도 그러한 합리적 목표들은 2002년의 '9개 항 계획'에 의해 일거에 사라졌다('9개 항 계획'에 대해서는 4장과 5장에서 다룰 것이다). 이제 정부는 HOS 주택을 재공급함으로써 민간주택 시장에서 내 집 마련이 힘든 사람들을 도울 생각이 전혀 없어 보인다. 2009년 11월 입법회는 정부에 HOS를 재개하라고 촉구하며 구속력 없는 조치를 취했는데, 지금까지 정부의 반응이라곤 이 문제에 대해 공개적인 논의를 시행하겠다는 도널드 창의 약속뿐이었다.

적정가의 주택에 대한 사회적 갈증을 해소하기 위해 2010년 주택협회Housing Society[11]가 임시방편으로 '샌드위치 계층 주택 계획' 아파트 재고 약 800호를 판매하려고 했을 때 3만 건이 넘는 청약서가 접수되었다. 40배나 초과한 청약이었다. 보통 이런 저렴한 주택을 사고 싶어 하는 사람들은 HOS에서 정한 소득 한도를 초과하는 중산층이지만 그렇다고 민간주택을 살 여유는 없는 이들이다. 이 같은 주택은 투기 억제를 위해 5년 동안 전매가 제한된다. 이번 주택 판매에 대한 폭발적 반응은 적정가 주택에 대한 수요가 엄청나다는 사실을 단적으로 보여준다.

정부가 저소득층과 중산층에 주택 공급을 지원할 의무가 없다고 생각하는 진영은 HOS의 부활을 반대한다. 주택 공급 지원이라는 것이 결국 정부 보조금으로 무주택자들이 부동산 시장에서 이익을 얻도록 돕는 것이라고 보기 때문이다. 렁춘잉은 2010년 5월 14일《밍바오》에 기고한 글에서 이러한 주장을 세세하게 반박했다. 그의 요점은, 정부가 관행적으로 산업계와 공익사업 부문에 보조금 조로 값싼 토지를 제공하면서, 개발업체로 전환한 기존의 수많은 기업과 공익사업 회사들이 부유해졌으며 관련 분야에서 많은 사람이 억만장자가 되었다는 것이다. 반면 HOS 주택 소유자가 정부 보조금으로 그만큼의 이익을 얻었다는 이야기는 들어본 적이 없다고 했다. 렁춘잉은 HOS 주택 소유자들이 조금이나마 이익을 얻을 수 있다면, 이는 부의 균등한 분배 차원에서 바람직한 것이 아니겠느냐고 반문했다.

정부의 어정쩡한 태도에 대해서라면, 규정에 위배되고 비윤리적인 개발업체들의 주택 판매 관행을 겨냥한 정부의 최근 대책만큼 적절한 예가 또 없을 것이다. 대책의 대부분은 공정한 주택 매매 조건에서 개발업체가 따라야 할 통상의 계약 의무에 불과하지만, 개발업체들은 오랫동안 이러한 계약 의무를 고압적으로 무시해왔다. 마지막 순간까지 가격 목록처럼 중요한 정보를 제공하지 않는 것, 판매 브로슈어에 잘못된 정보를 싣는 것, 주택의 실평수를 속이는 것, 은밀한 내부판매를 선별적으로 발표함으로써 가격을 조작하는 것, 단기간에 가격을 끌어올리기 위해 드리블 판매dribbling sales를 활용하는 것, 부동산 중개업자들이 고객에게 압박 전술을 사용하도록 하는 것 등등 비윤리적이고 사기적인 관행이 지난 몇 년간 비일비재했다. 정부는 지금껏 곁에서 수수방관하기만 했다.

그러나 이른바 안정 대책이라는 것이 너무 무력해서 이런 피상적인 조치로 독점 개발업체들의 고삐를 죄기는커녕 효과적으로 투기를 억제하고 거품 낀 시장을 잠재울 수 있을는지 강한 의구심이 든다. 이 대책은 법적 구속력이 없는 허술한 가이드라인에 불과하며, 때늦은 뒷북 조치로만 보인다. 이미 지난 2006년 6월 7일 입법회 회의에서 마틴 리Martin Lee, 李柱銘 의원은 부동산 시장의 투명성을 높이기 위해 내부자 거래, 허위 판매, 가격 담합, 허위 또는 오해의 소지가 있는 정보의 배포를 금지하는 법안을 통과시키자고 제안했다.

당시 주택·계획·토지국 국장이던 마이클 수엔Michael Suen, 孫明揚은 이 제안을 거절했다.

현재의 토지 정책과 주택 정책에서 가장 터무니없는 것은 홍콩 지역을 책임져야 하는 정부가 종래의 고결한 목표를 모두 뒤집어버린 수엔의 9개 항 계획이다. 도널드 창 행정부는 부동산 카르텔에 단단히 사로잡혀 있어서 9개 항 계획을 철회하고 1998년 장기 주택 전략 백서에 근거한 현실적이고 사회적으로도 유익한 토지 및 주택 정책으로 되돌아갈 배짱도 용기도 없다.

게다가 정부가 부동산 시장에 개입하는 것을 막으려는 9개 항 계획의 근거는 기본적으로 속임수였다. 홍콩철도공사의 단일 최대 주주로서 정부는 지난 10년간 25억 8000만 미국달러가 넘는 배당금을 받았는데, 홍콩철도공사의 두 가지 핵심 사업 중 하나가 부동산 개발이므로 배당금의 절반은 부동산 개발 이익에서 나왔다. 정부는 토지 및 부동산 시장에서 항상 주요한 역할을 맡아왔고 앞으로도 그럴 것이다.

시장은 본질적으로 끊임없이 변동한다. 반면 장기 전략에 기초하여 발표된 정책은 비전을 제시하면서 확고하고 안정적이어야 한다. 시장의 요동이 정책 목표를 좌지우지하게 해서는 안 된다. 시장이 폭락했을 때 둥젠화는 부동산 이익의 압력에 굴복하는 중대한 실수를 저질렀다. 그는 근시안적이고 자동반사적인 조치를 위해 합리적인 장기 정책 목표를 포기했다.

부동산 카르텔의 심기를 건드릴까 두려워 도널드 창은 애초에 단기적 임시 조치였어야 했던 수엔의 9개 항 계획을 종료하길 거부하고 있다. 적어도 둥젠화는 카르텔에 맞서려고 시도라도 했지만, 도널드 창은 카르텔의 심기를 불편하게 할 만한 어떤 일도 하기를 꺼렸다.

경쟁의 결여 —

정부는 범분야cross-sector 경쟁을 입법화하는 과정에서 지연전술을 써왔다. 2001년 정부가 민주파 의원들이 발의한 공정 경쟁 법안을 거부한 뒤로 이 사안은 2006년 광범위한 규제권과 기능이 있는 범분야 경쟁법에 대해 시민들의 의견을 구할 때까지 뒷전으로 밀려났다. 그리고 2008년 5월 세부 사항에 대해 다시 시민들의 의견을 청취했다.

범분야 경쟁 법안의 핵심 조항은 시장 지배력의 남용을 조사하기 위한 시장 점유율 기준을 40%로 설정한 것이다.

이 법안에서 논쟁이 되는 부분은 다음과 같다. 제안된 법안을 보면 '집단적 지배력의 남용'을 통제하기 위한 조항이나 반경쟁적 인수합병을 규제하는 조항이 없다. 그리고 정부, 법정 기관 및 공익사업 부문은, 몇 가지 예외가 있을 수 있지만, 법 적용에서 제외하기로

했다.

상위 3개 개발업체의 주택 시장 점유율은 77%로 추산된다. 제안된 경쟁 법안은 집단적 지배력의 남용을 막으려 하지 않기 때문에 명백한 반경쟁적 상황에 대해 실질적으로 아무것도 할 수 없을 것으로 보인다. 또한 이 법안은 두 거대 기업이 잠식하고 있는 슈퍼마켓 산업에도 아무 영향을 미치지 않을 것이다. 주택과 슈퍼마켓 산업 모두에서 한 기업의 시장 점유율이 40%를 넘는다는 사실이 입증되지 않는 한 제안된 경쟁법은 해당 산업에 손도 못 댈 것이 분명하다.

반경쟁적 인수합병을 규제하는 규정 없이는 여전히 부동산 올리가르히oligarchs가 아직 궁지에 몰리지 않은 사업 부문을 얼마든 궁지로 몰아넣을 수 있다.

이 법안에 흠이 많기는 하지만, 승인을 받기 위해 입법회에 제출될 때까지는 아직 법안일 뿐이다. 2009년 3월 입법회 제출이 이미 한 차례 연기되었다. 그리고 2009년 7월에 또다시 연기되었다. 상무경제발전국 부국장인 그레고리 소Gregory So, 蘇錦樑가 2009년 12월 연설에서 정부는 "2009~2010년 입법회기 안에 범분야 경쟁법을 도입할 수 있도록 100% 전념하고 있다"라고 밝힌 것 말고는 입법과 관련해 최근까지 별다른 이야기가 없다.

2008년 두 전력 회사의 운영과 수익성을 좌우하는 규제 계획 Scheme of Control[12] 협약이 통상적인 15년 대신 10년 기간으로 갱신되었다. 허용 수익률이 13.5~15%에서 9.99%로 감소했지만, 예상대로 전력 시장 개방에 대한 구체적인 언급은 단 한 번도 없었다.

최저임금 —

최저임금 법제화를 요구하는 노조의 오랜 투쟁 끝에 마침내 정부는 2005년 공적 논의를 시작했다. 심의 과정은 임시 최저임금위원회가 구성된 2009년 초까지 더디게 진행되었다. 2010년에는 최저시급에 논의의 초점을 맞췄다. 최저임금 법안에 가장 질색하는 사람들은 당연히도 노동자 착취에 가장 냉담한 자들로, 시간당 20홍콩달러(2.6미국달러)가 적합하다고 제시한, 급식업계에서 선출된 직능 선거구 의원이 대표적인 예다. 심의 기간은 2010년 5월 3일 종료되었다. 자유당이 대변하는 사측은 24홍콩달러(3.1미국달러)를 제시했고, 다양한 노동자 단체들은 30~35홍콩달러(3.9~4.5미국달러)를 요구했다.

35홍콩달러는 자신과 가족 한 명을 부양해야 하는 노동자를 기준으로 매월 종합사회보장급여 2900홍콩달러(374미국달러)에 2를 곱하고, 통근 보조금 800홍콩달러(103미국달러)를 더하여 나온 값인 6600홍콩달러(851미국달러)의 월소득을 일주일에 6일 하루 8시간의 근무시간으로 나누어서 산출한 금액이다. 2009년 2분기에 중위 가구의 월소득은 2258미국달러였다.

홍콩의 최저임금 법제화는 이미 한참이나 늦었다. 더 이상 미룰 핑계가 없다. 도널드 창이 홍콩 사회에 뭔가 기여했다는 평가를 받으려면, 적어도 시간당 30~35홍콩달러 사이에서 최저임금을 정한 법이 통과되어야 할 것이다.

장악당한 경제 —

글로벌 금융위기로 2008년 잠깐 하락했던 것을 제외하면 홍콩 경제가 2003년 바닥을 치고 계속 회복세를 보이고 있다는 점은 사실이다. 그러나 경기회복은 주로 중국 본토인들의 관광 소비와 부동산 투자에서 감지된다. 관광 소비는 소매점 임대료를 올리는 효과를 가져오는데, 이는 주로 번화가에 화려한 쇼핑몰을 소유하고 있는 개발업 재벌들의 이익으로 돌아간다. 한편 본토인들의 부동산 매입으로 유입된 돈 역시 똑같은 호주머니로 들어간다. 상가 임대료 상승은 서로를 부채질하며 자연스럽게 전체 소비자 가격 상승에 연쇄적으로 영향을 미친다.

동시에 도널드 창의 경제 정책은 타마 정부청사, 옛 카이탁 공항 부지의 호화 유람선 터미널, 서주룽문화지구, 고속철도 연결 등의 '하드웨어' 개발에 집중되어 주로 부동산과 건설 부문이 혜택을 누린다.

경제가 전체적으로는 성장했을지 모르지만, 성장의 열매가 노동자 계급과 민중에게 돌아가는 경우는 거의 없다. 비용 인상(특히 임대료 인상) 인플레이션으로 인해, 그렇지 않아도 겨우 조금 오르는 임금 상승분이 잠식되기 때문에 자유시장 경제학자들이 믿는 이른바 '낙수효과'는 현실 세계에서 거의 느낄 수 없다.

결탁 ─

정부와 부동산 카르텔 사이의 결탁은 홍콩 시민들 사이에서 이미 오랫동안 공공연한 사실이었다. 2008년 발생한 렁친만梁展文 사건은 그러한 인식을 굳힌 결정적 계기였다. 전 건설토지국 국장이었던 렁친만은 퇴임 후 신스제발전新世界發展, New World Development의 자회사로부터 고액 연봉 자리를 제안받았으나 이해충돌 논란이 불거지면서 결국 포기했다. 많은 사람이 그 제안을 렁친만이 재임 중 베풀어준 호의에 대한 '지연된 보상'으로 보았다. 애초에 렁친만이 신스제 그룹의 일자리 제의를 수락하겠다고 공무원사무국에 신청했을 때, 이를 승인하면 강력한 이해충돌이 발생할 것이 분명한데도 사무국은 어떻게 승인할 수 있었는지 이해할 수가 없다.

매일의 행정 절차에 막대한 자금이 투입되는 부동산 부문을 담당하는 부서의 고위 공무원들은 당연히 부도덕한 행위에 굴복하려는 커다란 유혹에 직면하게 된다. 지위가 높고 권력이 클수록, 이익을 추구하는 부동산 카르텔이 더욱 그 공직자를 부추겨 공생관계를 맺으려 하기 마련이다.

2004년 렁친만은 신스제 그룹과 선훙카이 부동산Sun Hung Kai Properties, 新鴻基地產 그룹이라는 두 개발업체가 참여한 민관합작사업인 홍홈반도紅磡半島 프로젝트에서 정부 지분을 시장가격 이하로 매각하기로 한 결정에 관여했다는 의혹을 받고 있다. 데니스 위Denise Yue, 俞宗怡 공무원사무국 국장은 렁친만의 신스제 그룹 입사 지원서를 살펴볼 때 렁친만이 이 프로젝트에 관여한 사실을 간과했다고 시인했다.

또한 렁친만은 2005년에 헨더슨 랜드 그랜드 프롬나드Henderson Land's Grand Promenade 프로젝트를 추진하면서 재량권을 남용하여 개발 가능 면적을 추가로 부여했다는 이유로 회계감사위원회의 지적을 받았다. 이 때문에 정부는 수억 달러의 토지 프리미엄 수익을 잃었다. 후속 정부 보고서는 그의 재량권 사용이 부적절하지 않았다고 주장했지만 절차에 결함이 있었음은 인정했다.

하지만 정부는 렁친만 사건에서 교훈을 얻지 못한 듯하다. 그게 아니라면 국장급 공직자가 퇴직 후 이해충돌의 우려가 있는 곳으로 취업하는 일을 막지 못하는 현 제도를 전면 수정했을 것이다. 국장급 공직자의 퇴직 후 재취업 검토위원회 보고서는 (국장급 간부를 목표로 삼기보다는 비국장급 간부의 관리를 강화하려 했기 때문에) 완전히 이가 빠진 것이었으며, 입법회가 홍홈반도 프로젝트와 관련하여 렁친만 사건을 더 깊이 조사하는 것을 방해하기 위한 붉은 청어*였을 공산이 크다. 홍콩 정부는 정직하고 양심적인 공무원 조직이 경쟁 관계인 중국 본토 도시들과 비교해 홍콩의 몇 안 남은 경쟁우위 중 하나라는 사실을 잊은 듯하다.

아직도 더 많은 특권을 추구하는 특권층 —

수많은 부동산 재벌과 그 측근들(은행, 법률, 건축, 엔지니어링, 건설 분야의 인맥 포함)이 행정장관 선거를 위해 800명으로 구성된 선거위원회의 의석을 차지하고 있다는 것은 잘 알려진 사실이다. 또 부동산과 건설 부문 직능 선거구를 통해 부동산 특권층의 이해관계가 입법 과정에 잘 반영되고 있다.

2010년 3월 말《사우스 차이나 모닝 포스트》는 6개 주요 부동산 개발업체 이사들이 각종 법정 자문기구에서 총 54석을 차지하고 있다는 사실을 공개했는데, 1998년 16석을 차지했던 것과 비교된다.

• 청어herring는 말 그대로 등푸른생선인데, 그 앞에 '붉은'이라는 수식어가 붙으면 모순적인 표현이 된다. 이는 의도적으로 중요하지 않은 일로 상대방의 시선을 끌어 정작 중요한 문제에서 관심을 돌리기 위한 것을 가리킨다(출처: Collins Cobuild Advanced Learner's English Dictionary).

부동산 카르텔이 자신들의 경제 장악력을 한층 강화하기 위해 정치 시스템 안으로 발톱을 더 깊숙이 밀어 넣고 있다는 명백한 징후다.

정부가 그들의 권력욕을 부추기기도 한다. 독립 평론가인 데이비드 웹David Webb은 이러한 법정 자문기구의 지나치게 긴 임기를 신랄하게 비판했다.

> 정부는, 위반하는 것으로 유명하지만, 한 사람이 동시에 6개 의석에 임명되지 못하고, 한 의석에서 6년을 넘기지 못하도록 제한하는 규정을 두고 있다. 그런데 실제로는 위원에서 부의장 또는 의장으로 승진시키는 식으로 시간을 되돌려 문제를 해결한다. 짐작건대 6년 제한 규정은 법정 자문기구에 새로운 정신과 아이디어를 도입하고, 도시계획위원회처럼 경제적 영향력이 있는 사람들이 부패의 위험에 빠지지 않도록 예방하기 위한 목적일 것이다. 은행들이 몇 년마다 지점장을 다른 지점으로 발령내는 것과 마찬가지 이유다. 누군가를 6년 뒤 최고위직으로 승진시키는 것은 이러한 규정의 목적에 부합하지 않는다. 이들은 새로운 6년 동안, 전에 위원으로 있었을 때보다 더 큰 영향력을 행사할 수 있기 때문이다.

12년, 18년은 말할 것도 없고 6년의 임기도 이미 지나치게 길다. 또한 피임명자가 이미 자기 직업이 있을 개연성이 높은데도 최대 6개 법정 자문기구에서 겸직할 수 있도록 허용하는 것은 불합리해

보인다. 어쩌면 웹의 말대로 정부가 보기에 법정 자문기구에 적합한 인사가 부족해지고 있는지도 모른다. 웹이 관찰한 바에 따르면, 법정 자문기구 위원은 임기가 끝나서 6개 직책 중 하나를 그만두자마자 곧바로 다른 기구에 임명된다. 이 같은 겸직 관행은 소수 엘리트 계층 내로 권력 집중을 심화시키고, 정경유착을 더욱 생생하게 드러내준다.[13]

80년대 이후 세대와 패러다임의 전환 ──

홍콩 사회에 만연한 무기력한 분위기 속에서 어두워지는 지평선 위로 밝은 빛이 희미하게 비쳐오고 있다. 이러한 조짐은 80년대 이후 세대Post-80s가 각성하기 시작했음을 의미한다.

2009년 6월 홍콩중문대학 학생회가 '우리 사회의 미래를 위한 건설적 제안'이라는 제목의 공개서한을 모든 홍콩 시민에게 보냈는데, 이는 누가 우리 사회를 이끌고 나갈 '미래의 주인'인지에 대해 조금이나마 깨닫게 해주었다.

오늘날 청년들은 많은 재산을 소유하고 경제 사다리에서 요직을 차지하고 있는 기성세대와는 사고방식이 판이하다. 이들은 시장근본주의와 물질주의를 배격하고 사회정의, 인권, 환경, 문화유산 보존을 지지한다. 또한 50년대 이후 세대와는 달리 훨씬 거침없이 표현하고, 권위에 덜 순종적이다.

적자생존 원칙의 중심인 자유시장 근본주의는 50년대 이후 출생한 베이비붐 세대가 중요하게 여기는 것인데, 청년들은 공개서한에서 자유시장 근본주의에 대한 혐오감을 다음과 같이 표현했다.

우리 사회의 빈부 격차는 제3세계 국가와 같은 수준이며, 세대를 넘나드는 빈곤은 청년 세대에게 절망감을 안겨주었다. 이 같은 현상은 말할 수 없이 수치스러운 악취를 풍긴다. 그러나 자유시장의 사도들은 여전히 뛰어다니며 외친다. "빈부 격차는 경제 발전을 이룩한 곳에서 불가피하다. 어떠한 대응 조치도 사회의 전반적인 발전을 방해할 뿐이므로 빈부 격차에 신경 쓸 필요가 없다." 교과서의 경제 이론이 현실 세계와 명백하게 동떨어져 있음에도, 엘리트 계층의 추종자들과 시장 신봉자들은 소외 계층을 보호하고 보살피기 위한 정책이나 조치를 방해하기 위해 '시장은 자기조절 능력이 있다'라는 변명을 여전히 써먹고 있다.

스타 페리 부두Star Ferry Pier와 퀸스 부두Queen's Pier 사회운동에서부터 청첩장 거리Wedding Card Street 운동에 이르기까지,[14] 더욱 가깝게는 고속철로 연결과 초이윈췬 철거에 반대하는 대중운동에 이르기까지 80년대 이후 세대와 모든 연령층을 아우르는 활동가들이 사회에 전하려는 공통의 핵심 메시지가 있다. 그들은 지배 계급과 맞설 준비가 되어 있으며, 홍콩의 미래가 어떠해야 하는지에 대해 계속해서 발언하겠다는 것이다.

80년대 이후 세대는 무시할 수 없는 강력한 시민 세력으로 성장할 것이다. 청년들은 부동산 과두 계급이 토지와 여타 경제 자원을 독점하고 있다는 사실과 이와 관련한 온갖 부정을 잘 알고 있다. 그들은 이에 맞서 싸우기로 했다. 이것은 전에는 예상하지 못한 중대하지만 미묘한 사회 변화다. 참으로 반갑고 상쾌한 변화다.

그러나 둥젠화 행정부와 도널드 창 행정부는 정치적 다원주의의 성장에 반응하지 않았을 뿐만 아니라 정부 정책에 관한 논의에 대중을 참여시키려 하지도 않았다. 대안적인 견해를 지지하는 사람들은 정치적 동기가 있는 훼방꾼으로 치부되곤 했다. 둥젠화의 가부장적인 통치 스타일과 애국심에 대한 강조에 수많은 홍콩 시민이 분노했지만, 자신에게 반대하는 시민들의 의견을 차단하고 소외된 이들에 대한 감수성이 부족한 도널드 창에게도 시민들은 똑같이 분노했다. 하지만 무엇보다 큰 문제는 두 정부 모두에 결여되어 있는 통치의 정당성에 있다.

홍콩의 뿌리 깊은 갈등은 토지와 조세 제도가 외과 수술 수준의 개혁을 거치지 않는 한 제대로 해결될 수 없다. 이 제도들은 계급 양극화와 사회적 부정의를 낳는 궁극적인 원천이다. 민주적으로 선출된 정부 없이는 토지와 조세 제도 개혁 같은 난제들을 성공적으로 해결하기 어려워 보인다.

1
—
지배
계급

진정한 의미에서 자유는 주어질 수 없다. 자유는 쟁
취해야만 한다.

— 프랭클린 D. 루스벨트

홍콩은 미국의 헤리티지재단이 작성한 '2010 경제 자유 지수 보고
서'에서 16년 연속으로 경제 자유도 세계 1위를 차지했다. 그런데
얼마나 많은 사람이 그 모든 상찬과 박수 뒤에 딱히 영광스럽지 못
한 이야기가 숨어 있음을 깨닫거나 인정할 수 있을까. 자유는 양날
의 검이다. 긍정적인 측면에서 보면, 정부의 자유방임 정책은 지난
수십 년간 홍콩을 소박한 중계무역지에서 국제적으로 찬사받는 금
융 중심지로 변화시켰다. 그 과정에서 기업들은 성장하고 번성할
수 있었다. 반면 자유방임 정책은 반경쟁적인 사업 환경을 조성하
는 데 촉매제가 되었다. 이는 자유방임 정책으로 산업과 경제가 집
중되는데, 경제적 집중을 감독하고 억제할 포괄적인 경쟁 정책, 관
련 법률 및 규제 기구가 부족했기 때문이다.

"홍콩은 정부가 아니라 홍콩경마회와 홍콩상하이은행HSBC이 지

배한다"라는 말이 유행하곤 했다. 이 말은 두 단체가 금융 면에서 가장 강력하며, 사람들의 생활에 미치는 영향력이 가장 크다는 전제에 근거한다. 첫 번째 전제는 사실이지만, 두 번째 전제는 그들의 영향력이 모든 홍콩인이라기보다는 그들의 후원자(경마회의 경우 자선 수혜자도 포함)에게만 제한적으로 미친다는 점에서 논쟁의 여지가 있다. 따라서 그들이 "홍콩을 지배한다"라고 말하는 것은 지나친 표현이다. 누가 홍콩이나 홍콩인에 대해 지배권을 행사하는지 묻는다면, 그 답은 다양한 경제 부문을 장악한 대기업 집단이다. 이들은 경쟁이 부족한 주요 경제 부문의 고삐를 쥐고, 홍콩 사람 모두가 필요로 하는 상품과 서비스의 공급과 가격을 효과적으로 통제할 수 있다. 여기에는 부동산, 전기, 가스, 공공버스·페리 및 슈퍼마켓이 포함된다.

대개 이러한 거대 기업들은 애초 부동산 부문에서 첫 번째 금 항아리를 발견한 부동산 개발업체들로, 이후 벌어들인 돈으로 공익 사업·공공서비스 회사나 돈벌이가 될 만한 기업들을 사들였다. 이러한 분야를 넘나드는 인수의 가장 두드러진 예는 다음의 다섯 가지다. ① 청쿵홀딩스Cheung Kong Holdings, 長江實業는 1979년 파크앤숍 Park'N Shop 슈퍼마켓 체인을 비롯해 광범위한 사업을 운영하는 거대 재벌 허치슨 왐포아Hutchison Whampoa를 인수했다.[1] ② 1980년부터 선훙카이 부동산은 공공버스 사업자인 주룽버스Kowloon Motor Bus (현재는 트랜스포트 인터내셔널 홀딩스Transport International Holdings 산하)

에 대한 지배권을 점차 확대해갔다.[2] ③ 헨더슨 랜드Henderson Land Development, 恒基兆業地產의 리자오지 회장은 1981년 상장하기 전에 도시가스 사업을 독점한 홍콩차이나가스Hong Kong and China Gas Company, 香港中華煤氣의 지분을 매입했다.[3] ④ 1985년 허치슨 왐포아 는 전력 부문을 독점하고 있는 두 업체 중 하나인 홍콩전력을 인수했다.[4] ⑤ 신스제발전은 1998년 홍콩 공공버스 독점 운영권(이전에는 차이나 모터 버스가 운영) 입찰에 참여하여 낙찰받고, 2000년 헨더슨이 운영한 홍콩페리로부터 페리 서비스 면허를 취득했다.[5]

또 다른 독과점 전력 회사인 CLP홀딩스도 분야를 넘나드는 사업 활동을 해왔다. 이 그룹은 공익사업에서 얻은 수익을 발판 삼아 1990년대에 부동산 개발 사업에 손을 댔다. 이는 한 그룹이 경쟁이 심하지 않은 두 부문에 걸치는 식으로 막대한 부를 획득했다는 점에서 위에서 언급한 다섯 가지 사례만큼이나 좋은 예다. 가장 수익성이 높은 부동산 벤처 중 하나가 홍홈에 있는 혹운Hok Un 발전소 부지 재개발 사업이었는데, CLP홀딩스는 선두 개발업체인 청쿵홀딩스와 이 사업을 공동으로 진행했다.[6]

또 다른 유명 재벌인 워프/휠록Wharf/Wheelock 그룹은 1980년 해운업계의 거물 고故 바오위강包玉剛이 워프 그룹 입찰에 성공하면서 부동산과 공공서비스 사업을 일괄 인수했다. 바오위강은 워프 그룹이 보유한 광대한 토지은행뿐만 아니라 스타 페리와 트램 독점 운영권을 장악했다. 1970년대에 부동산, 해운, 소매업을 보유했던 영국계 상사 휠록 마든Wheelock Marden은 1985년에 바오위강이 자랑스러워 하는 또 하나의 포획물이 되었다.[7] 이 그룹은 이후 통신 분야로 사업을 다각화했다.

아마도 홍콩 역사에서 가장 놀라운 공익사업체 인수는 청쿵홀딩스 리자청 회장의 차남 리처드 리Richard Li, 李澤楷가 총괄 지휘한 2000년 8월 퍼시픽 센추리 사이버웍스Pacific Century Cyberworks, PCCW의 홍콩 텔레콤HKT 인수일 것이다.[8] 앞서 1999년 3월 정부가 폭푸람薄扶林의 사이버포트 개발권을 PCCW에게 준다고 발표했을 때 리처드 리는 헤드라인을 장식했다.[9] 부동산은 기업의 IT 프로젝트에 자금을 조달하기 위한 목적이라고 주장하지만, PCCW의 홍콩텔레콤 인수는 공익사업-부동산 복합체의 또 다른 예다.

그러나 통신 부문은 규제 완화를 진행해왔다는 점에서 다른 공익사업 부문과 다소 차이가 있다. 홍콩텔레콤은 1995년 이미 독점적 지위를 상실했고, 리자청 일가의 우산 아래 들어오기 전부터 이미 자유화된 경영 환경에 노출되었다. 통신 부문 규제 완화는 세 개의 FTNSFixed Telecommunications Network Services 면허가 발효된 1995년 7월 1일 공식적으로 시작되었다. 그럼에도 PCCW는 여전히 업계 선두주자로서 유선망 시장의 약 80%를 차지하고 있다.[10]

현재 통신 부문은 경쟁에 개방되어 있긴 하지만 FTNS 면허 보유 업체 세 곳이 모두 대기업과 연관되어 있으므로 통신 부문의 경쟁은 여전히 거대 재벌들만을 위한 매우 배타적인 게임이다.

세 업체는 허치슨 왐포아 소유의 허치슨 커뮤니케이션스Hutchison Communications, 워프 T&T, 그리고 신스제발전 소유의 신스제전화 新世界電話, New World Telephone이다. 이는 유력 기업이 공익사업 자산을 축재한 전형적 사례다. 그러나 FTNS 면허에 경쟁 조항이 적시되어 통신산업 부문에 경쟁을 도입하는 방향으로 일부 진전을 이루었다. 또 경쟁 문제에서 중재자 역할을 하도록 감시 기구인 통신청을 설치했다. 2003년 1월 유선망 산업은 경쟁에 완전히 개방되었으며, 더 많은 경쟁자가 시장에 진출했다. 이러한 고무적인 진전에도 불구하고 대기업과 연관된 사업자들은 모기업으로부터 튼튼한 재정 지원을 받는 데다 초기 진출자의 이점이 있어서 새로 진출한 기업들이 이들을 상대하기는 여전히 어려울 것이다.

부동산과 공익사업, 공공서비스 사업을 병행하는 대기업은 모두 홍콩의 유력 가문이 지배하고 있다. 청쿵/허치슨 그룹의 리(리자청) 가문, 선홍카이 부동산 그룹의 궈 가문, 헨더슨 그룹의 리(리자오지) 가문, 신스제발전 그룹의 정鄭 가문, 워프/휠록 그룹의 바오와 우 가문, 그리고 CLP홀딩스 그룹의 카두리Kadoorie 가문이다.

홍콩거래소가 정리한 자료에 따르면, 2010년 5월 기준으로 재계 거물들이 지배하고 있는 주요 상장기업은 홍콩 주식 시장 시가총액의 14.7%를 차지한다(2002년 말에는 23.5%였는데, 중국 본토 회사들이 홍콩 주식 시장에 상장하면서 비율이 줄어들었다).[11] 이들 기업을 지배하는 가문들이 홍콩의 주요 경제 분야를 주름잡고 있어 사실상 홍콩인들을 보이지 않게 지배하고 있는 셈이다.

앞서 언급했듯이 주요 공익사업, 공공서비스 회사들은 그 독점적 지위 덕에 캐시카우로 여겨지는데, 이들 대부분을 부동산 재벌들이 지배하고 있다. 카두리 가문이 대주주(19%)인 CLP홀딩스는 란타우를 포함하여 주룽과 신제에 전력을 공급하는 유일한 업체다.[12] 홍콩섬, 압레이차우섬, 라마섬의 유일한 전력 공급업체인 홍콩전력은 청쿵인프라스트럭처가 지분 38.87%를 보유하고 있으며, 청쿵인프라스트럭처는 다시 허치슨 왐포아가 지분 84.58%를 보유하고 있다. 허치슨 왐포아는 청쿵홀딩스가 지분 49.9%를 소유하고 있다.[13] 홍콩차이나가스는 헨더슨 인베스트먼트가 39.88%의 지분을 보유한 홍콩의 유일한 도시가스 공급업체다. 헨더슨 랜드는 헨더슨 인베스트먼트의 지분 67.94%를 갖고 있다.[14] 트랜스포트 인터내셔널 홀딩스는 선홍카이 부동산이 33.3%의 지분을 가진 회사로, 주룽과 신제에서 유일한 공공버스 사업을 운영한다.[15] 퍼스트 버스와 퍼스트 페리는 NWS홀딩스와 저우다푸周大福 엔터프라이즈가 공동소유하고 있는 NWS 트랜스포트 서비스가 100% 소유하고 있다. NWS홀딩스와 저우다푸 엔터프라이즈 모두 정 가문 그룹에 속해 있다.[16] 퍼스트 버스는 홍콩섬에서 두 개의 공공버스 사업 중 하나를 운영하고 있으며, 퍼스트 페리는 2000년 홍콩페리로부터 면허를 취득하여 여덟 개 노선을 운영하고 있다.

경제학자들은 관련 없는 업종에서의 자산 취득과 소수 기업에 의한 특정 부문 시장 점유율로 집중도를 측정한다. 이 두 유형의 집중은 경제 전반에 해롭다. 상술한 부문 간 합병이나 자산 인수는 홍콩에서 첫째 유형의 집중도를 보여주는 좋은 증거다. 시장 점유율의 경우 서민들의 일상생활에 직접 영향을 미치는 부문에서 우려할 만큼 집중이 심화하고 있다.

1990년대 중반 크리스 패튼 총독의 지원으로 시작된 소비자위원회 연구는 신축 주택과 슈퍼마켓 판매에서 낮은 수준의 시장 경쟁이 존재한다는 사실을 드러냈다. 이어 소비자위원회는 공익사업, 공공서비스 부문에 가능한 한 빨리 경쟁을 도입하고자 법정 독점, 독점 운영권 제공 절차, 규제 계획 산업 등에 대한 검토를 권고했다.

1996년 소비자위원회 연구는 1991~1994년 동안 전체 신축 민간주택의 70%를 7개 개발업체가 공급했으며, 55%는 겨우 4개의 개발업체가 공급했다고 밝혔다. 이 연구는 한 개발업체가 계속해서 25%의 신축 주택을 공급했다고도 밝혔다. 연구는 "홍콩의 신규 주거용 부동산 시장은 경쟁이 심하지 않다"라고 언급했다. 특히 토지 부족과 높은 지가, 토지은행을 보유한 개발업체들의 비교우위라는 장벽을 확인했다. 이어 "홍콩 시장의 지배구조하에서 소비자에게 최대의 이익이 제공되었는지는 의문"이라고 밝혔다.[17]

실제로 1997년 이전에 가장 큰 토지은행을 가진 개발업체들은 의심의 여지 없이 최대 승자였다. 1998년 부동산 시장이 1997년 최고치보다 65%나 폭락한 이후 5년이 지난 2002 회계연도에 5대 개발업체가 거둬들인 이익은 여전히 부러운 수준이었다. 청쿵홀딩스는 2002년 12월 31일까지 한 해 동안 11억 5000만 미국달러를 기록했고,[18] 선훙카이 부동산은 2002년 6월 30일까지 11억 미국달러를 벌어들였다.[19] 헨더슨 랜드는 같은 해에 2억 7700만 미국달러를 챙겼다.[20] 워프/휠록은 3억 9400만 미국달러를 벌어들였으며,[21] 신스제 발전은 1억 6800만 미국달러를 벌었다.[22] 이와 같은 경이로운 실적은 기록적인 실업과 경기 침체 가운데 이룬 것이어서 눈길을 끌며 아이러니하기까지 하다. 부동산 시장 붕괴로 고꾸라진 중산층의 모습과 대조적으로 개발업 재벌들의 수익 창출 능력은 잔인하리만치 터무니없어 보였다.

정부 정책이 대체로 대규모 개발업체에 유리하게 작용했다는 것은 비밀도 아니다. 한 가지 분명한 예가 부동산 시장을 투명하게 만들겠다는 목적으로 정부가 2002년 11월 발표한 '9개 항 계획'이다. 이 계획은 철도와 연결된 개발용지를 비롯해 토지의 공급을 줄이고, 오랫동안 보조금을 지급해온 HOS 주택을 사실상 영구 폐기하는 데 초점이 맞춰져 있다. 정부의 동기와는 상관없이 9개 항 계획은 시장을 지배하는 개발업체들, 특히 커다란 토지은행을 가진 개발업체들에게 단비 같은 소식이었다.

2009년 6월 30일 기준 선훙카이 부동산은 개발 가능 연면적 4190만 제곱피트와 농업용지 2400만 제곱피트로 구성된 토지은행을 소유하고 있었다.[23] 같은 시점에 헨더슨 랜드는 개발 가능 연면적 1980만 제곱피트와 농업용지 3280만 제곱피트를 보유하고 있었다.[24] 소비자위원회에 따르면, 시장 점유율 상위 3대 개발업체가 1991~1994년 전체 신축 민간주택의 46%를 공급했다. 유력 부동산 에이전시인 센타라인Centaline이 조사한 바에 따르면, 이들이 1996년 시장에 공급한 주택은 그해 전체 공급량의 42%를 차지했다. 높은 진입장벽을 특징으로 하는 고착된 시장 구조에 정부 지원 정책까지 더해져 거대 개발업체들의 시장 지배력은 쉽사리 도전받지 못할 것이다.

슈퍼마켓 산업은 경쟁이 거의 눈에 띄지 않는 또 다른 분야다. 1994년 11월 소비자위원회가 '홍콩의 슈퍼마켓 산업에 관한 보고서'를 발표하지 않았더라도 평범한 홍콩 거주자라면 일상의 경험에서 파크앤숍과 웰컴Wellcome 슈퍼마켓 체인이 시장을 지배하고 있음을 잘 알 것이다. 보고서에 따르면 두 슈퍼마켓 체인은 70%의 시장 점유율을 나타냈다. 파크앤숍 슈퍼마켓 체인은 허치슨 왐포아 소유이고, 웰컴 슈퍼마켓 체인은 영국에 본사를 둔 자딘/홍콩랜드 그룹 소유이다. 프랑스의 슈퍼마켓 체인인 까르푸는 1990년대 중반 두 거인과 겨루려 했다가 곧바로 패배를 인정하고 홍콩을 떠나 중국 본토로 투자처를 옮겼다. 이 프랑스 그룹이 물러난 근본 원인은 아주 흥미로운데, 그 뒷이야기는 3장에서 더 깊이 다룬다.

홍콩에서 도시가스는 홍콩차이나가스가 독점 공급하고 있는데, 이 회사는 법적으로 독점 운영되고 있다. 학계의 연구에 따르면, 도시가스는 1997년 홍콩에서 판매된 모든 연료의 74%를 차지했으며, 정부의 자유방임 정책으로 홍콩차이나가스의 이윤은 1970년대 초 평균 가격의 16%에서 1996년 46%로 증가했다.[25] 1995년 7월 발표된 소비자위원회 보고서는 홍콩차이나가스의 가격과 수익이 비용에 의해 정당화될 수 있는 수준보다 더 높다고 밝혔다.[26]

학계와 비평가들은 CLP홀딩스와 홍콩전력 모두 최대한도로 이권을 누리고 있어서 소비자들이 산업 내 경쟁과 공정한 규제의 부족으로 피해를 보고 있다는 사실을 발견했다. 규제 계획 협약Scheme of Control Agreement의 통제하에 있긴 하지만, 독점적 지위 남용을 막기 위한 공정한 규제보다는 투자 수익을 더 많이 보장하는 방식으로 조항들이 작성되었다. 일부 학자들은 2008년 규제 계획 협약이 끝나는 시점에 시장 경쟁을 강화하기 위해 전력 부문에 구조적이고 규제적인 변화를 도입할 것을 권고했다.[27]

독과점 기업 입장에서야 산업 집중이 꿀처럼 달겠지만 소비자에게는 독과 같다. 소비자들은 별다른 선택지 없이 비싼 집값이나 임대료를 지급하고, 전기나 가스, 공공버스 등의 서비스를 사용하거나 식료품을 구매할 때 부당하게 높은 가격을 지급해야 한다. 주택이나 각종 공공서비스, 식료품은 일상에 없어서는 안 될 필수품이다. 법적 지위가 없는 소비자위원회는 수사권도 없는 자문기구에 불과하다. 소비자위원회는 그저 소비자가 제기한 불만을 처리하고, 요청이 있을 때 문제를 조사하고 보고서를 작성해 정부에 적절한 권고를 할 뿐이다. 정부는 조치를 취하거나 아니면 소비자위원회를 무시할 수 있다. 그럼에도 소비자위원회는 홍콩 소비자들이 고압적인 대기업들로부터 부당한 대우를 받았을 때 의지할 수 있는 유일한 수단이다.

기업의 과두제를 초래하는 산업과 경제의 무분별한 집중은 소비자들이 대안이나 협상력이 부족한 상황에서 온갖 종류의 기초 물품과 서비스에 너무 많은 돈을 내야 한다는 것을 의미한다. 슈퍼마켓 선반 위의 식료품부터 가스와 전기, 버스나 페리 이용, 아파트 구매 또는 임대에 이르기까지 다양한 종류의 생필품이 여기에 포함된다. 만약 그러한 집중이 제한되지 않고 심화한다면, 중소기업들이 시장에서 쫓겨나는 결과를 초래할 것이다. 여러 증거가 이러한 현상이 이미 흔하게 일어나고 있음을 보여준다. 점점 막강해지는 대기업들이 토지를 비롯해 더 많은 경제 자산을 잠식할 것이고, 이는 특정 부문의 시장 점유율을 더 급격하게 끌어올려 하나의 대기업이 더 많은 부문을 지배하는 상황으로까지 이어질 것이다. 그 결과 가격은 인위적으로 부풀려지고, 제품 선택의 폭은 줄어들며, 소비자의 협상력은 위축될 것이다. 또한 반경쟁적 인수합병은 대대적인 일자리 감소를 초래할 수 있다. 이것이 어떠한 규제도 없이 계속 허용된다면 지배층이 점점 더 많은 경제력을 갖게 되고, 그리하여 다른 사회 구성원들의 생계에 대한 지배력도 커질 것이다. 이러한 포식 게임은 결국 경제의 파이를 위축시키고 사회 불안마저 초래할지 모른다.

더욱 당혹스러운 점은 소수의 기업 제국을 지배하는 가문들이 회사의 소유와 경영에서 가문의 영속성을 추구한다는 사실이다. 이런 경향은 대대로 가산을 물려주는 중국의 뿌리 깊은 전통에서 비롯되었다. 부자들 사이에서 상식이 된 가문 신탁family trusts을 통하면 상속 재산이 상속자별로 작게 쪼개질 가능성이 최소화된다. 이처럼 가문이 지배하는 홍콩의 기업 제국은 여러 세대에 걸쳐 그들만의 삶을 이어갔다. 홍콩과 같은 자본주의 사회에서 소유자의 뜻에 따른 부의 축적과 처분은 개인의 사유재산권에 관한 한 전적으로 용인된다. 그렇다 하더라도 극단적으로 비경쟁적이고 불공정한 경영 환경에서 획득한 시장 지배력을 남용해 축적한 가문의 부를 영속화하는 것은 부자들이 대를 이어 가난한 사람들에게 권력과 지배력을 행사한 낡은 봉건제도와 다르지 않다. 이토록 극단적인 불평등은 오늘날의 문명화된 사회 및 민주적 절차와 양립할 수 없다. 역사는 양극화가 극에 달하면 결국에는 억압받는 자들이 특권층에 맞서 혁명으로 일어설 것이라고 이야기한다. 문제는, 언제 일어날지 모르는 사회적 격변을 두고 겁에 질려 있기를 원하는가, 아니면 너무 늦기 전에 우리가 할 수 있는 일이 있는가 하는 것이다.

심판 역할을 하는 정부는 부자와 비특권층의 이익 사이에서 균형을 맞춰야 한다. 정부가 할 수 있는 최소한의 조치는 소비자위원회의 권고에 주의를 기울여 규제 기구를 설치하고, 포괄적인 경쟁 정책을 채택하며, 관련 법을 도입하는 것이다. 경제 선진국들은 오랫동안 경쟁 정책과 법을 시행해왔다. 이미 경제 발전에서 선진국 반열에 오른 홍콩이 경제 선진국의 시스템을 따라가지 않을 이유가 없다. 실제로 홍콩의 1인당 GDP는 2009년에 2만 9826미국달러로, 세계 11위 수준이었다. 실효성 있는 경쟁 정책을 채택함으로써 홍콩은 평평한 운동장에서 경쟁을 장려하는 진정한 자유 경제라는 긍정적인 메시지를 전 세계에 전달할 수 있을 것이다. 홍콩의 중소기업과 소비자에게는 정부가 진정으로 그들의 이익을 신경 쓰고 있음을 보여줄 수 있을 것이다. 이런 점에서 규제는 자유의 반대말이 아니다. 오히려 규제는 더 효율적이고 공정한 시장을 만드는 데 보완적인 역할을 하며, 장기적으로 경제와 사회 모두에 이롭다.

1996년 11월 소비자위원회는 '경쟁 정책: 홍콩의 미래 성공의 열쇠'라는 제목의 보고서를 발간하며 경제 각 분야에 걸쳐 일관성 있는 종합적인 경쟁 정책의 법적 틀을 구축할 것을 권고했다. 실망스럽게도 정부는 1998년 5월 '경쟁 정책에 관한 성명서' 하나를 발표하는 정도로만 무심하게 대응했다. 이 성명서는 정부 기관들에게 권고 사항을 준수하도록 요청하고, 각 분야에서 어떻게 경쟁을 촉진할 수 있는지에 대한 계획을 제출하겠다는 약속이 전부였다. 게다가 1999년 1월 27일 입법회가 발의한 '반독점' 법안을 정부는 2001년 2월 거부했다.

홍콩이 상하이, 베이징, 광저우, 선전과 같은 본토 도시들에 비해 어떤 비교우위를 갖는지 많은 이야기가 있는데, 그중 하나가 시장의 자유다. 홍콩 시민 모두가 자부하는 자유를 지키기 위해서는 자유를 제한하는 다양한 형태의 관행과 행위는 물론이고, 인위적으로 가격을 부풀리는 시장 지배력의 남용을 경계하는 것이 중요하다. 자본주의 사회와 생활방식의 초석으로 여기는 시장의 자유는 홍콩에서 2047년까지 기본법에 따라 보장된다. 이는 덩샤오핑鄧小平이 홍콩에 준 가장 큰 선물이다. 진입장벽이 높지 않고, 판매자가 공정한 토대에서 자유롭게 경쟁할 수 있으며, 구매자가 재화와 용역에 대해 지나치게 비싼 값을 지급하지 않아도 되고 선택과 흥정의 자유가 있는 곳이라면 이는 본질적으로 자유시장이다. 그러나 오늘날 홍콩에는 편파적인 경제·사회 구조가 만연해 과연 홍콩이 진정한 자유시장인가 하는 의문을 자아낸다.

경제계의 영주들 —

이제 홍콩에서 가장 유력한 가문들이 지배하고 있는 거대 재벌들이 쌓아 올린 기업 제국들을 살펴보자.

리(리자청) 가문

리자청 가문의 지배하에 있는 상장 기업으로는 청쿵홀딩스, 허치슨 왐포아, 홍콩전력, 청쿵인프라스트럭처, CK생명과학, Tom.

com, 퍼시픽 센추리 사이버웍스PCCW 등이 있다. 이들 기업의 시가 총액은 2010년 5월 말 기준 853억 미국달러였다. 청쿵 그룹(PCCW 제외)은 청쿵홀딩스를 필두로 현재 54개국에 사업체를 두고 있다. 그룹의 핵심 사업은 부동산 개발, 항만 및 관련 서비스, 통신, 호텔, 소매 및 제조, 에너지 및 사회 기반 시설이다.

1928년 광둥성에서 태어난 리자청은 열한 살 때 부모와 함께 홍콩으로 이주했다. 첫 사업은 플라스틱 조화 제조였는데, 이 사업으로 처음 큰돈을 벌었다. 그런 다음 홍콩 부동산 시장에 발을 들여놓았고, 사업 확장 면에서 '영주 중의 영주'가 되어 여러 대륙으로 자신이 세운 제국의 촉수를 뻗쳤다. 두 아들, 빅터Victor Li. 李澤鉅와 리처드는 모두 북미에서 교육을 받았다.

리자청은 청쿵홀딩스와 허치슨 왐포아의 회장이고, 장남 빅터는 청쿵인프라스트럭처와 CK생명과학의 회장이다. 차남 리처드는 PCCW의 회장이다.

엄청난 카리스마와 협상력을 지닌 리자청은 성공적으로 거래를 성사시키며 수십억 달러의 제국을 건설했다. 그의 획기적인 업적으로는 1979년 홍콩상하이은행으로부터 허치슨 왐포아의 주식을 대량 매입한 것과 1985년 홍콩랜드로부터 홍콩전력을 시의적절하게 인수한 것을 들 수 있는데, 이때는 1983년 홍콩의 주권 이양 발표로 부동산 시장이 붕괴하면서 홍콩랜드가 부채에 휘말린 때였다. 이후의 주요 거래로는 1992년 캐나다 회사인 허스키 오일Husky Oil의 인수와 1999년 영국 통신회사 오렌지를 독일에 본사를 둔 만네스만Mannesmann에 매각한 거래가 있다. 오렌지사 매각은 리자청에게 130억 미국달러라는 엄청난 이익을 가져다주었다.

청쿵홀딩스는 1960년대부터 성장한 홍콩의 대표적 개발업체다. 유명한 주거 사업으로는 왐포아 가든(94개 동에 1만 1224호)이 있는데, 이 단지는 홍홈 수변공간에 있는 옛 왐포아 선착장에 지어졌다. 그리고 위안랑元朗구 톈수이웨이天水圍에 지은 킹스우드 빌라(58개 동에 1만 5880호)와 관탕觀塘에 지은 라구나 시티Laguna City(38개 동에 8072호)가 있다. 2009년 12월 무렵 청쿵홀딩스는 향후 5, 6년간 개발을 지원하기에 충분한 토지은행을 보유하고 있었다. 20여 년 전부터 청쿵 그룹은 이미 다른 분야와 홍콩 바깥 지역에서 기회를 찾기 시작했고, 국제적인 대기업으로 자리매김했다.

차남 리처드는 아버지를 닮아 몸집 불리기와 수익성 거래에 특별한 재능을 보였다. 리처드는 27세의 나이에 스타TV를 뉴스 코퍼레이션 그룹의 루퍼트 머독Rupert Murdoch에게 매각하면서 스타가 되었다. 이 거래는 1993년 7월 지중해 항구에 정박한 머독의 호화 요트에서 성사되었다. 같은 해 그는 스타TV 매각으로 생긴 수익으로 3억 9000만 달러를 조성해 퍼시픽 센추리 그룹이라는 자기 회사를 설립했다. 이 그룹은 1994년 페이퍼 컴퍼니를 이용해 싱가포르에 상장되었다.

리처드는 큰 수익을 남긴 일회성 거래에 만족하지 않고, 새로 설립한 회사에 대한 야심 찬 계획을 세웠다. 1998년 리처드는 정보기술 연구에 투자하기 위해, 캘리포니아의 첨단기술산업과 맺은 연줄을 이용하여 미국의 거대 반도체 회사 인텔과 함께 퍼시픽 컨버전스 코퍼레이션Pacific Convergence Corporation을 설립했다. 1999년 홍콩 정부의 지원을 통해 퍼시픽 센추리 그룹은 폭푸람에서 17억 미국달러의 사이버포트 개발을 추진했다. 일련의 과정에서 1999년 페이퍼 컴퍼니인 트리콤을 활용하여 홍콩에 한 회사를 상장하고, 이름을 퍼시픽 센추리 사이버웍스로 바꿨다. 이후 일련의 자금 조달 활동과 인수가 뒤따랐고, 2000년 홍콩텔레콤을 284억 미국달러에 합병하면서 절정에 이르렀다. 이 세기의 거래는 중국 중앙정부의 축복 속에 마무리되었다고 전해지는데, 중국 중앙정부는 홍콩텔레콤이 또 다른 인수 희망 기업인 싱가포르텔레콤의 손에 넘어가는 것을 원하지 않았다.[28]

어린 나이에 이 많은 일을 이뤄내는 능력을 보인 리처드는 어쩌면 그의 아버지처럼 '슈퍼맨'이라고 불릴 자격이 있을지도 모른다. 그러나 그가 리자청의 아들이 아니었다면 과연 그런 일을 할 수 있었을까? 애초에 아버지가 설립한 스타TV에서 일할 황금 같은 기회가 없었다면 분명 리처드는 자기 회사를 시작하기에 충분한 최초 자본을 확보하지 못했을 것이다.

PCCW와 홍콩텔레콤의 합병 직후 하이테크 버블이 터지면서 PCCW의 주식은 2년 만에 거의 95%나 떨어졌다. 진짜 '슈퍼맨'이

곤경에 처한 아들과 함께 고위급 인사들과의 오찬 자리에 나타났는데, 이는 리처드가 아버지의 지원을 공개적으로 과시하여 PCCW에 대한 주주들의 신뢰를 회복하기 위함이었다.[29] 하지만 PCCW의 격분한 주주와 직원들의 혹독한 비판 한가운데서 여전히 리처드는 홍콩텔레콤 인수 이후의 조직 개편, 운영 효율화, 부채 감축이라는 심각한 과제에 직면해야 했다. 회사의 리더로서 리처드가 자기 회사를 정상화하려면 아버지의 지원 이상의 것이 필요할 것이다.

리처드에 비하면 빅터는 확실히 내세울 만한 것이 없다. 때때로 공개석상에 나타나기는 하지만 주로 정부 토지 경매에서나 보이는 이 청쿵 제국의 후계자는 그의 동생보다 언론 매체 노출을 더 꺼리는 듯하다.

빅터는 청쿵홀딩스 부회장 겸 전무이고, 허치슨 왐포아의 부회장이다. 또한 청쿵인프라스트럭처와 CK생명과학의 회장을 맡고 있다.

1964년에 태어난 빅터는 토목공학 석사학위를 받았고, 1993년 가톨릭 신자와 결혼했다. 토지 경매 시 빅터 옆에서 곧잘 목격되는 인물은 그의 동료 그레이스 우Grace Woo로, 청쿵홀딩스의 전무이사다. 그의 또 다른 오른팔은 청쿵인프라스트럭처의 그룹 전무인 캄힝람Kam Hing-lam이다.

빅터가 가장 자랑스럽게 여기는 개발 프로젝트 중 하나는 1986년 밴쿠버 엑스포 부지 복합개발이다. 1988년 82헥타르의 부지가 입찰을 통해 5억 캐나다달러에 매각되었는데, 주택 7650호와 300만 제곱피트의 상업 공간, 400개 객실을 갖춘 고급 호텔과 요트 630척을 정박할 부두가 들어설 수 있는 부지였다. 콩코드 퍼시픽 개발Concord Pacific Development이라는 컨소시엄이 소유하고 빅터가 주도한 이 프로젝트의 마케팅은 1990년 1단계 출범과 함께 시작되었다. 1989년 6월 4일 톈안먼 사건이 일어나자 캐나다로 탈출하려는 이민자들이 급증하면서 이 사업은 뜻밖의 횡재를 만났다. 1996년까지 16개 동 총 2100호가 팔렸으며, 개발권의 일부는 싱가포르와 대만 기업에 약 2억 9000만 캐나다달러에 팔렸다.[30]

홍콩인프라스트럭처 회장으로서 빅터는 최근 호주에서 몇 차례 중요한 전력 자산을 구매했는데, 이로써 홍콩인프라스트럭처와 홍콩전력은 호주에서 가장 큰 전력 공급업체가 되었다.

리자청은 빈틈없는 사업가이자 거래 성사자라는 이미지 외에 스스로 너그러운 자선가임을 과시했다. 그는 1980년 리자청 재단을 설립하고 2002년까지 총 6억 600만 미국달러를 기부했다. 리자청이 사령탑에서 물러나면 리 가문이 사회에 얼마나 환원할지를 결정하는 일은 2세들에게 달려 있다.

궈 가문

선훙카이 부동산의 설립자는 월터, 토머스, 레이먼드의 아버지 궈더성郭得勝이다. 궈더성은 1911년 광둥廣東 중산中山에서 태어나 1990년 홍콩에서 세상을 떠났다. 그해에 자녀들은 월터를 회장으로, 토머스와 레이먼드를 부회장 겸 전무로 하여 경영을 이어받았다.

궈 일가의 지배하에 있는 주요 상장사로는 대표 기업인 선훙카이 부동산과 트랜스포트 인터내셔널 홀딩스, 스마트원 커뮤니케이션스Smartone Communications가 있다. 세 회사의 2009년 말 기준 시가총액은 361억 미국달러였다. 1995년부터 1997년까지 3년 연속 100억 홍콩달러(12억 9000만 미국달러)의 순이익을 달성했으며, 특히 1997년에는 142억 홍콩달러(18억 3000만 미국달러)로 사상 최고점을 찍었다. 2009년 6월 기준 선훙카이 부동산은 4190만 제곱피트의 개발 가능한 토지은행과 2400만 제곱피트의 농지를 보유하고 있었다.

궈더성은 1950년대 초 일본 브랜드 YKK 지퍼의 홍콩 내 유일한 판매 대리점을 가진 훙창鴻昌사를 설립하여 무역업자로 출발했다. '삼총사'로 불리던 리자오지, 펑징시馮景禧와 함께 1958년 이터널 엔터프라이즈사Eternal Enterprises Company를 설립하고 부동산 개발업에 뛰어들었다. 1963년 회사를 구조 조정하면서 이름을 선훙카이 엔터프라이즈로 바꿨는데, 궈더성이 40%의 지분을 차지하면서 회장을 맡고 리자오지와 펑징시는 각각 30%의 지분을 가졌다.

1972년 세 사람은 파트너십을 깨고 각자의 길을 갔다. 궈더성은 1972년 7월 14일 선훙카이 부동산을 세우고, 같은 해 주식 시장 상장에 성공했다. 이 회사는 현재 홍콩 최대의 부동산 개발업체다.

일 중독으로 유명했던 궈더성은 토요일에도 종일 일하고 일요일에도 반나절 내내 일하곤 했다. 그의 비서 세 명은 토요일 오후와 일요일 아침에 교대로 근무해야 했다. 추가근무수당은 회장 가족과 함께 일요일에 딤섬 점심 식사를 같이하는 것이었다.

월터와 토머스는 둘 다 영국에서 교육을 받았고, 레이먼드는 영국에서 교육을 받은 뒤 미국에서 수학했다. 이들은 1970년대 후반에 차례로 아버지 회사에 복귀했다. 당시의 그들처럼 그들의 자녀도 이제 해외 유학을 마쳤거나 막 끝마치려 하고 있고 일부는 회사에서 경영 수업을 시작했다.

아마도 선훙카이 부동산 상장 후 첫 10년 동안 가장 기억에 남는 사건은 1980년 11월 주룽버스의 지배 지분을 확보하려고 시도한 일일 것이다. 공공버스 회사인 주룽버스는 주룽에 버스 차고지로 사용했던 넓은 면적의 개발 가능 부지를 보유하고 있었다. 비록 지배 지분을 확보하려던 시도는 실패했지만, 이후 주룽버스에 대한 지배로 이어지는 길을 열어주었다. 현재 선훙카이 부동산은 트랜스포트 인터내셔널 홀딩스의 지분 33.3%를 보유하고 있다. 이 버스 회사는 저렴하게 토지를 제공해줄 뿐 아니라 수익성 좋은 버스 독점 운영권 덕에 안정적인 수입원이기도 하다.

청쿵 그룹과 달리 선훙카이 부동산 그룹은 1970년대와 1980년대에 수직적으로 확장하는 형태를 띠었다. 확장의 초점은 아파트형 공장에서 쇼핑센터, 사무용 빌딩, 주택에 이르기까지 항상 홍콩의 부동산 개발에 있었다. 1980년대 중반까지 선훙카이 부동산 그룹은 건설, 부동산 관리, 전기 및 소방 서비스, 건축 서비스, 기계 엔지니어링, 콘크리트 생산, 시멘트 제조, 금융 및 보험 등 개발과 관련한 100개가 넘는 자회사와 관련 회사를 설립했다. 선훙카이 부동산 그룹은 전형적인 '부동산 공장'이 되었다. 1990년 말 선훙카이 부동산의 시가총액은 32억 6000만 미국달러에 달했는데, 1972년 상장 당시의 5160만 미국달러와 비교된다.

선훙카이 부동산 그룹이 1980년대에 진행한 프로젝트 중 가장 유명한 것이 사톈沙田의 뉴타운 플라자다. 이 프로젝트는 신제에 있는 신도시 최초의 종합 개발이었다. 총면적 100만 제곱피트의 프로젝트 중 1단계는 1984년에 완성되었다. 이 프로젝트는 사톈에서 가장 큰 상업 시설 개발로 백화점, 소매점, 소형 극장, 식당, 스케이트장이 있는 거대한 쇼핑몰이 들어섰다. 또 홍콩 최초로 컴퓨터 제어식 음악 분수를 선보이기도 했다. 2단계와 3단계는 1988년과 1990년대 초에 완성되었다. 이러한 성공적 개발은 1970년대 후반과 1980년대 초반의 급격한 인구 증가와 이에 상응하는 신도시 개발의 필요성에 힘입었다. 궈더성은 적절한 시기에 적절한 곳에서 적절한 일을 하는 데 타고난 재능이 있어 보였다.

세 아들이 지휘봉을 잡은 이후로 가장 극적인 거래는 2000년 9월 선훙카이 부동산 그룹이 지하철로공사Mass Transit Railway Corporation의 공항철도 주룽역 패키지 5, 6, 7 입찰에 성공한 것이었다. 이 프로젝트는 건축 가능한 면적이 총 540만 제곱피트로, 250만 제곱피트의

102층 A등급 사무 공간, 100만 제곱피트의 고급 주거 공간, 100만 제곱피트의 호텔 공간, 90만 제곱피트의 쇼핑 공간으로 이루어졌다. 토지 비용만 9억 5500만 미국달러가 넘었는데, 아마도 선흥카이 부동산 그룹이 단일 개발 부지에 지급한 비용 중 가장 높은 금액일 것이다. 또한 선흥카이 부동산 그룹은 동일 철도 노선의 중앙역 개발 패키지에 47.5%의 지분을 갖고 있다.[31]

궈 가문의 형제들은 선흥카이 부동산 그룹의 엄청난 부를 바탕으로 홍콩에서 세 번째로 큰 휴대전화 회사인 스마트원 커뮤니케이션스의 지분을 보유함으로써 통신 분야에도 손을 댔다. 2009년 6월 말 선흥카이 부동산 그룹은 스마트원 커뮤니케이션스의 지분 64.1%를 보유했다. 또한 분리 독립해 2000년에 상장한 IT 기업 수네비전Sunevision에 대한 지배 지분도 보유하고 있다.[32]

홍콩 부동산 시장에 집중하는, 모든 달걀을 한 바구니에 담는 전략은 의심의 여지 없이 선흥카이 부동산 그룹과 궈더성 일가를 부유하게 만들었다. 세 형제가 창업자로부터 물려받은 부동산 시장 집중 전략을 고수함으로써 지금까지는 순항할 수 있었다. 전반적으로 궈 가문 형제들의 경영하에서 그룹은 큰 어려움 없이 번영을 누려왔다.

리(리자오지) 가문

리자오지는 1958년 동맹을 맺은 삼총사(궈더성, 리자오지, 펑징시) 가운데 유일하게 살아 있는 '총잡이'다. 1929년 광둥성 순더順德의 중산층 가정에서 태어난 리자오지는 10대의 어린 나이에 아버지로부터 사업 수완을 배웠다. 그의 아버지는 금 무역상이자 환전상이었다.

리자오지는 1948년 홍콩으로 이주하고 나서 10년 뒤 궈더성, 펑징시와 부동산 개발 파트너십을 맺었다. 1972년 파트너십이 깨진 뒤 리자오지는 융타이개발永泰置業을 설립하고 같은 해에 상장했다. 그의 주력 회사인 헨더슨 랜드는 1981년에 상장되었다. 1988년 회사 자산의 재편이 이루어졌는데, 개발 자산은 모두 헨더슨 랜드에 배치되었고, 융타이개발은 헨더슨 인베스트먼트로 이름을 바꾸어 홍콩차이나가스와 홍콩페리 같은 비부동산 자산을 보유하는 상장 수단listed vehicle이 되었다.

2010년 5월 말 헨더슨 랜드, 헨더슨 인베스트먼트, 홍콩차이나가스의 시가총액은 총 286억 미국달러였다. 리자오지 회장은 세 회사의 회장이다. 궈더성과 마찬가지로 리자오지도 1967년 폭동을 절호의 기회로 삼아 토지 비축에 나서면서 부동산 시장에서 대박을 터뜨렸다. 그는 또한 B 문서Letter B를 긁어모으기 시작했다.[33] B 문서는 1980년대와 1990년대에 정부 토지 입찰이라는 돈벌이 게임에서 귀중한 보석이 되었다.

리자오지는 아들 둘과 딸 하나를 두었다. 장남 리자제李家傑는 영국에서 교육을 받고 1985년부터 아버지 밑에서 일하고 있다. 리자제는 헨더슨 랜드와 헨더슨 인베스트먼트의 부회장이며, 헨더슨 차이나의 회장 겸 사장이다. 그는 그룹이 본토에서 진행하는 부동산 개발을 맡고 있다. 차남 리자청李家誠은 캐나다에서 교육을 받고 그룹에서 일하기 위해 1995년에 돌아왔다. 딸 마거릿과 그녀의 남편 리닝도 그룹 내 고위직을 맡고 있다.

평화로운 성격과 달리 리자오지는 그의 오랜 사업 동료인 리자청李嘉誠과 소원해질 위험을 무릅쓰고 1993년 리자청과 시틱퍼시픽 CITIC Pacific 룽즈젠榮智健, Larry Yung의 컨소시엄에 맞서 미라마 호텔 그룹 경쟁입찰에 참여했다. 입찰가는 둘 다 주당 17홍콩달러(2.19미국달러)로 같았지만, 결국 작고한 양즈윈楊志雲 일가의 지분(34.78%)을 매입하겠다는 리자오지의 제안이 받아들여졌다. 리자오지가 승자가 된 이유는 매입 조건으로 그룹 소유권이 변경된 뒤에도 앨버트 양Albert Young의 전무이사직을 유지하는 등 기존 경영진의 유지를 약속했기 때문이다. 언론 보도에 따르면, 제안 수락을 공식 발표하기 전에 가진 비공개 회의에서 양즈윈의 부인이 리자오지에게 이 같은 조건을 요구했다고 한다. 양즈윈은 미라마 호텔 그룹의 창업자이자 앨버트의 아버지로, 리자오지의 좋은 친구이기도 했다. 안타깝게도 그룹 매각 2년 후 앨버트는 심장병으로 세상을 떠났다.[34]

헨더슨 랜드의 틈새시장은 중소형 아파트 시장이다. 헨더슨 랜드는 미드 레벨, 코즈웨이 베이, 완차이, 노스 포인트, 쿼리 베이 같은 도시 지역의 낡은 주거용 건물을 하나씩 매입하는 토지 취득 전략을 써왔다. 대부분의 경우 오래된 건물들이 들어선 부지는 재개발이 진행되면 용적률을 추가로 확보할 수 있다. 말할 필요도 없이 이러한 전략의 전제조건은 인내와 시간이다. 2009년 12월 헨더슨 랜드는 1980만 제곱피트의 개발 가능한 토지은행과 3280만 제곱피트의 농업용 토지은행을 보유했다.

홍콩의 거대 개발업체들 가운데서 헨더슨 랜드는 중국 본토 부동산 시장에 가장 먼저 진출한 기업 중 하나다. 1996년 상장되고 2005년 민영화된 헨더슨 차이나(일종의 상장 수단)를 통해 헨더슨 그룹은 주로 베이징, 상하이, 광저우, 주강 삼각주 등의 부동산 개발에 참여했다. 2009년 12월 31일 기준 헨더슨 랜드는 중국 본토에 개발 가능한 연면적 1억 4620만 제곱피트의 토지은행을 보유하고 있었다.[35]

정 가문

정위퉁鄭裕彤은 NWS홀딩스, 신스제 중국 부동산新世界中國地產, New World China Land, 몽골에너지회사蒙古能源, Mongolia Energy Corporation로 구성된 신스제발전 그룹의 회장이자 조타수다. 대표 기업인 신스제발전은 2010년 5월 시가총액이 138억 미국달러였다. 그룹의 핵심 사업은 부동산, 사회 기반 시설, 공익사업, 통신 등이다. 신스제발전은 1972년에 상장되었다.

장남인 헨리 정Henry Cheng, 鄭家純은 신스제발전의 전무이사 겸 신스지 중국 부동산과 NWS홀딩스의 회장을 맡고 있으며, 차남 피터는 형이 회장을 맡고 있는 두 회사의 전무이사다.

1925년 광둥성 순더에서 태어난 정위퉁은 열다섯 살 때부터 보석상 일을 해왔다. 1960년대에 정위퉁은 '보석왕'으로 불렸다. 그의 회사 저우다푸는 다이아몬드 수입 허가증을 10개 넘게 가지고 연간 홍콩 다이아몬드 총수입의 30%를 차지했다. 정위퉁은 1967~1968년 최악의 시기에 부동산 시장에 뛰어들어 운 좋게 부동산 거물이 되었으며, 막대한 부를 누리게 되었다.

신스제 그룹의 기념비적인 부동산 프로젝트는 동침사추이尖沙咀東의 뉴월드센터로, 1억 8100만 미국달러를 투자한 이 센터는 1970년대에 2차에 걸쳐 건설되었다. 뉴월드 호텔, 사무실, 쇼핑센터로 이뤄진 1차는 1978년에, 리젠트 호텔과 고급 아파트로 이뤄진 2차는 1982년에 완공되었다.

1980년대에 신스제 그룹은 홍콩무역발전국과 합작해 두 개의 부속 호텔을 건설했다. 홍콩컨벤션센터는 뉴월드 하버뷰 호텔, 그랜드하얏트 호텔과 함께 완차이 항구의 중요한 랜드마크가 되었다.

1986년에는 HKR 인터내셔널과 손잡고 건축면적 110만 제곱피트의 란타우섬 디스커버리 베이 3차 개발에 참여했다. 이후 건축면적이 각각 140만, 100만 제곱피트인 4, 5차 개발권을 3280만 미국달러에 매입했다. 이들 개발이 완료된 1990~1994년 기간에 부동산 시장은 새로운 정점을 향해 치솟았다. 두 회사 모두 부동산 매매로 막대한 부를 획득했다.

1989년 1월 정위퉁은 장남 헨리에게 경영권을 물려주고 은퇴한다고 발표하며 동료들을 놀라게 했다. 1946년 홍콩에서 태어난 헨리는 1972년 캐나다에서 대학을 졸업한 뒤 신스제 그룹에서 일해왔다.

운전석에 있는 동안 헨리는 1989년 3월 윙온Wing On 그룹에 대한 적대적 인수 시도, 전 세계적으로 800개가 넘는 호텔 부동산을 보유한 중가 호텔 그룹인 라마다 인 호텔 체인의 인수 등 과감한 행보를 보였다. 하지만 윙온 그룹 인수 시도는 실패로 끝났고, 라마다 인 호텔 체인의 인수는 신스제 그룹에 엄청난 빚을 안겼다. 결국 1991년 그의 아버지가 헨리를 돕기 위해 일선에 복귀해야 했다.

지휘권을 다시 확보한 정위퉁은 그룹의 부채를 관리 가능한 수준으로 낮추기 위해 홍콩컨벤션센터의 고급 아파트 같은 값비싼 자산을 매각하는 등 병든 그룹을 회복하기 위해 수술을 시작했다. 동시에 부동산 개발이라는 핵심 사업에 다시 집중하면서 회사 운영에 전략적인 변화를 주었다. 1995년 무렵 신스제 그룹은 홍콩의 4대 개발업체 중 하나로 다시 떠올랐다.[36]

그러나 다른 대부분 개발업체와 마찬가지로 신스제 그룹 역시 1997년 아시아 금융위기와 그에 따른 부동산 시장 붕괴에서 피해를 입지 않을 수 없었다. 위태로운 부채 상태 때문에 2002년 중반 그룹의 '왕관의 보석'인 리젠트 호텔을 매각해야 했고, 2002년 12월에는 그룹 내 기업들 사이에서 자산 구조 조정을 단행할 수밖에 없었다.

1999년 상장한 신스제 중국 부동산은 2009년 6월 기준 개발 가능 면적 2775만 제곱미터(2억 9850만 제곱피트)의 토지은행을 중국 본토에 보유하고 있었는데, 이는 홍콩에 본사를 둔 개발업체 중에서 가장 넓은 면적이었다.

1995년부터 신스제 그룹은 공익사업 분야로 사업 영역을 확장했다. 그룹은 1995년 7월 FTNS 면허를 취득하며 통신사업을 시작했다. 1998년에는 독점 운영권이 있는 공공버스 서비스를 시작했고, 2000년에는 면허를 취득하여 여객선 서비스를 시작했다.[37]

바오와 우 가문

워프(홀딩스), 휠록 앤드 컴퍼니, 아이-케이블 커뮤니케이션스는 2010년 5월 현재 시가총액이 219억 미국달러다. 워프/휠록 그룹은 1991년에 사망한 선박왕 바오위강이 설립했다. 워프와 휠록 모두 바오위강의 사위인 우광정吳光正, Peter Woo이 회장직을 맡고 있다. 워프의 핵심 사업은 부동산 투자, 통신, 미디어 및 엔터테인먼트, 물류(컨테이너 터미널) 등이며, 휠록은 투자지주회사이자 부동산 개발업체다.

바오위강은 1980년과 1985년에 각각 워프 그룹과 휠록 그룹을 인수하며 사업 전략의 과감하고 성공적인 변화를 보였다. 1970년대 후반 내리막길을 걷고 있던 해운 산업에서 물러나 '육지'의 자산으로 상륙한 것이다. 바오위강은 자산이 풍부한 워프 그룹을 장악함으로써 홍콩에서 가장 가치 있는 부동산인 주룽 포인트Kowloon Point에 있는 방대한 부동산을 인수하게 되었다. 그 자산인 오션 시티, 오션 센터, 하버 시티, 마르코 폴로 호텔, 게이트웨이 등 연면적 총 829만 제곱피트의 고급 상업용 임대 부동산은 현재 침사추이 번화가에 자리 잡고 있다. 바오위강은 이러한 왕관의 보석 외에도 콰이충葵涌 컨테이너 터미널뿐 아니라 스타 페리와 아일랜드 트램 운영권도 장악했다. 그룹이 보유한 또 하나의 보석 같은 상업 시설은 코즈웨이 베이의 옛 트램 기지에 세운 다층 상가 건물과 두 개의 사무용 빌딩을 갖춘 연면적 200만 제곱피트의 타임스 스퀘어다. 바오위강은 연이어 휠록 그룹을 인수하면서 더 많은 상업용 부동산과 레인 크로퍼드Lane Crawford 등의 소매업체를 소유하게 되었다.[38]

1918년 중국 저장성 닝보에서 태어난 바오위강은 상하이에서 은행원으로 일하다가 1949년 가족과 함께 홍콩으로 이주했다. 1955년 월드와이드 해운World-Wide Shipping을 설립하여 해운업에 뛰어들어 1970년대에 세계적으로 유명한 해운 그룹으로 성장시켰다. 매너와 사교성을 갖춘 사업가 바오위강은 정·재계 인맥을 통해 곧바로 세계 무대에 올라섰다. 1973년 무렵에는 보유 선박이 57척, 용적 톤수가 960만 톤으로 증가해 그리스 선박왕 오나시스Alexander Onassis를 훨씬 능가했다. 그런데 중동 석유 위기가 닥치면서 유조선에 대한 수요가 급감했다. 바오위강은 앞으로 해운업이 어려움을 겪을 것으로 전망하고 '상륙' 작전을 구상하기 시작했다.

1978년 바오위강은 매입 계획의 첫 단계로 리자청으로부터 1000만 주가 넘는 워프 주식을 사들였다. 이후 1980년에 바오위강은 홍콩상하이은행의 도움으로 워프 그룹의 지배지분에 대한 공격적인 입찰에 뛰어들어 결국 성공했다. 1985년 바오위강은 오래된 영국 상사인 휠록 마든을 목표로 삼았고, 이는 그의 또 다른 트로피가 되었다.

1986년 바오위강은 건강이 좋지 않아 은퇴를 결심하고 사위인 우광정에게 워프/휠록 제국의 지휘봉을 넘겼다. 우광정은 1946년 상하이에서 태어나 미국에서 교육을 받았다. 1973년 바오위강의 둘째 딸 베티와 결혼한 그는 바오위강이 워프 그룹과 휠록 그룹을 장악하는 데 핵심 역할을 했다. 바오위강의 장녀와 결혼한 오스트리아인 헬무트 소멘Helmut Sohmen은 선박 사업을 맡았다. 나머지 두 사위는 각각 일본 사업과 개인 신탁자금에 대한 관리 책임을 맡았다.

우광정은 텔레비전 방송이라는 새로운 사업을 성공시키면서 비즈니스 세계에서 유명해졌다. 1988년 그는 케이블TV 면허를 따기 위해 컨소시엄을 구성했다. 이 컨소시엄은 면허를 확보했지만 1990년 11월 아시아에 송출되는 위성TV 면허를 취득한 허치슨 그룹과의 적대적 경쟁으로 컨소시엄의 핵심 구성원들이 탈퇴하면서 무산되었다. 우광정은 그렇다고 낙담하지 않았고, 오히려 혼자 하기로 결심했다. 결국 1993년 6월 워프 그룹은 유료 케이블TV 면허를 취득했고, 같은 해 10월에 자회사인 아이-케이블 커뮤니케이션스를 통해 최초로 유료 TV 방송을 시작했다.

1992년 그룹은 워프 뉴 T&T(현 워프 T&T)를 통해 FTNS 면허 입찰에 참여하여 유선전화 통신 시장 일부를 확보하기도 했다. 면허는 홍콩텔레콤의 유선전화 독점이 공식적으로 종료된 1995년 7월부터 유효해졌다.[39]

성공적이고 부유한 기업가가 되었지만 우광정은 사업 성과만으로는 만족할 수 없었다. 1997년 그는 인기 후보인 둥젠화를 상대로 홍콩특별행정장관 선거에 출마하겠다고 발표해 홍콩 시민들을 놀라게 했다. 우광정은 이목을 끄는 선거운동을 벌였지만, 둥젠화가 400표 중 320표를 받으며 예상대로 압승을 거뒀다.

선거에서 졌어도 우광정은 여전히 공직에 강한 관심을 보였다. 우광정은 1995년부터 2000년까지 의원관리국Hospital Authority 주석을 지냈으며, 2000년부터 2007년까지 홍콩무역발전국 주석을 지냈다. 홍콩폴리테크닉대학의 평의회 의장을 역임하기도 했다. 의원관리국 주석으로 재임하는 기간에 우광정은 워프/휠록 그룹 경영권을 일시적으로 내려놓았다.

카두리 가문

CLP 그룹은 로런스와 호러스의 아버지이자 현 회장 마이클 카두리의 할아버지인 엘리 카두리가 1901년에 설립했다. 카두리 가문은 CLP홀딩스와 홍콩상하이호텔 그룹의 최대 주주로서 각각 19%와

50.49%의 지분을 가지고 있다. 마이클은 홍콩상하이호텔 그룹의 회장이기도 하다. 2010년 5월 두 회사의 시가총액은 총 194억 미국 달러였다.

1899년 홍콩에서 태어난 로런스 카두리는 19세 때 아버지에게 전기 사업을 배우기 시작했다. 그 세대의 많은 기업가처럼 로런스는 일 중독이었다. 1992년 93세의 나이로 은퇴할 때까지 로런스는 74년간 회사를 위해 일한 뒤 외아들 마이클에게 지배권을 넘겨주었다. 로런스는 굉장히 헌신적으로 일했기에 취미인 옥 골동품 수집 말고는 다른 일을 할 시간이 없었다.

마이클은 1941년 홍콩에서 태어나 스위스와 영국에서 교육을 받았다. 48세에 런던에서 베티 타마요와 결혼해 1986년 딸 나탈리 루이즈를 얻었다. 그의 아버지가 골동품 수집이라는 수동적인 취미에 몰두하는 동안 마이클은 헬리콥터 비행에 심취했다. 그러나 아버지와 마찬가지로 마이클 역시 평생 고급 음식과 고급 호텔의 분위기처럼 세련된 것들에 탐닉했다. 이러한 이유로 그는 경력 초반에 홍콩상하이호텔 그룹의 일을 오랫동안 관리했다.

최근 몇 년 동안 CLP 그룹은 규제 계획 협약하에서 운영되던 지역 전력 독점에서 지리적으로나 영역에 있어서나 점차 다변화해갔다. 규제 계획 운영의 성장 잠재력이 다했다고 보았기 때문이다.

2000년 CLP 그룹은 영국의 파워젠Powergen이 소유한 아시아 태평양 지역 전력 생산 포트폴리오의 지분 80%를 취득하고, 베이징,

톈진, 허베이에 있는 발전소 세 곳을 인수하기 위해 베이징궈화전력北京國華電力과 합작회사를 설립하는 등 적극적인 확장 조치를 취했다.

2002년 11월 CLP 그룹은 파워젠이 보유하고 있던 아시아 태평양 지역 자산의 잔여 지분 매입을 발표했다. 그 결과 CLP 그룹은 인도 서부의 구자라트 파구탄 에너지Gujarat Paguthan Energy(655MW 발전소의 소유·운영업체)의 지분 100%, 호주 빅토리아주의 옐런 에너지Yallourn Energy(1450MW 발전소의 소유·운영업체)의 지분 92%, 태국 BLCP 전력(1434MW 발전 프로젝트 개발업체)의 지분 50%를 보유하게 되었다.

2001년 중반 CLP 그룹은 EFTNSExternal Fixed Telecommunications Network Services 면허를 발급받고, 새로운 광섬유 케이블로 홍콩과 중국 본토를 연결하여 전화와 인터넷 서비스를 제공하는 차이나링크ChinaLink 서비스를 출시하며 통신 분야에 데뷔했다.

지난 10년간 비교적 위험도가 낮고 꾸준하게 성장하는 사업 환경을 누렸을 뿐만 아니라 CLP 그룹은 청쿵홀딩스와 함께 홍홈에 있는 혹운발전소 부지의 재개발 사업(라구나 베르데 프로젝트)을 추진하며 몇 년간 짭짤한 부동산 수익을 맛보기도 했다. 풍작을 거둔 1995, 1998, 2000, 2001년에 부동산 개발 이익은 그룹 총수익의 각각 22.7%, 19.0%, 19.6%, 20.2%를 차지했다.[40]

라구나 베르데Laguna Verde는 홍홈 수변에 위치한 대규모 주거지로, 1998년부터 2002년까지 5차에 걸쳐 완공되었다. 이 프로젝트는 25개 동의 주택 4735호, '어부의 워프'라고 불리는 28만 제곱피트의 쇼핑몰로 구성되어 있다. 대부분 주택은 제곱피트당 평균 4000홍콩달러(516미국달러) 이상의 가격으로 판매되었다.

사실상 소수의 부동산 거물들이 장악하고 있는 부동산 개발 분야의 진입장벽을 극복하려면 튼튼한 재무상태표, 저렴한 토지은행 보유, 프로젝트 관리 및 마케팅 전문지식이라는 세 가지 전제조건이 충족되어야 한다. 첫 번째는 CLP 그룹에게 너무도 쉬운 일이었다. 두 번째 역시 발전소 부지를 여럿 소유하고 있었기 때문에 문제가 되지 않았는데, 그중 일부는 혹운처럼 가동이 중단된 곳이었다. 세 번째는 조인트 벤처 파트너인 업계 베테랑 청쿵홀딩스의 도움을 받았다.

그렇다고 카두리 가문이 부동산 분야에서 신출내기인 것은 결코 아니다. 카두리 가문은 홍콩상하이호텔 그룹을 통해 유명한 페닌슐라 홍콩(100%), 주룽 호텔(100%), 페닌슐라 뉴욕(100%), 페닌슐라 시카고(92.5%), 페닌슐라 방콕(90%), 페닌슐라 마닐라(40%), 페닌슐라 베벌리힐스(20%)와 페닌슐라 베이징(20%) 등의 호텔을 소유하고 있다. CLP 그룹은 호텔 외에도 장기 투자처로서 리펄스 베이 단지, 피크 타워, 세인트 조지 빌딩을 비롯한 홍콩 내 고급 부동산을 보유하고 있다.[41]

부동산 개발업체에 친화적인 정부 ─

위에서 언급한 가문들의 지배하에 있는 대기업들은 홍콩 경제의 동맥, 즉 부동산, 공공버스, 식품 소매업 등을 꽉 쥐고 있다. 이토록 경제 영주들의 권력이 막강한 데는 자유방임적인 태도를 견지하면서도 그들의 이익을 보호하는 데는 적극적인 정부의 역할이 크다.

이 기업들은 홍콩에서 가장 가치 있는 천연자원인 땅을 소유하는 것으로 몸집을 불려왔다. 이들의 막대한 번영은 1984년 중·영 공동선언이 홍콩 정부에 부과한 연간 50헥타르의 토지 공급 상한 규정이 초래한 부산물이기도 하다. 토지 공급 상한선 때문에 1985~1997년 사이에 부동산 가격이 천정부지로 치솟았다. 이런 특별한 사정과는 별개로, 홍콩의 유일한 토지 공급자인 정부는 토지 매각 수익과 임대 계약 변경lease modification 시의 토지 프리미엄을 통해 부동산 분야에서 기득권을 쥐고 있기에 기업들은 영국이든 중국이든 항상 정부를 자기 편으로 두어왔다. 그래서 일부 학자들은 정부와 부동산 개발업체 사이의 유착 관계를 비판한다.

크리스 패튼 정부는 1994년 형성된 부동산 거품이 어떤 문제를 불러올지 알고 있었을 것이다. 패튼 정부는 투기 억제 조치로 불타오르는 부동산 시장을 잠재우려 했다. 불행하게도 패튼 정부는 합동연락위원회의 중국 측과 헌법상 분쟁에 휘말리면서 부동산 시장을 관리할 시간이나 여력이 남지 않았다. 패튼 정부가 무성의하게 부동산 투기 억제 조치를 펼친 탓에 제대로 된 정책 효과를 기대하기 어려웠다.

중국 반환 이후 홍콩특별행정구 정부는 2007년까지 자가 보유율 70% 달성이라는 야심 찬 목표를 세우고, 매년 8만 5000호의 주택을 공급하겠다는 놀랄 만한 정책을 발표했다(1997년 10월 8일 행정장관이었던 둥젠화의 첫 시정보고). 반환 전부터 만연했던 부동산 가격의 고공행진과 턱없이 비싼 집값에 대한 시민들의 불만을 고려할 때, 정책 도입 시점이 아시아 금융 위기와 겹치지 않았더라면 둥젠화의 정책은 부동산 시장 과열에 대한 적절한 '치료책'이 되었을 것이다. 하지만 금융 위기로 1997년 말 부동산 거품이 마침내 터지면서 '놀랄 만한' 주택 공급 정책은 '훌쩍이는 소리'로 끝나고 말았다. 그때부터 모두가 둥젠화에게 손가락질하며, 주택 소유자들을 옭아맨 부채, 늘어나는 개인과 기업의 파산, 높은 실업률과 부패한 경제 등 부동산 시장 붕괴의 여파와 관련한 모든 것을 두고 비난했다.

부실한 판단을 인정하지 않고 자신이 공언한 정책을 신속하게 바로잡지 못한 것, 즉 정치적 지혜가 부족했던 데 대한 책임은 피할 수 없다 하더라도 둥젠화의 정책이 거품 붕괴를 가져온 진짜 이유는 아니었다. 글로벌 헤지펀드가 홍콩달러와 증시에 동시 폭격을 가해 공포가 확산하고 금융 시장에서 급격한 가격 변동을 일으키자 금융 당국이 1997년 말에 달러화 고정환율을 방어하기 위해 내놓은 급격한 금리 인상이 진짜 방아쇠였다. 대혼란은 지나치게 부풀어 오른 부동산 시장으로 전염병처럼 번져나갔다. 다른 모든 거품과 마찬가지로 부동산 거품도 둥젠화의 정책과 상관없이 피할 수 없이 격렬한 최후를 맞이할 운명이었다. 둥젠화와 그의 정책은 부동산 투기꾼들과 소유자들이 시장 붕괴로 입은 막대한 손실에 대한 분노를 표출할 분출구에 불과했다. 거품 형성의 진짜 원인은 토지 제도와 부동산 시장 구조 속에 더 깊숙이 숨어 있다.

부동산 거품이 꺼지고 5~6년의 시간이 흐르는 동안 부동산 가격이 60% 이상 증발하는 바람에 주택 소유자들의 불만이 높아졌다. 기존 주택 공급 정책을 포기한 둥젠화 정부는 이러한 상황에서 방향을 잃고 혼란에 빠졌다. 충격을 입은 부동산 시장을 살리기 위한 노력의 일환으로 2002년 11월 정부는 미래의 주택 공급을 억제하는 데 중점을 둔 9개 항 계획을 발표했다. 그러나 황폐해진 부동산 시장의 신뢰 회복을 목표로 한 이 계획은 역설적이게도 시민들에게 남은 자그마한 마지막 신뢰마저 산산조각 냈다. 9개 항 계획은 부동산 개발업 재벌들에게나 유리하지 포위된 중산층에게는 거의 도움이 안 된다고 생각했기 때문이다. 정부가 신규 토지 공급을 1년간 유예하는 바람에, 토지은행이 빈약한 소규모 부동산 개발업체들은 손해를 입었다. 정부의 개입이 없었다면 그들은 당시 침체된 시장에서 더 싼 가격으로 토지 비축량을 늘릴 수 있었을 것이다. 9개 항 계획은 당초 계획되어 있던 철로변 토지 공급의 삭감, 보조금을 받는 HOS 주택의 포기, 투기 방지책의 철폐와 더불어 개발업 재벌들로부터 환호를 받았다.

당시 홍콩부동산건설상회Real Estate Developers Association, REDA 회장이던 스탠리 호Stanley Ho, 何鴻燊는 9개 항 계획을 도입한 것을 두고 정부가 올바른 방향으로 한 걸음 내디뎠다고 평가했다.[42] 이 계획은 적어도 부유한 개발업체들이 재고를 털어내고 현금을 확보할 수 있는 임시방편을 제공했다. 계속되는 가격 하락을 막기 위해 개입한 정부의 조치는 홍콩의 가격과 임대료를 주변 지역과 비교해 더 경쟁력 있는 수준으로 낮추겠다는 약속과 모순되었다. 설상가상으로 정부의 조치는 개발업체 친화적이라는 반박할 수 없는 인상을 심어주었다.

경쟁 수준이 매우 낮은 환경에서 재벌들이 대중의 생계와 직결된 시장을 장악하여 소비자를 착취하고 있음에도 홍콩에서 태어나고 교육받은 중산층은 커지는 사회적 불평등과 빈부 격차에 대해 이상하리만치 침묵해왔다. 홍콩 사람들은 그러한 현상에 대해 위험할 정도로 무관심한데, 이는 소수의 재벌 가문들이 홍콩 시민의 일상에 영향을 미치는 경제 분야에서 지배적인 시장 지위를 남용해왔기 때문이다. 기업의 지배구조를 신랄하게 비판하는 데이비드 웹은 예외다. 외국 출신인 그는 특히 법적인 면허나 검사 규정이 없는 분야에서 반독점법이나 경쟁법을 제정해야 한다고 강력하게 주장했다. 만약 재벌들이 견제받지 않는다면 경제력을 이용하여 공공정책에 영향을 미치고, 측근들의 이익을 앞세우거나 다른 이들에게 불이익을 주고, 경쟁자의 지위를 손상시키고, 직원들을 고압적으로 다룰 수 있다는 것이다. 불행하게도 이 같은 현상은 이미 홍콩에서 낯선 일이 아니다.

웹이 '홍콩은 경쟁법이 필요하다'라는 제목의 칼럼에서 말했듯이 홍콩에는 '친시장'이 아닌 '친기업' 정부가 있다. "경쟁력 있는 세력이 사라졌을 때 신속하고 예측 가능한 개입이 이루어져야만 효율적인 자유시장이 달성된다. 그런데 때때로 애덤 스미스의 '보이지 않는 손'이 보이지 않는다"라는 웹의 지적은 옳다. 칼럼에서 그는 정부가 은행과 통신 카르텔을 점진적으로 해체하는 것에 대해서는 칭찬하면서도, 다른 많은 분야를 지배하고 있는 막강한 재벌들이 자유방임적인 공공정책을 즐기고 있으며, 규제 부족은 굳건한 카르텔을 허용하고 경제의 효율성을 저해한다고 날카롭게 지적했다.

경제계에서 반경쟁적 행태가 만연하도록 방치함에 따라 우리는 대규모 기업 합병으로 해고된 노동자, 지주인 개발업체가 높은 임대료와 수수료를 부과해 밀려난 중소기업, 선택권을 빼앗기고 매우 비싼 가격으로 기초 생필품을 구매해야 하는 소비자, 그리고 빈부 양극화에 이르기까지 수많은 사회적 병폐를 진작부터 목격해왔다.

경제 및 산업 집중에 대한 규제가 없는 상황에서 홍콩 사회는 후진 기어를 넣고 민주화 과정으로부터 역행해 중세시대 봉건제와 유사한 시스템으로 향하고 있다. 부동산 시장 붕괴 직후 급격한 경기 침체로 거의 모든 중산층이 전멸했다. 부동산과 주식 시장에서 큰 손실을 보면서 재산이 허공으로 증발했고 더 낮은 사회 계층으로 밀려났다. 먼지가 가라앉을 때 경제적 영주인 지배 계급은 온전하게 남아 있을 것이다. 하지만 1980~1990년대에 중산층에 편입했던 많은 이들은 그 자리에서 내려가야만 했다. 이와는 대조적으로, 앞서 언급한 여섯 유력 가문 중 넷은 홍콩 경제가 침체기이던 2003년 《포브스》가 선정한 세계 부자 순위에 이름을 올렸다.

2010년 《포브스》의 세계 부자 순위에서는 리자청이 약 210억 미국달러로 이들 중 가장 높은 순위를 차지했고, 리자오지가 185억 미국달러로 그 뒤를 이었다. 궈 형제는 170억 미국달러로 3위를 차지했다. 홍콩특별행정구 통계에 따르면, 2009년 상반기 홍콩 시민의 17.9%인 123만 6000명가량이 저소득층 또는 빈곤층으로 분류되었다(가족 구성원의 소득이 전체 홍콩 가구 중간값의 절반에도 못 미쳤다). 중산층이 크게 줄어듦으로써 홍콩 사회는 봉건시대 영주와 봉신 계급을 연상시키는 부유한 소수와 가난한 다수 사이의 극심한 분열을 보게 될 것이다.

2
—

토
지
와 권
력

권력은 더 강한 권력을 직면하지 않는 한 결코 뒷걸
음치지 않는다.

– 맬컴 X

10~12세기 서유럽의 봉건제 사회에서 토지는 곧 권력이었다. 중세
시대에 토지는 모든 부의 원천이었다. 영주는 이 부를 통해 무장한
병사들로부터 충성이라는 형태로 막강한 권력을 향유했다. 병사들
은 영주가 더 많은 부를 획득하도록 돕고 그 부를 지켜야 할 의무가
있었다. 봉사와 의무에 대한 대가로 영주는 그의 부하들, 즉 '봉신들'
을 보호하고 돌봤다. 처음에는 영주가 '봉지封地'라고 알려진 땅 조각
을 봉신에게 나눠주고, 봉신은 그 땅에서 가족의 생계를 꾸릴 수 있
었다. 그러나 원래는 호혜적이었던 관계가 나중에는 별다른 대가도
없이 영주가 봉신에게 토지 임대료 외에 과도한 노동과 공물을 강요
할 수 있는 관계로 발전되었다. 18세기 개혁가들에게 봉건제는, 가
장 기본적이고 정확한 의미에서, 피지배 다수에 대한 소수 특권층의
지배를 확립하는 것을 의미했다.

강쇼프F. L. Ganshof는 《봉건제》(1961, 1964)에서 '봉건제'라는 단어의 다양한 의미를 상세히 논한다. 강쇼프는 프랑스 혁명 기간에 이 단어가 앙시앵 레짐ancien régime이 행한 수많은 권력 남용에 대한 총칭으로 사용되었다고 말한다. 그는 봉건제가 어떤 뚜렷한 특징이 있는 하나의 사회 형태로 해석될 수도 있다고 보았다. 그 특징으로는 (군사력이 있는) 상위 사회 계급과 종속 계급 사이의 극단적인 인적 의존관계, 인적 의존도에 상응하는 등급화된 토지권 체계, 그리고 보통은 국가가 소유하는 정치 권력을 영주들에게 배분하는 체계 등이 있다.[1]

'봉건제'의 영어 표현은 애덤 스미스의 《국부론》(1776)에 처음 등장한다. 스미스는 이 용어를 생산 시스템과 관련해 사용했다. 이 시스템에서 노동자들은 자유시장이 제공하는 인센티브에 의해 동원된 것이 아니라 영주와 그를 뒷받침하는 국가에 의해 강제적으로 동원되어 노동력을 제공했다. 스미스에 따르면, 이 시스템은 마지못해서 하는 노력, 낮은 생산성, 그리고 매우 부유한 소수를 제외한 대부분이 비참해지는 결과를 초래했다. 그러므로 '봉건'은 극심한 빈부 격차, 억압당하고 착취당하는 하층 계급, 그리고 비생산적이고 활력 없는 경제를 특징으로 하는 사회를 묘사했다.

오늘날 우리는 봉건시대보다 훨씬 자유롭고 민주적인 사회에서 살고 있다. 계급 구분은 여전히 만연하지만 개선의 여지가 더 크다. 중세시대에 노동의 의무라는 명목으로 봉신들의 이동을 제한한 조치는 피지배 계급이 영주에게 평생 매여 있음을 의미했다. 개인의 자유에 대한 구속은 11~12세기 영국의 시골 마을에서 보편적이었다. 계급 이동이란 아예 존재하지 않았다.[2] 지금 우리 사회는, 적어도 정상적인 시대에는, 노동자 계급이 교육과 근면한 노동을 통해 자신의 계층을 초월하여 한 단계씩 사회의 사다리를 오르는 것이 가능하다. 이러한 사회에서 노동자 계급은 자산 또는 부를 소유함으로써 궁핍의 속박에서 벗어나 물질적 위안과 안도감을 느낄 수 있다.

그러나 경제가 어려운 시기에는 노동자 계급이나 소외 계층이 사회적 속박에서 벗어날 가망이 없다는 점에서 중세시대 봉신들에 비해 딱히 더 나은 상황도 아니다. 설상가상으로 경제가 어려울 때는 이미 중산층 반열에 올라선 사람 중에서 많은 이가 원래 자리로 떨어지고 만다. 이것이 1997, 1998년 부동산 시장 붕괴의 여파로 홍콩에서 일어난 일이다. 아이러니한 것은 땅과 부동산에 내재하는 권력이 기존의 막강한 엘리트 집단을 더욱 강화하는 수단이 된 동시에 신흥 중산층의 몰락을 이끌었다는 점이다. 이처럼 부의 분배가 첨예하게 불균등한 특징을 보이던 봉건시대와 유사한 상황이 오늘날 홍콩에서 전개되었다. 주로 토지로부터 재력을 확보한 슈퍼리치 사회 계급('영주')이 중산층에게서 거의 모든 부를 빼앗아가면서 사회의 나머지 계층에 대해 압도적인 영향력을 행사하게 되었다.

중세 초중반에 자신이 지배하는 땅의 양은 자신이 휘두를 수 있는 권력의 양과 직접 관련이 있었다. 웬디 데이비스Wendy Davies

와 폴 포레이커Paul Fouracre가 편집한 《중세 초기의 부동산과 권력》 (1995)을 보면, 중세 유럽의 많은 지역에서 영주의 권리와 권력이 어떻게 정치 권력으로 발전했는지 알 수 있다. 거대 영주들은 수확물 보호와 같은 자신들의 역할에 대한 반대급부로 자기 영토에 사는 모든 사람에게 매년 공물과 의무를 요구할 수 있었다. 또한 그들에게 성곽 경계, 물품 수송, 쟁기질, 벌초, 타작 같은 노동의 의무를 부과했다.

이탈리아에서 영주 권력의 발전은 토지에 대한 권력이 주민들에 대한 권력으로 바뀌는 과정을 보여준다. 일부 영주들은 주민들이 자기 영지에 살든 아니든 상관없이 이들에게 복종을 요구하는 식으로 권력을 확장했다. 11세기 초 북부 이탈리아에서 군사력을 가진 지방 영주들은 소작농에게서 받던 공물을 숨 막히는 수준까지 인상했다. 11세기부터 동프랑크(현재의 독일 지역)의 몇몇 영주들은 자신들의 영지 안에 사는 농부들뿐만 아니라 바깥에 사는 농부들에게도 권력을 행사하는 식으로 지주 권한에 정치 권력을 더했다. 요컨대 부동산에 대한 권력은 봉신 계급에 속한 사람들에 대한 지배권을 뜻하게 되었다. 그리고 봉신의 굴종적 지위 또한 세습되기 시작했다.[3]

브릿넬R. H. Britnell이 쓴 《영국 사회의 상업화》(1993)에 따르면, 11~12세기 영국의 농노 혹은 촌민들의 생활은 서유럽보다 더 나을 것이 없었다. 브릿넬에 따르면 영국 대부분 지역에서 농노가 인구의 대다수를 차지했는데(1086년), 사회적으로 지위가 낮아 노예보다 겨우 한 계급 높은 것으로 여겨졌다. 또한 브릿넬은 농노들이 시토회 수도사와 영주들의 고압적인 행동으로 어떻게 고통받았는지 묘사한다. 영주는 자의적으로 권한을 행사하여 소작지에서 농노들을 쫓아낼 수 있었다. 대다수 농노는 영주의 땅에서 임대료를 대신해 노동력을 제공해야 했다. 때로는 특정 토지가 아니라 마을 공동체 전체에 걸쳐 노동력을 제공해야 했는데, 이러한 노동은 영주에게 바치는 공물, 즉 임대료에 추가되어 부담하는 공물로 여겨졌다.

노동력 제공은 종속의 표시였다. 영주에 대한 농노들의 종속은 이들에게 부과된 이동 제한과 종신 속박으로 인해 더욱 악화되었다. 그런데도 영주가 자의로 주민들을 내쫓을 수 있었기 때문에 그들의 소작지에 대한 권리는 위태로웠고, 소작인이 죽었을 때 남은 배우자와 자녀들이 그 땅을 자동으로 상속받을 권리도 없었다. 심지어 소작인의 사유재산인 가축이나 에일 맥주 판매와 같은 거래에 대해서도 영주들이 세금을 부과할 권리를 갖는 경우도 많았다.[4]

오늘날 홍콩 자본주의 사회에서 땅은 권력과 같다. 재벌들은 수익성 있는 부동산 개발과 투자를 통해 금융 권력을 얻고, 그 권력으로 더 많은 자산을 획득한다. 과거 재벌의 인수 대상은 공익사업과 공공서비스 같은 캐시카우로, 이는 리스크를 최소화하면서 재력을 더욱 키워주는 역할을 했다. 이들 부문은 시민들의 일상적 필요와 밀접하게 관련되므로 재벌들은 봉건시대 영주처럼 노동자 계급에 일종의 권력과 영향력을 행사한다. 이러한 권력과 영향력은 봉건시대와는 조금 다르긴 하지만, 사실상 하층 사회 계급(일반 시민)과 귀족 계급(재벌)의 종속관계에 있어서는 상당히 유사하다.

일반 시민은 주거, 음식, 교통, 가스, 전기 등등 일상생활을 유지하기 위한 수단을 대기업에 의존한다. 일반 시민은 이러한 생필품에 대한 대가를 노동이라는 직접적 형태가 아니라 (노동과 교환한) 화폐로 지급한다. 봉건시대에는 영주가 봉신에게 과도한 노동과 터무니없이 많은 공물, 자의적인 세금을 부과하는 형태로 억압이 자행되었다. 요즘은 시민을 억압하는 방식이 주택 같은 일상적 필요에 대해 과도한 지급을 강요하는 형태로 진행된다. 시민들은 재벌들이 지배하는 시장에서 달리 의지할 곳도 없다. 정부는 적극적인 지원 또는 수동적인 방임을 통해 이런 억압을 부추긴다. 경제 불황기에 억압은 정당한 이유 없이 노동자를 해고하거나 부유한 기업들이 긴축을 가장한 고압적인 전술로 불합리하게 임금을 삭감하는 것을 의미하기도 한다. 또한 친재벌 정부가 중산층과 노동자 계급을 겨냥해 세금을 인상하거나 새로운 세금을 부과하는 것을 의미한다.

중세 사회에서 통치자들 그리고 그들과 영주가 결탁해 휘두르는 권력은 극도로 불평등한 사회를 만드는 촉매제였다. 《중세 초기의 부동산과 권력》은 당시 유럽 대부분 지역 영주들과 통치자들의 공모 관계를 깊이 있게 묘사한다. 그런데 왕권이 약해지는 일이 많았기 때문에 지방 영주들의 손에 권력이 집중되는 경우가 많았다. 그래도 통치자는 토지를 보유한 영주에게 재정적·군사적·법적 의무를 부과할 수 있는 권한으로 자신의 존재감을 과시했다. 어떤 경우든 패자는 항상 하층민이었다.

10세기 말 영국에서는 영주의 권력을 정부에 통합하려는 경향이 존재했다. 지방 영주들은 정부의 중추를 형성했고, 관직의 권한은 부분적으로 영주들의 경제적·사회적 권한에서 파생되었다. 즉, 공권력과 사권력 사이에 거의 차이가 없었고, 사권력은 부동산에 기반을 두고 있었다. 당시 통치자가 영주의 부동산을 탈취해 권력을 강화하려고 한 일들도 있었다. 그러나 대개는 통치자가 사권력(즉 부동산)을 가진 이들을 설득하여 그 지역에서 자신의 대리인 역할을 하도록 했다.

역사는 중세의 통치자들이 강력한 영주의 편을 드는 경향이 있었음을 보여준다. 그런데 홍콩 정부도 중국 반환 전후에 같은 경향을 보였다. 1997년 이전의 식민지 정부는 토지 수입을 중요한 소득원으로 삼았으므로 고지가 정책을 채택했다. 따라서 (상대적으로 낮은 소득세제를 통해) 영국 법인에 유리한 단순한 세금 제도를 시행할 수 있었다. 식민지 정부가 기업, 특히 영국 기업에 우호적이었다는 사실은 두말할 나위 없다. 그러나 이 정책의 결함은 개발업체들이 땅값 전체를 주택 구매자에게 떠넘기면서 민간 아파트 구매자들이 높은 부동산 가격에 내재한 세금을 떠안아야 했다는 점이다. 반면 토지 수입 대부분은 기반 시설 건설과 토건 자본을 유지하는 데 쓰였다. 기반 시설 건설은 대체로 낭비가 심했고, 토지가 풍부한 개발업체들에게 혜택을 주는 방식으로 진행되었다. 납세자들(특히 중산층) 에게 직접적으로 이익을 주는 것은 거의 없었다.

1997년 이후 홍콩 정부는 말로는 공공의 이익을 염두에 둔다 고 거듭 맹세하면서도 노골적으로 대기업 편을 들었다. 한 가지 확 실한 예가 1999년 사이버포트 부지를 공개 입찰 없이 리처드 리의 PCCW에 제공한 일이다. 정부가 개발업체의 변덕과 기대에 영합한 또 다른 최근 사례로는 앞서 언급한 9개 항 계획, 서주룽문화지구 (정부는 40헥타르의 문화·주거·상업 시설 개발 사업을 대기업 개발업체 한 곳에 주고 싶어 했다), 훙홈반도 민간 참여 계획의 주택 프로젝트 사건 (정부는 낮은 품질의 빈 단지를 원 개발업체에 되팔았다. 정부는 해당 개발 업체가 고급 건물을 신축하기 위해 한 번도 입주하지 않은 낮은 품질의 건물 을 철거하려는 의도를 잘 알고 있었을 것이다) 등이 있다.

경제적 영주들과 결탁한다는 의미에서 오늘날의 통치자들은 봉 건시대의 통치자들과 별반 다르지 않다. 중요한 차이점은, 오늘날 홍콩에는 민주적 열망을 품고 정부가 심판 역할을 하리라 기대하는 교육받은 공동체가 있다는 점이다. 이들은 정부가 홍콩 사회의 유 력자들에게 '견제와 균형'을 적용하고, 약자를 돕고 보호하는 역할을 감당할 것으로 기대한다. 또한 어떤 이익집단도 특혜나 특별 대우 를 받지 않고, 어떤 사업도 불공정하게 추진되지 않도록 정부가 잘 감독할 것으로 기대한다. 하지만 실망스럽게도 홍콩 정부는 모든 면에서 실패했다. 이미 홍콩 정부는 친재벌 성향을 나타내고 가난한 시민들에게 무관심한 모습을 보임으로써 이미지가 크게 손상되었다. 정부는 더 이상 지체하지 말고 무너진 신뢰를 회복해야 한다.

사회주의자들은 정부를 만인의 공동 재산인 천연자원과 사회자원의 후견인으로 본다. 토지 및 기타 천연자원은 재정수입 목적으로 공정하게 취급해야 한다. 그러나 홍콩에서는 재정수입의 상당분이 공무원 급여로 나간다. 또 다른 문제는 가장 귀중한 자원인 토지가 극소수의 손에 넘어갔다는 점이다. 홍콩 정부는 이 희소하고 귀중한 자원을 비축하는 대기업들이 사회에 미칠 파장을 고려하기보다는 토지로부터 벌어들이는 수익에 관심이 더 많은 듯하다. 토지라는 귀중한 자원이 극소수 재벌을 부유하게 만들었고, 그들은 홍콩의 실질적인 지배 계급이 되었다. 부동산 게임에서 패배한 중산층의 몰락은 지배 계급의 지위를 더욱 굳건하게 해주었고, 정부가 여전히 인지하지 못하는 혹은 인정하지 않는 사회적 위기로 홍콩을 내몰았다. 경제 영주들의 손에 편중된 부는 홍콩 사회를 부유한 과두 집권층과 생존을 위해 고군분투하는 가난한 다수로 갈라놓았다. 게다가 공평한 토지세제의 부재는 영주들이 토지에서 발생한 수익을 사회에 환원하지 않고 오로지 자신의 이익만을 위해 귀중한 자원을 이용할 수 있게 했다.

《공정 사회를 위한 철학》(1994)에서 크리스 페더Kris Feder는 이미 한 세기 전에 미국의 사회 개혁가 헨리 조지Henry George가 선진국과 제3세계를 괴롭히는 부의 불균등한 분배와 그 밖의 사회적 병폐에

대한 해결책을 제시했음을 보여준다. 조지스트Georgist* 패러다임의
핵심은 한 국가의 토지(및 다른 천연자원)가 모든 시민에게 속해 있으
며, 모든 사람은 토지 가치의 공적 환수를 통해 공동 재산에서 자기
몫을 얻어야 한다는 것이다. 토지가치세는 토지 소유주들에게 토지
를 최선으로 이용하도록 압력을 가할 뿐만 아니라 토지 비축과 투기
를 억제한다. 조지스트들은 토지 가치에 대한 충분한 과세가 독점
적 의도를 가지고 토지를 축적하려는 동기를 없앨 것이라고 주장한
다. 토지는 새롭게 생산할 수 없기에 토지의 배타적 소유는 진입장
벽과 그에 따른 독점을 형성한다. 헨리 조지는 토지 비축과 토지 투
기가 분배를 왜곡할 뿐만 아니라 광범위한 경제 불안정을 야기하므
로 무슨 수를 써서라도 막아야 한다고 생각했다.[5]

프레드 해리슨Fred Harrison은 1980년대에 서구 산업사회에서 발생
한 붕괴의 책임을 토지 투기에 돌린다. 《부동산 권력》(1983)에서 그
는 노동과 자본에 부과하던 세금을 미개량 토지에서 발생하는 불로
소득인 경제지대economic rent에 부과하는 토지가치세를 열렬히 지지
한다. 그는 토지가치세가 적용되면 가계 소득의 증가로 소비가 진
작되고, 세후 이익의 증가로 신규 투자를 촉진할 뿐만 아니라 고용
을 창출하고 높은 경제성장률을 달성할 수 있다고 주장한다. 정부
가 아닌 민간 부문에 의해 소비와 투자가 늘어나기 때문에 인플레이

• 헨리 조지의 이론을 따르는 연구자 및 활동가. 지공주의자地公主義者라고도 부른다.

선을 초래하는 적자재정 정책도 피할 수 있다. 해리슨은 토지가 갖는 독특한 권력 독점과 토지 투기가 지난 200년 동안 서구 경제를 괴롭힌 주기적인 거품 형성과 붕괴의 원인이었다고 주장한다. 그는 억제력을 갖는 수준으로 토지가치세가 부과된다면 보다 공정한 부의 분배와 실업률 감소를 이룰 수 있다고 본다. 이러한 제도는 토지 비축과 토지 거래에서 이익을 얻을 가능성을 전부 없애버릴 것이다.[6]

해리슨은 런던《파이낸셜 타임스》의 유명 칼럼니스트 앤서니 해리스Anthony Harris도 토지가치세의 열렬한 지지자라고 밝혔다. 해리스는 토지세가 토지 소유자에게 배타적으로 귀착되고 소비자에게 전가될 수 없기에 매력적이라고 했다. 가장 중요한 것은 토지가치세는 그 세금을 가장 잘 낼 수 있는 사람들에게 부과되는 세금이라는 점이다.

전면적인 세제 개편은 현재 홍콩 사회에 만연한 극단적인 부의 불균형과 사회적 불평등을 바로잡기 위해 필요한 조치인지도 모른다. 특히 토지 비축과 투기를 막을 수 있는 토지가치세의 도입을 진지하게 검토해야 한다. 진작 토지가치세를 도입했더라면 1992~1997년 홍콩에서 발생한 부동산 가격 거품과 잇따른 붕괴를 피할 수 있었을지도 모른다.

홍콩에서 재정적으로 유력한 대기업들은 전부 지주이자 개발업체다. 부동산 개발이 핵심 사업인 기업도 있고, 부가 사업인 기업도 있다. 그런데 하나도 예외 없이 이들 대기업은 1992년부터 1997년 중반까지 지속된 부동산 열풍으로 엄청난 수익을 누렸다. 비이성적인 부동산 시장 초강세 국면 이전에도 주요 대기업 개발업체들은 수십 년간 이 부문에서 매우 큰 성과를 거두었으며, 오랫동안 타의 추종을 불허하는 위치에 있었다. 1992~1997년의 횡재는 케이크 위의 설탕 장식에 불과했다. 이 분야에 가장 먼저 진입한 그들은 지난 수십 년간 시장이 제공한 모든 기회(1967년 폭동, 1973년 석유 위기, 1982~1984년 부동산·은행 위기 등)마다 공격적으로 토지를 매입하여 대규모로 비축했다. 더욱이 1997년 말 부동산 시장이 붕괴하면서 얼마 있던 중간 규모의 개발업체들이 전멸했다. 오늘날 부동산 시장은 그 어느 때보다도 소수의 재계 거물들이 지배하고 있다.

토지 권력 —

홍콩의 토지 제도는 식민지 정부로부터 물려받은 것이다. 정부는 모든 토지에 대해 가장 우월한 소유권이 있다. 정부 소유 토지의 매각은 공개 경매나 입찰을 통한 토지임차권 부여 방식으로 진행한다. 공개적인 토지 경매·입찰은 사전에 정해진 프로그램에 따라 실시하는데, 토지 매각 프로그램은 매년 2월 또는 3월에 공개된다(토지 매각은 4월 1일부터 시작). 경매나 입찰에 매물로 나온 필지는 가장 높은 가격을 제시한 입찰자에게 돌아간다. 용적률(부지면적 대비 건축 가능한 연면적의 비율)과 토지 용도(주거, 상업, 산업 등)를 비롯한 개발 조건들은 모두 새로운 토지 양도 계약서(이를 '매각 조건'이라 한다)에 기재된다. 개발업체는 이러한 개발 조건을 준수하는 것 외에도 도시계획 조례에 따른 해당 구역의 지정 요건을 충족해야 한다.

매년 개최되는 경매·입찰 외에도 토지는 공기업인 도시재개발청과 홍콩철도공사를 통해 판매할 수도 있다. 도시재개발청은 재개발이 필요한 부지를 파악하여 민간 개발업체로부터 개발 제안서를 받아내는 역할을 담당한다. 또한 도시재개발청은 재개발을 추진하기 위해 낡은 부동산을 거둬들이고 소유자와 보상 협상을 진행할 권한을 갖는다. 홍콩철도공사는 철도망의 건설과 운용을 담당하는 기관으로, 이러한 목적으로 정부로부터 토지를 부여받는다. 홍콩철도공사는 철도 노선 건설 자금을 조달하기 위해 부여받은 토지에 대한 개발권(철도 노선에 인접한 토지 또는 철도역 위의 공중권)을 판매할 권한을 갖는다.

도시재개발청과 홍콩철도공사가 보유한 부지에 대한 입찰은 반半 공개 방식으로 진행하는데, 입찰 의향 표명은 공개적으로 요청하지만 최종 후보는 도시재개발청이나 홍콩철도공사가 내부에서 비공개로 결정한다. 예비 선정 과정에서 두 가지 필수 기준을 충족해야 하는데, 첫째는 입찰자의 자금력, 둘째는 입찰자의 개발 실적이다. 낙찰자는 규정된 토지 프리미엄을 정부에 지급해야 하고, 두 기관이 수용할 만한 이익 공유 협정을 제안한다. 이러한 유형의 부지 입찰자들은 일반적인 정부 토지 경매와 비교해 대규모 건축 능력과 막대한 토지 프리미엄 지급 능력을 보유하고 있다. 지난 20년간 청쿵홀딩스와 선훙카이 부동산은 이러한 부지에서 선도적 개발업체로 활약했다.

개발 가능한 토지를 확보하는 세 번째 방법은 임대 계약 변경이다. 기존 토지 임대 계약에 따라 정해진 용도대로 사용하고 있는 토지에 대해 토지청에 임대 계약 변경을 신청해 다른 용도로 개발하거나 재개발할 수 있다. 이를 '임대 계약 변경 신청'이라고 부르는데, 토지청이 허가하면 정부에 토지 프리미엄을 지급해야 한다. 이 절차에 관해서는 아래에서 더 자세히 다룰 것이다.

부동산 거품이 터지기 전 수십 년 동안 어떻게 토지가 대기업 개발업체들의 부를 창출하는 수단이 되었는지 이해하기 위해서는 1940년대로 거슬러 올라가 홍콩의 역사를 들여다보는 것이 도움이 된다. 제2차 세계대전이 끝날 무렵 홍콩 인구는 전쟁 전의 160만 명에서 50만 명가량으로 감소했다. 그러나 전쟁이 끝난 직후 인구수는 한 달에 10만 명의 속도로 회복되기 시작했다. 1950년경 인구는 200만 명으로 늘어났다.

이 무렵 홍콩은 제조업 중심지로 발전하면서 대규모 노동력이 필요했다. 중국 본토에서 몰려오는 이민자들이 이에 대한 해결책이었고, 홍콩은 스펀지처럼 그들을 흡수하여 1950년대부터 1970년대까지 인구수가 급증했다. 산업 활동의 증가와 이민자의 유입은 공장과 주택 공간에 대한 수요의 급격한 증가를 불러왔는데, 안목 있는 사람들에게는 금광 같은 개발 기회였다. 1960년대 초 리자청, 리자오지, 정위퉁, 궈더성 같은 부동산 재벌들은 모두 황금 같은 기회를 보았고, 모두 같은 시기에 각자가 처한 환경에서 앞으로 40년 동안 홍콩에서 가장 높은 수익을 가져다줄 부동산 개발에 뛰어들었다.

1960년대에 부동산 베테랑들은 공업 지역에 '아파트형 공장' 건물을 건설하면서 부동산 사업을 시작했다. 제조업 활동이 활발해지면서 이러한 유형의 공장 수요가 많았다. 인구가 폭발적으로 증가하자 그들은 주택에 대한 끝없을 수요를 노리고 주택 부문으로 사업을 확장했다. 땅값에 대해 30%의 보증금을 납부하는 것이 관례였기 때문에 당시 부동산 사업은 레버리지가 높은 사업으로 여겨졌다. 실제로 1965년의 뱅크런으로 몇몇 중소 규모 개발업체가 빚에 허덕이면서 몰락했다. 그에 따른 불경기와 1967년 뒤이어 일어난 폭동은 시장에서 생존한 이들에게 시의적절하게 토지 비축 창구를 제공했다. 그들 중 일부는 점점 더 성장하더니 오늘날 강력한 '경제적 영주'가 되었다.

인구와 산업 활동이 증가하면서 주택과 공장에 대한 토지 수요도 증가했다. 1960년대에는 췬완荃灣과 관탕에 새로운 공업지대가 들어섰고, 췬완은 첫 번째 신도시로 건설되었다. 1970년대 초에 실시한 조사에 따르면, 당시 180만 명의 사람들이 자신의 생활 수준을 높이고 싶어 했으며, 산업용지 공급은 수요에 비해 턱없이 부족했다. 홍콩섬과 주룽의 토지가 날이 갈수록 부족해지자 정부는 신제 지역에 세 개의 신도시, 즉 사톈, 다푸大埔, 툰먼屯門을 추가로 개발해야 했다. 이후 이 개발 계획은 약 300만 주민들에게 주택을 공급할 수 있도록 다섯 개 신도시를 추가하는 것으로 확장되었다.[7] 이러한 신도시 개발은 1970년대와 1980년대에 신제 지역에서 농지와 토지 교환권land exchange entitlements을 가장 공격적으로 구매한 선훙카이 부동산과 헨더슨 랜드에 황금알을 낳을 둥지를 제공했다.

1967년 폭동이 일어나기 전 자딘, 홍콩랜드, 휠록 마든, 스와이어 퍼시픽Swire Pacific, 허치슨과 같은 영국계 상사들은 홍콩 경제와 주요 도시 지역의 목을 조이고 있었다. 그들의 엄격한 지배는 대부분 중국 사업가나 기업의 도전을 능가했다. 그러나 홍콩 폭동이 중국의 악명 높은 문화대혁명과 연결되면서 영국 상사들의 지배구조에 돌이킬 수 없는 변화가 초래되었다. 영국 상사들은 '4인방'이 초래한 중국 본토의 정치적 혼란에 직면해 1960년대 후반부터 1970년대 중반까지 투자를 축소하고 토지와 자산을 처분하기 시작했다. 이와 반대로 중국 부동산 기업들은 1965~1967년 당시 값싼 개발부지를 확보하기 위해 증권거래소를 활용했다. 1970년대 초 청쿵홀딩스, 선훙카이 부동산, 융타이(리자오지의 개인 회사로, 1980년대에 헨더슨 인베스트먼트로 개편되었다), 신스제발전 등 중국계 기업들은 상장 후 자금을 조달하는 식으로 증권시장을 적시에 활용해 재무 상태를 강화할 기회를 잡았다. 이렇게 조성된 자금은 토지 보유를 확대하는 데 사용되었다.

1970년대 말에서 1980년대 중반 사이에 허치슨 왐포아, 그린아일랜드 시멘트, 홍콩전력, 워프, 휠록 마든 등 토지를 많이 보유하고 있던 영국 기업들의 소유권은 중국 재벌 리자청과 바오위강의 손에 넘어갔다. 토지가 풍부한 기업을 인수함으로써 이들은 부동산 시장에서 지배적인 위치를 강화했을 뿐만 아니라 그룹의 토지은행을 확장할 수 있었다.[8]

1982년 9월 마거릿 대처의 베이징 방문은 홍콩 사회 전반을 두려움에 빠뜨렸고, 홍콩을 떠나는 이민 행렬을 촉발했다. 그러나 다시금 토지 비축 기회가 수면 위로 떠오르기만을 조용히 기다리고 있던 부동산 거물들은 대처의 방문에도 전혀 동요하지 않았다.

1984년 12월에 중·영 공동선언이 체결되자(초안은 같은 해 9월에 서명) 개발업 재벌들은 다시금 대박을 터뜨렸다. 주권 반환 후 50년 동안 홍콩의 변함없는 경제·사회·법 제도와 생활양식을 보장하는 중요한 문서가 홍콩 시민들 사이에서 엇갈린 반응을 일으키는 가운데, 개발업 재벌들은 조밀한 문구로 가득한 서류에서 뜻밖의 보물을 하나 발견했다. 공동선언의 부칙3 제4조는 연간 토지 공급량을 50헥타르로 제한한다는 내용을 담고 있었다. 이 조항에는 토지위원회 설치 규정도 포함되어 있었는데, 토지위원회의 기능이라고 해봐야 토지 수요가 토지 공급량 상한선을 초과할 경우 추가적인 토지 공급을 승인하는 것이었다. 홍콩에서 토지 공급량 제한은, 실제로도 그랬는데, 부동산 시장에 강한 심리적 활력을 줄 것으로 기대되었다.

토지 공급은 항상 부족하고 따라서 당연히 높은 가격을 요구하기 때문에 자동적으로 부동산 가격이 더 높게 형성될 것이라는 논리였다. 그러므로 늦기 전에 서둘러 부동산을 사는 것이 사람들의 관심사가 되었다. 적어도 그것이 개발업체들이 바라는 바였다. 일단 프로파간다의 엔진을 돌리자 메시지가 사방으로 퍼져 사람들의 마음속에 주입되기까지 오랜 시간이 걸리지 않았다. 일부는 행동으로 옮겼고, 일부의 행동은 다수의 행동이 되었다. 이러한 연쇄반응이 개발업체와 투기꾼들에게는 억제되지 않은 탐욕의 드라마를 위한 무대를 마련해주고, 일반 대중에게는 군중심리에서 비롯된 맹목적인 행복을 가져다줄 것만 같았다. 이 드라마는 향후 12년간 상영될 예정이었으며, 1992~1997년의 특수 효과와 함께 절정에 달했다.

공동선언은 선홍카이 부동산, 헨더슨 랜드처럼 신제 지역에 거대한 토지를 보유한 일부 개발업체에 특히 중요했는데, 무엇보다 1997년 6월 27일 종료되는 신제 지역 토지 임대(모두 갱신권 없는 정기 임대였다)에 대해 추가적인 프리미엄 지급 없이 2047년 6월 30일까지 자동 연장을 규정했기 때문이다. 이 조항은 1988년 1월에 법률로 제정되었다[신제 임대 (연장) 조례(Cap. 150)].

일반적으로 공동선언이 부동산 시장에 상승효과를 미친 것은 분명했다. 공동선언 서명 이전에 부동산 시장은 악명 높은 캐리언 Carrian 스캔들과 몇몇 은행의 파산으로 2년간 슬럼프에 빠졌다. 당시 20% 수준이던 천문학적인 이자율이 상황을 더 악화시켰다. 또한 다가오는 주권 이양에 대한 정치적 불확실성도 불안감을 낳았다. 슬럼프 동안 토지국이 일반적인 공개 경매 방식이 아닌 '예비 목록'(현재는 '신청 목록'이라고 부른다) 방식으로 토지를 매각하려고 애써야 했다는 사실은 놀랍지도 않다. '예비 목록' 방식은 잠재적인 입찰자들이 관심 있는 부지를 예약하기 위해 토지국과 접촉하여 합의된 보증금을 지급하는 방식이었다. 보증금을 한 번이라도 받았다면 적어도 한 명의 입찰자가 있다는 것을 의미했으므로, 그제야 토지국은 경매를 진행할 준비를 했다. 마거릿 대처와 덩샤오핑이 공동선언에 서명한 직후인 1985년 새해에 토지국은 현재 퍼시픽 플레이스가 서 있는 해군기지를 비롯해 '예비 목록'상의 부지를 매각할 것을 수없이 요청받았다.

값비싼 부지를 낚아채기 위해 급습한 스와이어 퍼시픽 외에도 다른 개발업체들 역시 연간 50헥타르의 토지 공급량 쿼터가 부동산 시장에 어떤 영향을 미칠지 잘 안다는 듯이 민첩하게 행동했다.

1984년 말 청쿵홀딩스는 홍홈에 있는 왐포아 가든 부지(옛 선착장)에 대해 정부와 토지 프리미엄 협상을 마무리했다. 이 사업은 1만 1224호의 주택을 공급하는 94개 동의 아파트와 169만 제곱피트의 쇼핑센터를 건설하는 사업으로, 주룽에서 가장 큰 규모의 민간

주택 개발 중 하나였다. 이 사업은 1985년에서 1989년 사이에 단계적으로 추진되었다. [9]

1984년 12월 신스제개발은 33만 5000제곱피트의 완차이 수변 공간에 홍콩컨벤션센터를 개발하기로 무역발전국과 합의했다. 총 440만 제곱피트의 연면적에 국제 수준의 컨벤션 및 전시 시설, 고급 호텔 두 곳, 사무용 빌딩, 호화 아파트로 구성된 이 프로젝트는 1988년 완공되었다.

선홍카이 부동산과 헨더슨 랜드는 땅값이 저렴하고 도시 지역보다 토지를 둘러싼 경쟁이 상대적으로 덜한 신제에 눈독을 들였다. 두 개발업체 모두 1970년대와 1980년대에 토지교환권과 농업용지는 물론이고 신도시 개발부지를 공격적으로 사들였다. 저렴한 토지를 노린 이들의 전략은 1992~1997년 부동산 가격이 치솟으면서 충분한 보상을 안겨주었다.

재벌 개발업체들은 이미 부동산 시장 주기의 고점과 저점을 타는 방법을 아주 잘 파악하고 있었다. 1945년부터 1984년까지 홍콩 부동산 시장은 다섯 차례의 주기를 겪었다. 보통 한 주기는 평균 8년간 지속되었는데 상승기는 5년, 하락기는 3년이었다. 개발업체들은 시장 리듬을 따라가며 '저점에서 사서 고점에서 파는' 전략으로 다른 업종보다 훨씬 많은 돈을 벌었다.

공동선언 체결 후 부동산 시장은 역사상 가장 긴 황금기에 진입하여 12년간 지속되었으며, 아이러니하게도 주권 이양 직후 정점을

찍었다. 부동산 시장 낙관론이 깊숙이 자리 잡으면서 부동산 시장
은 1989~1991년(6·4 사건과 걸프전)과 1993~1994년(크리스 패튼의
투기 대책 채택)에 경미하게 침체한 것을 제외하고는 내내 빠르게 상
승했다. 부동산 황금기는 그렇지 않아도 강력한 개발업체들을 무적
의 거대 기업으로 변모시켰을 뿐만 아니라 1997년 수립된 홍콩특별
행정구 정부에 당초 예상보다 많은 222억 미국달러의 재정수입을
안겨주었다. 공동선언에 따라 설립된 토지기금은 주권 이양기 동안
이자를 더해 무려 254억 미국달러의 토지 매각 수입을 거둬들였다.

이러한 부동산 상승 국면은 홍콩 경제의 호황과 맞물렸다. 홍콩
경제의 호황은 홍콩의 산업이 제조업 기지에서 주강 삼각주를 지원
하는 수출입항으로 순조롭게 전환한 뒤 수출, 금융, 관광을 주축으
로 하는 본격적인 서비스 경제로 전환한 결과였다.

1970년대 후반 중국의 개방 정책에 힘입어 홍콩의 제조업체들
은 저렴한 노동력과 지대를 찾아 국경을 넘어 주강 삼각주 지역으로
북상하기 시작했다. 그들이 수출과 재수출로 벌어들인 돈은 부동산
및 주식 투자의 형태로 다시 홍콩 경제로 흘러들어왔다. 1980년대
초 거래가 활발한 홍콩 주식 시장은 국제 금융계의 관심을 끌었고,
외국의 증권거래소들이 이곳에 사업장을 열려고 달려왔다. 중·영
공동선언 서명이 전 세계적으로 방영된 뒤 중국의 수중으로 돌아가
게 된 활기찬 영국 식민지를 구경하기 위해 세계 곳곳에서 관광객이
몰려들면서 홍콩은 관광명소가 되었다. 한마디로 사방에서 돈이 홍

콩으로 흘러들어오고 있었다.

그리고 1990년대가 왔다. 개발업 재벌들이 부러울 만큼 높은 수익을 내자 소규모 업체들뿐만 아니라 아마추어들까지 부동산 케이크를 한 조각이라도 사고 싶어 안달했다. 정부가 진행하는 토지 경매에 매번 많은 사람이 몰려들었다. 입찰이 너무 공격적이어서 한 세션을 마감하는 데 몇 시간씩 걸렸다. 중국 본토의 지원과 자본을 등에 업은 중국 개발업체들은 경매에 열광적으로 참여했다. 열성적인 입찰자들의 수요를 만족시킬 만한 부지는 항상 부족해 보였다. 누가 그들을 비난할 수 있을까? 1992년 정부가 첵랍콕 공항 건설 계획을 발표한 직후 부동산 가격이 거의 30% 올랐다. 그러다 두 배, 세 배로 오르더니 1997년 중반까지 네 배가 올랐다. 12년간의 부동산 황금기의 전반부(1985~1991년)가 홍콩인의 소득과 저축 증가에 기초한 견고한 상승세였다면, 후반부는 개발업체의 '치어리더 같은' 마케팅에 자극받은 대중의 투기와 탐욕으로 형성된 맹렬한 상승세였다.

부동산 시장이 절정이었을 때 도시 지역의 소형 아파트(약 600제곱피트) 가격은 500만 홍콩달러(64만 5000미국달러) 수준이었는데, 이는 제곱피트당 8000홍콩달러(1030미국달러)가 넘는 가격이었다. 신제 지역의 비슷한 아파트는 제곱피트당 평균 6000홍콩달러(774미국달러)였다. 도심에 자리한 고급 아파트는 제곱피트당 최고 3만 홍콩달러(3870미국달러)까지 올랐고, 노후 아파트도 제곱피트당 1만 홍콩달러(1290미국달러) 이상으로 거래됐다. 바닥면적이 1000제곱피트인 도심 지역 고급 아파트는 1500만~2000만 홍콩달러(194만~258만 미국달러)에 쉽게 팔려나갔다.

1992~1997년의 '부동산 광풍'과 17세기 네덜란드의 튤립 파동 사이에는 몇 가지 유사점이 있다. 1636년 말과 1637년 초 튤립 구근 시장이 최고조에 달했을 때 사람들은 구근을 사서 더 비싼 가격에 판매하려고 자신의 집과 공장을 담보로 구근을 사들였다.[10] 마찬가지로 홍콩 사람들은 부동산 시장이 절정에 달했을 때 더 높은 가격에 되팔려는 의도로 두 번째, 세 번째, 네 번째 아파트를 사기 위해 소유 주택(또는 첫 번째 주택)과 사업체를 은행 대출의 담보로 사용했다. 튤립 거품이 형성되기 전에 튤립 구근 투자는 부유한 사람들에게 하나의 소일거리였다. 상류층이 구근을 사고팔면서 얼마나 많은 돈을 버는지 알게 된 중산층은 이 게임에 참여하고 싶어 했다. 곧 네덜란드의 모든 계층이 1637년 정점을 찍은 튤립 거래 열풍에 휩쓸렸다. 1980년대 이전에 홍콩에서 제2, 제3의 부동산 투자는 부자들만 할 수 있었다. 그런데 부동산 광풍 시기에는 자산이 많은 중산층은 말할 것도 없고 사무원, 판매원 등 저소득층도 부동산 투기로 손쉽게 돈을 벌고 싶어 했다. 네덜란드의 튤립 거품은 광범위한 파산으로 끝이 났으며, 굴지의 경영인들을 몰락시켰다.[11] 홍콩에서 피해는 특정 계층에 국한되지 않고 저소득층뿐 아니라 거의 모든 중산층에 영향을 미쳤다.

부동산 시장이 광풍 국면에 접어들면서 굴지의 재벌 개발업체들은 재정 면이나 시장 지배력 면에서 굉장히 우세해져 그들의 우월적 지위에 사실상 도전할 수 없게 되었다. 그들이 가진 비장의 카드 중 하나는 매우 값싸게 토지교환권과 농업용지를 사들여 비축한 것이었다. 이러한 토지은행은 1970년대와 1980년대에 쌓아온 것이다.

1996년 7월 소비자위원회가 1991년부터 1994년까지의 민간주택 시장 경쟁도를 조사한 결과, 신축 민간주택 시장에서 높은 수준의 시장 집중도를 발견했다. 신축 주택 공급의 61%를 겨우 5개 개발업체가 담당했으며, 55%는 상위 4개 개발업체가, 46%는 상위 3개 개발업체가 공급한 것으로 밝혀졌다.

소비자위원회는 시장의 '비경쟁성'(새로운 진입자가 없음)과 더불어 높은 수준의 시장 집중으로 개발업체들이 시장 지배력을 남용할 위험이 있다고 설명했다. 개발업체들이 더 높은 가격을 부르고 반경쟁 행위를 할 기회가 증가했다는 것이다.

이 조사는 홍콩 부동산 시장에서 경쟁이 그다지 활발하지 못하다는 사실을 보여줬다. 1981년 이후 새로운 시장 진입자가 등장하긴 했지만, 어떤 신규 진입자도 시장에서 (연간 신축 민간주택 공급량의 5% 이상을 공급할 수 있는) 주요 기업이 되지 못했다. 가장 큰 장애물은 막대한 비용과 제한된 토지 이용이었다.

1993~1995년 기간에 주택 개발 잠재력이 좋은 필지는 20억 홍콩달러(2억 5800만 미국달러)에서 50억 홍콩달러(6억 4500만 미국달러)

에까지 팔렸다. 이에 비하면 12년의 황금기가 시작되기 전에 개발 업계 선두 재벌들이 축적한 토지은행과 토지교환권은 비할 데 없이 저렴한 토지 공급원이었다. 재벌들이 정부 토지 경매에서 제아무리 높은 입찰가를 부르더라도 그들은 여전히 신규 진입자들보다 훨씬 낮은 평균 토지 비용을 부담하게 될 것이다. 평균 토지 비용의 막대한 차이는 신규 진입자에게 가장 큰 장벽이었다. 또한 신규 진입자가 토지를 확보하기 위해서는 예정된 공공 경매에 의존해야 하는 반면, 주요 개발업체들은 이미 정부 부지 입찰에 사용할 수 있는 광대한 토지은행과 토지교환권을 보유하고 있었다. 소비자위원회 조사에 따르면, 현재의 시장 구조가 가까운 미래에 시장 경쟁을 강화하는 방식으로 바뀔 가능성은 거의 없다.[12]

1997년 말, 천정부지로 치솟던 부동산 가격도 결국 중력의 힘을 피하지 못했다. 도화선은 1997년 7월 방콕을 첫 피해자로 삼은 아시아 통화 위기였다. 이후 다른 동아시아 통화에 대한 글로벌 헤지펀드의 공격이 이어졌다. 그해 9월 홍콩이 공격받을 차례가 되었고, 곧 혼란에 휩싸였다. 몇 달간 은행 간 금리가 급등하고 주식 시장이 위축되었으며 부동산 가격이 폭락했다. 그 후 몇 년 동안 잠깐의 미약한 반등을 제외하고 부동산 시장은 계속해서 하락세를 이어갔다. 정부가 토지 경매 일시 중단을 선언하고 공공주택 공급을 줄이겠다고 발표하는 등 하락세를 막아보려 여러 차례 시도했지만 효과는 없었다. 중간 규모의 몇몇 개발업체는 하락 국면에서 파산 위기에 처했다. 재벌 개발업체들로서는 그들의 지배적 시장 입지가 더욱 확고해질 것이기에 반가운 소식이었을지도 모른다. 그러나 이는 홍콩 사람들이 삶을 영위하는 데 필수적인 부문에서 시장 자유의 종말을 알리는 전조였을 수도 있다.

거품이 꺼진 후 2002년 말까지 지가가 크게 떨어지자 잠재적인 신규 진입자나 기존 소규모 개발업체들이 마침내 합리적인 비용으로 땅을 살 수 있게 되었다. 정부의 부당한 개입이 없었다면 시장 경쟁이 다소 개선될 가능성도 있었다. 바로 그 시기에 정부는 1년간 토지 매각을 유예하는 등의 9개 항 계획을 들고 시장에 개입했다. 게다가 HOS 주택의 폐기(이 역시 9개 항 계획의 일부였다)는 공공주택 부문으로부터의 건강한 경쟁 압력이 민간주택 시장에서 영원히 사라진다는 것을 의미했다.[13]

중산층은 부동산 시장 붕괴의 주요 희생자였다. 이들 대부분은 고액 연봉의 전문직, 회사 임원, 공무원, 교사, 사업가들이다. 이들 중 다수는 부동산에 투자할 여분의 현금이 은행에 있었다. 의지와 능력이 있었던 이들은 민첩하게 시류에 편승했고, 부동산 시장이 갈 수 있는 길은 오직 '상승'뿐이라는 환상에 쉽게 굴복했다. 레버리지가 높은 게임(계약금 30%, 은행 대출금 70% 기준)이어서 엄청난 위험이 수반됨에도 한 치의 망설임 없이 빠른 수익을 기대하며 그동안 저축한 돈을 쏟아부었다. 심지어 일부는 게임에서의 몫을 늘리기 위해 자기 집과 회사를 은행 대출의 담보로 이용하기도 했다.

언론에서는 유명인과 사업가가 몇 달 만에 수백만 또는 수천만 달러를 벌었다는 기사가 연일 이어졌다. 개발업체들과 부동산 소유주들의 광고가 넘쳐나는 미디어는 부동산 투기를 부채질하느라 바빴다. 사람들은 매일같이 부동산 광고, 오류로 가득한 부동산 시장 뉴스, 진부한 시장 분석에 무방비로 노출되었다. 인간의 본성인 군중심리는 사람들의 이성적 판단을 마비시켰다. 새로운 기업들, 중소 개발업체들, 그리고 재벌 개발업체들이 떼를 지어 경매 시장에서 토지 가격을 올리면서 토지 가격은 회오리치며 상승했고, 그 뒤를 부동산 가격이 기쁘게 따라갔다. 결국 부동산 광풍이 한창일 때 폭탄이 터졌다. 1997년 말 외환위기가 몰고 온 금리 인상은 대규모 붕괴를 촉발했다. 가격은 한 번에 30% 이상 폭락했다.

대폭락 이후 5년이 지난 2003년, 부동산 가격은 1997년 최고치 대비 65% 이상 하락했다. 투기꾼이나 소규모 개발업체처럼 부동산 게임에서 가장 공격적이던 이들은 큰 충격을 받았다. 재벌 개발업체를 제외하고는 그 누구도 대폭락 전에 어떤 일이 진행되고 있었는지 분명하게 파악하지 못했다.

파티가 끝나고 난 뒤의 후유증은 결코 즐겁지 않다. 부동산 시장 붕괴의 후유증은 숨겨진 질병이 드러나면서 악화되었다. 1997년 말부터 중산층은 하락하는 부동산 시장, 하이테크 버블 붕괴가 초래한 주식 시장의 충격, 파산, 주택담보대출 상환 문제(매매 가격이 은행 대출금을 갚기에 불충분했다), 높은 실업률 등 쇄도하는 문제를 감당해야 했다. 홍콩 경제는 부동산에 지나치게 의존하고 있었기에 다른 대안 없이 구조 변화를 겪을 수밖에 없었다. 2002년 말 법원으로부터 파산 명령을 받은 사건은 2만 5328건으로, 1년 전보다 176% 증가했다. 실업률도 7%를 상회했다. 역자산negative equity* 가구 수는 꾸준히 증가하여 2003년 초 13만 가구로 추산되었다. 2002년 12월 31일 항셍지수는 1년 전보다 18% 낮아진 9321로 마감해 역대 최고치인 2000년 3월의 1만 8397보다 49% 하락했다. 2004년 여름부터 경기가 회복되고 주택 시장이 손실을 일부 만회했음에도 홍콩은 경제구조 재조정이라는 피할 수 없는 과제를 안고 있었다. 홍콩은 재정 건전성을 이유로 더 이상 토지 수입에 의존할 수 없었다. 경제 성장을 도모한다는 이유로 부동산 부문에 의존하면 안 되기 때문이었다. 더욱 중요한 것은, 홍콩의 사회정의와 경제 효율성을 위해서는 더 이상 지금과 같은 토지 제도와 부동산 시장 구조를 유지해서는 안 된다는 점이다.

잘나가던 부동산 재벌들도 대폭락으로 충격을 입었을까? 확실히 그랬다. 그러나 약간의 손실을 본 정도에 불과했고, 그들의 이윤 창출 능력에는 거의 흠집이 나지 않았다. 그들의 재무상태는 몇 년간 이어질 손실을 견뎌낼 것이다. 그들에게 이번 일은 아주 비정상적인 이익 궤도에서 덜 비정상적인 이익 궤도로 돌아가는 문제에 불과

● 담보로 잡힌 주택의 가격이 갚아야 할 대출금 액수보다 낮은 상황.

했다.

해리슨이 《부동산 권력》에서 설명했듯이 토지 독점은 빈곤 퇴치와 사회 시스템 발전의 핵심 장애물이다. 그는 토지가치세가 장애물을 제거하고 경제의 효율성과 사회정의를 회복시켜줄 것이라고 믿는다. 현재의 경제 발전 단계에서 토지가치세 개념은 홍콩 사회에 좋은 시사점을 던져준다.

토지는 한때 중세 영주들에게 부와 권력을 안겨주었다. 토지에서 나오는 권력으로 영주는 봉신들을 평생 가난의 굴레에 속박시켰고, 통치자들은 옆에서 거들며 이를 부추겼다. 미묘한 차이가 있기는 하지만, 21세기 홍콩에서 봉건제가 부활하려는 위험이 감지되지 않는가? 1992~1997년의 비정상적인 부동산 시장은 재벌 개발업체들에게 너무나 많은 보상을 안겨주었다. 그래서 그들은 우월한 자금력을 마음대로 휘두르며 더 많은 파이와 더 많은 땅을 차지할 수 있었다. 홍콩의 부동산 재벌들은 더 이상 홍콩이 투자처로서 매력적이지 않다고 느끼면 홍콩에서 벌어들인 수익(대부분이 홍콩 시민들의 평생 저축이다)을 다른 곳에 언제든 자유롭게 투자한다. 지난 수십 년간 자행된 탐욕스러운 토지 비축은 그들에게 부동산 분야와 다른 경제 분야에서 포식자의 지위를 제공했다. 부동산 재벌들이 주요 부문에서의 지배적인 시장 지배력과 그로 인한 가격 결정력을 앞세워 시민들이 힘들게 번 돈을 빨아들이면서 노동자 계급 대다수는 빈곤의 노예가 되었다. 부동산 거품 붕괴는 한때 건재했던 중산층에 큰 피해를 주었지만 상류층에는 결코 파문을 일으키지 않았다. 부동산 권력은 재벌들을 부유하게 만들고 대다수를 빈곤하게 만들었다.

농지의 마법 ──

이쯤에서 토지 제도가 재벌 개발업체가 비정상적으로 향유하는 막대한 수익과 무슨 상관이 있는지 궁금해질 것이다. 아래에서 이에 대해 답해보고자 한다.

회계상 이익은 매출액에서 매출원가를 뺀 것이다. 부동산 개발업의 경우 매출원가의 가장 큰 구성요소는 토지 비용이다. 따라서 땅값이 낮을수록 이윤이 더 크다는 것은 말할 필요도 없다. 토지를 취득하는 유일한 방법이 정부 토지 경매나 입찰에 참여하는 방법밖에 없는 중소 개발업체들은 잘해봤자 평범한 이윤밖에 얻을 수 없다. 그러나 대규모 농지를 보유한 개발업체들이라면, 그리고 그들이 몇 안 되는 재벌 개발업체라면 이야기가 완전히 달라진다.

1990년대 들어 뉴타운 개발 계획이 토지 수요를 충족하기에 불충분해짐에 따라 재벌 개발업체들이 20년 동안 끊임없이 농지를 비축한 전략이 신의 한 수로 판명되었다. 그 결과 인상적인 농지은행을 구축한 재벌들은 정부가 몇 년 동안 토지 매각을 중단하더라도 개발 가능 토지가 바닥나지는 않을 것이다. 선훙카이 부동산은 2400만 제곱피트의 농지를 보유하고 있고, 헨더슨 랜드는 3280만 제곱피트의 농지를 보유하고 있다. 농지는 보통 취득 비용이 무시해도 될 만큼 낮아서 보유 비용 역시 그만큼 낮다. 농지를 비축할 수 있는 개발업체들은 재정적으로 매우 튼튼해서 장기간에 걸쳐 농지를 보유할 수 있다. 농지를 주거용이나 다른 용도로 변경하는 것이 적절하다고 판단될 때만 개발업체들은 정부에 프리미엄을 지급한다. 따라서 농지 보유는 (용도 변경 시기 결정이 소유자에게 달려 있기에) 시간 제한이 없고 '권리 행사 가격'(즉 프리미엄)이 사실상 시장에 고정된 일종의 토지 매입 옵션과 같다. 유일한 위험은 일부 농지가 법정 용도 계획하에서 '농업 지역'에 속하면 농지를 개발 목적으로 사용할 수 없게 된다는 점이다. 그러나 그러한 상황에서도 용도 구역 재지정을 신청할 수 있다.

농업용지가 '거주 지역'으로 분류될 경우 농지 개발을 위한 절차는 매우 간단하다. 개발업체는 토지 임대 계약에 명시된 농업 용도를 주거용 또는 기타 원하는 용도로 변경하기 위해 '임대 계약 변경'을 신청해야 한다. 신청서를 해당 구區 토지청District Lands Office, DLO에 제출하면 토지청은 신청서를 건축, 토목, 고속도로, 도시계획, 교통, 환경 등을 담당하는 정부 각 부처에 회람해 의견을 수렴한다. 의견이 모이면 토지청은 승인 여부를 결정하는 구 토지위원회에 제출하기 위해 일련의 계약서 초안을 준비한다. 토지위원회가 임대 계약 변경 신청을 승인하면 토지청은 신청인에게 임대 계약 변경 기본 약관을 기재한 서한을 발송한다. 신청자가 이 조건을 수락하면 프리미엄이 평가되고 공식적인 '제안서offer letter'가 신청자에게 발송되는데, 신청자는 6개월 이내에 이를 수락할 수 있다.

경매나 입찰을 통한 토지 매입과 비교해 농지 임대 계약 변경이 개발업체에 주는 명백한 이점은 프리미엄 평가에 있다. 프리미엄은 (농업 용도에 근거한) '이전' 토지 가치를 (제안 용도에 근거한) '이후' 토지 가치에서 빼는 식으로 결정한다. 최종 평가는 신청자와 정부 간 수많은 협상의 결과인데, 각 당사자는 독자적인 전문 감정사를 고용한다. 그래서 최종 합의된 금액은 정부가 처음 평가한 금액보다 낮아지는 경우가 많다. 또한 경매나 입찰에서 볼 수 있는 경쟁이 없다. 토지 가치 평가는 그야말로 양 당사자 간 가격 흥정의 문제다. 게다가 개발업체는 신청서를 제출하는 시기와 관련해 절대적인 통제권을 가지고 있다. 말할 필요도 없이 시장 활황기는 임대 계약 변경을 신청하기에 이상적인 시기다. 게다가 신중한 개발업 재벌들은 농지 임대 계약 변경을 신청하기 전에 항상 기반 시설이나 다른 공공시설(예컨대 새로운 지하철역 개통)이 자신의 부지 근처에 들어설 때까지 기다린다.

희망하는 토지 용도가 각각의 용도 계획에서 허용된 용도(1열 용도)에 맞지 않을 경우 첫 번째 단계는 희망 용도에 대해 도시계획위원회에 계획 허가를 신청하는 것이다. 용도 계획 별첨은 각각의 용도 계획에 대해 2열column로 용도를 제공한다. 1열에는 항상 허용되는 용도가 열거되어 있고, 2열에는 도시 계획 조례 제16조에 근거하여 도시계획위원회에 신청할 때 허용되는 용도가 열거되어 있다. 희망 용도가 2열에 열거된 용도 중 하나라면 제16조(계획 허가) 신청이 필요하다. 계획 허가를 받고 나면 위에서 설명한 임대 계약 변경 절차에 따라 진행한다.

2009년경 선훙카이 부동산과 헨더슨 랜드가 보유한 농지는 모두 5680만 제곱피트에 달했는데, 이는 공원을 제외한 모든 비건설 토지의 1%에 해당한다.[14] 청쿵홀딩스도 농지은행을 보유하고 있는데, 그 규모는 공개되지 않았다. 재벌이 보유한 거대한 토지는 압도적인 금융 및 시장 지배력과 더불어 부동산 부문에서 당분간 그들의 지배적인 지위가 도전받지 않도록 보장해줄 것이다.

임대 계약 변경 제도 덕분에, 농지를 보유한 개발업체들은 그렇지 못한 개발업체들에 비해 토지 비용 면에서 항상 우위를 점하게 될 것이다. 한 가지 이유는 공개 토지 경매나 입찰 방식이 가장 높은 가격을 제시하는 입찰자에게 토지 사용권을 부여하는 것과 달리 임대 계약 변경 프리미엄은 정부와 신청자 간의 협상을 통해 이루어지기 때문이다. 또 다른 이유는 신청자에게 임대 계약 변경 신청 시기와 관련해 절대적인 재량권이 있기 때문이다. 쉽게 말해 개발업체들은 언제나 자신들의 입장에서 임대 계약 변경을 신청할 최적의 시기까지 기다릴 수 있다. 개발업 재벌들이 향유하고 있는 이러한 땅값의 우위는 부동산 가격 상승기에 막대한 이익을 안겨준 주요 요인이었다. 농지 임대 계약 변경은 지금도 여전히 그들의 비장의 카드로 남아 있다.

'A/B 문서'(토지교환권)가 어떻게 개발업 재벌에게 막대한 부를 안겨주었는지 제대로 이해하기 위해서는 이 문서가 만들어진 역사적 배경뿐 아니라 이 문서가 이후 홍콩의 토지 관리 체계에서 어떻게 작동해왔는지를 알 필요가 있다.

1960년대에 홍콩섬과 주룽반도 도시 지역의 토지 공급은 점점 부족해지는데 인구는 폭발적으로 증가하자 정부는 신제 지역에서 췬완을 첫 번째 대상으로 하는 뉴타운 개발 프로그램을 시작했다. 뉴타운 개발에는 대개 기반 시설, 공공주택, 주민센터, 학교, 병원 및 기타 공공시설 건축이 수반되는데, 여기에는 막대한 토지의 수용이 필요하다. 1960년 1월 이전에는 공적인 목적으로 사유지를 수용할 때 토지 소유자에게 보상으로 현금을 지급했다. 1960년 1월부터 1983년 3월까지는 'B 문서', 즉 토지교환권 문서를 발행하는 제도가 운용되었는데, 이는 정부가 수용하려는 사유지의 소유자가 현금 보상 또는 불특정한 미래에 신제에서 개발될 뉴타운의 대지(건축용지) 중 하나를 선택하는 방식이었다. 뉴타운 개발을 위해 수용하려던 토지는 대부분 농지였다. 'B 문서'는 농지 5제곱피트를 수용할 때 대지 2제곱피트를 주고, 대지 1제곱피트를 수용할 때 대지 1제곱피트를 보상한다고 규정하고 있다. 실제로 거의 모든 토지 소유자들이 현금 대신 대지 보상을 선택했고, 이는 정부 입장에서 미래의 토지 불하 부채land grant liability가 되었다.

'A 문서'라고 불리는 다른 형태의 토지교환권도 있었다. 'A 문서'는 토지 소유자가 법적 수용 절차를 거치지 않고 공공 목적을 위해 자신의 토지를 자발적으로 양도할 때 발행되었다. 보상 조건은 B 문서와 같았다.

1970~1980년대 내내 주요 개발업체들은 신제에서 A/B 문서 보유자(과거 토지 소유자)와 관계를 맺고 있는 여러 전문 토지 중개인을 활용하여 A/B 문서를 수집하는 데 열중했다. 《홍콩의 토지 행정과 실제Land Administration and Practice in Hong Kong》(1998)의 저자 로저 니심 Roger Nissim에 따르면, 1970년대 중반까지 보상받지 못한 A/B 문서는 약 3600만 제곱피트까지 증가했다. 1970년대 후반경 A/B 문서의 값은 최고조에 달했으며, 이들 대부분을 네 개발업체가 매입했다. 뉴타운 개발 프로그램에 따라 신제 지역 토지의 상당 부분이 공공 목적으로 활용되었으므로, A/B 문서의 보상을 위해 사용할 수 있는 새로운 땅은 점차 줄어들었다. 이처럼 계속 증가하는 토지 불하 부채가 미래의 토지 공급에 미칠 영향을 깨달은 정부는 1983년 3월 A/B 문서의 발행을 중단했다.

1980년대 초에는 이미 대규모의 미보상 A/B 문서가 쌓여 있었다. 정부는 보상 절차를 서두르고자 '화폐화 계획'을 통해 공공토지 입찰을 개시했다. 이 계획은 개발업체들이 정부가 공공 경매로 내놓은 부지에 대한 대가로 현금 대신 A/B 문서를 제출할 수 있도록 했다. 마찬가지로 임대 계약 변경 프리미엄을 지급할 때도 A/B 문서로 현금을 대신할 수 있도록 했다. 1984년 중·영 공동선언이 체결되었을 때 양국 정부는 1997년 6월까지 미해결된 A/B 문서를 전부 해결한다는 데 합의했다. 정부는 미해결된 A/B 문서를 최대한 빨리 '흡수'해야 했으므로 신제 토지 매각의 대부분을 A/B 문서를 이용한 입찰에 할당하느라 상대적으로 적은 부지만을 공공 경매를 통해 제공할 수 있었다. 사실상 4대 개발업체로 입찰자가 제한되었기 때문에 이러한 조치 덕에 네 개발업체는 확실한 비교우위를 점할 수 있었다. 선흥카이 부동산과 헨더슨 랜드는 그중 두 업체였다. 나머지 두 곳은 상장되지 않은 민간 개발업체로, 난펑南豐개발과 차이나켐Chinachem, 華懋 그룹이었다.

이들 몇 안 되는 입찰자는 '연수年數'를 기준으로 평가되었다는 점에서 일반 토지 입찰자들과 달랐다. 즉, 가장 오래된 A/B 문서는 입찰에서 가장 높은 점수를 받았다. 낙찰 당시의 토지 가치와 A/B 문서 발행일 기준으로 수용된 토지 가치의 차액인 프리미엄이 낙찰자에게 토지 획득 대가로 부과되었다.

A/B 문서를 보유한 네 업체는, 특정 정부 부지에 대한 독점 입찰권과 별개로, 해당 부지 개발로 엄청난 이익을 보았다는 사실이 1996년 7월 소비자위원회 조사에서 밝혀졌다. 조사에 따르면, A/B 문서를 통한 입찰로 구매한 부지 비용이 공공 경매를 통해 구매한

비용보다 낮았다. A/B 문서를 이용한 입찰로 구매한 토지 비용은 부동산 판매 가격의 10~20%에 불과했다. 또한 열세 곳의 주거지 개발이 포함된 프로젝트 다섯 개를 분석해보니 A/B 문서 입찰 부지의 예상 이윤은 전체 개발 비용의 77~364%인 반면 일반 경매 부지의 예상 이윤은 6~109%였다.

A/B 문서를 통해 부동산 개발업체를 우대하려는 것이 영국 정부의 의도는 아니었을지 모르지만, 이 특별한 토지 정책은 특정 개발업 재벌들에게 우발적인 횡재를 안겨주었다. 여기에다 타이밍, 운과 같은 요인들이 겹쳐 그들은 엄청나게 부유한 부동산 기업이 될 수 있었고, 동시에 부동산 분야에서 점점 더 비경쟁적인 경영 환경을 조성했다.

니심에 따르면, A/B 문서 제도는 1960~1970년대에 정부가 뉴타운 개발 목적으로 수용하는 신제 지역에서 모든 토지 소유주에게 현금 보상을 제공할 수 없었고, 또 신제 지역 주민 대부분이 전통적인 믿음과 가치관 때문에 현금보다 땅을 선호했기에 출현한 제도다. 홍콩 정부는 이 토지 교환 제도가 훗날 투기의 요람이 되고 주요 개발업체들의 돈 찍어내는 기계가 될 줄은 상상도 못 했을 것이다.

1997년 이전 시대에 일부 개발업 재벌들은 자신도 모르게 정부의 토지 정책 덕에 특권을 누려왔다. 지난 수십 년간 수많은 불공정이 시장 구조 속에 촘촘하게 얽혀들어 왔다. 앞으로도 선두 개발업체들의 시장 지배력이 크게 위축될 것 같지는 않다. 이들은 홍콩에서 가장 특별하고 값진 방대한 천연자원 위에 앉아 강력한 재력을 보유하고 있기에 경제가 어려운 고비에도 새로운 호황기가 시작될 때까지 얼마든 버틸 수 있다. 사람들은 대부분 잘 잊어버린다. 1997년 부동산 거품 붕괴의 고통이 기억에서 완전히 사라질 날도 멀지 않았다. 선두 개발업 재벌들이 게임에서 패자가 되기는 어려울 듯하다.

공익사업·버스 회사의 토지 수익 —

홍콩의 전력 회사 두 곳과 가스 회사는 트랜스포트 인터내셔널 홀딩스, 퍼스트 버스First Bus와 더불어 모두 대지주다. 전력 회사는 발전소 부지를 굉장히 많이 소유하고 있고, 가스 회사는 가스 공장 부지를 소유하고 있다. 프랜차이즈 버스 회사들은 다수의 버스 차고지를 소유하고 있다. 그들은 본래 목적에 더 이상 필요하지 않게 된 부지를 활용해 직간접적으로 부동산 개발에 참여하고 있다. 퍼스트 버스가 부동산 개발에 참여하게 된 것은 전신인 차이나 모터 버스China Motor Bus 때부터였다.

개발업 재벌들의 지배하에 있는 이들 기업(CLP 그룹은 예외)이 부동산 사업에 참여하는 것은 당연한 일이다. 개발업 재벌들이 공익사업·버스 회사에 구애할 때 그들이 가장 탐낸 것은 사업 그 자체보다는 회사들의 소유지였을 것이다. 물론 공익사업·버스 회사의 핵심 사업은 독점적 특성 덕에 위험도가 낮은 캐시카우이므로 나름 매력적이었다. 이러한 회사들을 인수함으로써 재벌들은 위험도가 낮은 사업에서 창출되는 안정적이고 풍부한 수익에 더해 성장 전망이 좋은 미개발지라는 두 마리 토끼를 잡을 수 있었다.

모든 경우에서 기존 토지 용도를 원하는 용도(대부분 주거용)로 바꾸기 위해서는 임대 계약 변경에 따른 프리미엄을 지급해야 한다. 그런데 개발업 재벌들은 자신들이 인수한 공익사업·버스 회사의 상대적으로 저렴한 보유지를 제공받음으로써, 개발 부지를 확보하기 위해 정부의 토지 경매와 입찰에 참여해야 하는 다른 개발업체들에 비해 확실히 유리한 위치에 선다. 앞서 언급했듯이 농지를 전환하는 경우 토지 임대 계약 변경에 따른 프리미엄을 협상할 수 있고, 토지 소유자가 정부가 제시한 프리미엄에 불만이 있으면 언제든 이의를 제기할 수 있으므로 더 높은 이윤을 기대할 수 있다. 그러므로 개발 가능한 토지와 토지 비용 두 가지 면에서 공익사업·버스 회사를 가진 개발업체는 항상 우위를 점해왔다.

과거 발전소 부지에 건설한 유명한 민간주택의 예로는 노스 포인트의 시티 가든, 압레이차우의 사우스 호라이즌, 홍홈의 라구나 베르데 등이 있다. 버스 차고 부지가 주택 프로젝트로 바뀐 사례는 노스 포인트의 아일랜드 플레이스와 선수이부深水埗의 매너 센터Manor Centre가 있다. 메이푸신춘美孚新邨 옆 청사완長沙灣 지역의 바닥면적 100만 제곱피트가 넘는 또 다른 주택 프로젝트는 주룽버스 차고 부지에서 진행되었다.

베테랑 개발업체들은 항상 정부에 토지 임대 계약 변경 신청서를 제출하는 시기에 주의한다. 과거 사례들을 보면 그들이 시장 상황에 따라 신청서를 제출할 타이밍을 고르는 데 얼마나 능숙한지 알 수 있다. 공익사업 관련 부지 또는 버스 차고 부지가 홍콩 도시 지역이나 주룽에 많이 위치해 있어서 개발업 재벌들은 이를 소중한 자산으로 여긴다. 홍콩 도시 지역에서 개발 가능한 토지가 흔치 않은 요즘 상황에서 누군들 그러지 않겠는가?

홍콩 사람들은 관료적 통제가 없는 자유민주주의 사회에 살고 싶어 한다. 천연자원에 대한 독점적 지배에 기초해 권력을 쌓은 재벌들에 도전할 사업을 일으키고 싶어 한다. 그들은 빈곤의 종식, 그리고 자긍심을 고양하는 공평한 사회 제도의 발전을 갈망한다. 그러나 뿌리 깊고 강력한 재벌에 의한 토지와 기타 주요 경제 부문의 독점이 돌이킬 수 없는 추세가 된 현 상황에서 그러한 이상은 결코 실현될 기회를 갖지 못할 것이다. 홍콩 사람들은 경제 집중이 초래하는 문제의 병적인 측면을 위험스러울 정도로 망각하고 있다. 경제 집중은 주로 불공평한 토지 제도 탓에 가능해진 재벌들의 기생적인 토지 독점으로부터 나왔거나 적어도 그와 관련이 있다.

헨리 조지가 지적했듯이 땅을 추가로 생산할 수는 없기에 땅에 대한 배타적 소유는 독점이라는 일차적 조건, 즉 진입장벽을 만들어 낸다. 개발업체가 토지 한 필지를 구매하면 다른 사람은 한 필지를 제외한 나머지만 선택할 수 있다. 개발업체가 아무 일도 안 하고 그 냥 토지에 앉아 있기만 해도 사회의 필요(예컨대 기반 시설 설치)로 발 생하는 토지 가치 상승에서 이득을 얻을 수 있다. 사회주의자들이 기생적이라고 생각하는 것이 바로 이런 종류의 불로소득이다.

홍콩 시민들은 홍콩의 가장 귀중한 천연자원인 토지의 부당한 착 취를 오랫동안 용인해왔다. 개발업 재벌들, 특히 주요 재벌들은 천 문학적 수익을 올린 반면, 정부는 토지 매각으로 얻은 막대한 공공 수입을 비대해진 공무원 조직을 부양하는 데 사용해왔다. 소비자와 부동산 투기자들, 즉 보통 사람들은 역사적인 호황과 불황의 여파 에서 보았듯이 궁극적으로 가장 큰 피해자다. 정상적인 상황에서도 시장 위험도의 큰 부분이 개발업체로부터 구매자에게 부당하게 전 가되기에 구매자는 불리한 상황에 처한다. 개발업체는 완공 20개월 전에 선분양할 수 있기 때문이다. 홍콩의 부동산 구매자들은 계약 철회 가능 기간이나 건축 보증 같은 기본적인 소비자 권리를 보장받 지 못한다. 이처럼 구매자는 대개 일생에서 가장 큰 규모의 거래를 하는 상황에서 항상 약자의 처지다.

홍콩 시민들이 봉건시대처럼 '봉신'의 지위로 전락하고 싶지 않다 면, 이제 진지하게 자기 성찰을 할 때가 되었다. 소비자로서 자신의 권리를 알고 그 권리를 주장할 의사가 있는 독립적인 주체가 되기를 원하는지 물어야 한다. 사회단체로서 단합해 행동해야만 목표를 달 성할 수 있다. 그중 가장 중요한 것은 정부가 토지 제도를 개혁하고,

포괄적 경쟁 정책과 법률을 채택하고, 보다 공정한 조세 제도를 도입하도록 촉구하는 것이다. 지난 몇 년간 정부의 개입은 모두 잘못된 곳에서 행해졌다. 가장 필요한 곳에서는 정부의 적절한 개입이 부족하다. 너무 늦기 전에 반독점 개혁이 우선되어야 한다.

3
—
돈벌이 대 공익

지금까지 가장 좋은 증거는 경험이다.

— 프랜시스 베이컨

부동산 개발·판매 수익은 항상 개발업 재벌의 전체 수익에서 압도적인 부분을 차지했는데, 부동산 거품이 터지기 전의 호시절에는 특히 더 그랬다. 그러나 판매 수익이 유일한 수입원은 아니다. 부동산임대 소득이 침체기에 재벌들에게 필수적인 안정장치가 된다는 사실이 부동산 거품 붕괴를 통해 드러났다. 장기 투자 목적으로 보유하는 대규모 부동산 포트폴리오에서 수익의 대부분은 임대 소득 형태로 나타난다. 부동산 판매 수익이 급감하는 시장 침체기에 임대소득은 전체 수익에서 푹신한 쿠션 역할을 해준다.

2002년까지 10년간 3대 부동산 개발업 재벌들은 총 408억 미국달러의 순이익을 냈다. 이 기간에 청쿵은 21억 미국달러,[1] 선훙카이 부동산은 12억 3000만 미국달러,[2] 헨더슨 랜드는 7억 4800만 미국달러의 연평균 수익을 거뒀다.[3] 이 기간 청쿵의 수익 중 일부가 통신 자산 매각에 따른 허치슨의 특별한 기여에 기인한다는 사실과는 별개로, 막대한 이익은 모두 부동산 부문의 풍작에서 비롯되었다. 이러한 이익은 기본적으로 임대 소득과 판매 수익이었다.

개발업 재벌들의 우월한 시장 지배력과 가격 전략, 그리고 부동산 분야에서 부족한 소비자 권리 보호 덕에 커다란 이익이 재벌들에게 돌아갔다. 부동산 시장 상승기에는 투자자와 투기꾼도 개발업체만큼 쉽게 돈을 벌기 때문에 그러한 불균형이 잘 드러나지 않는다. 진실의 순간은 음악이 멈춰야만 찾아온다. 1997년 중반으로 갈수록 사람들은 비이성적인 행복감에 눈이 멀었고 개발업체들과 부동산 중개업자들이 연주하는 달콤한 피리 소리에 매료되었다. 행복한 군중은 파멸로 이끄는 치명적인 곡조를 따라갔다. 많은 이들이 평생 저축뿐 아니라 자긍심까지 잃어버렸다.

개발업 재벌들은 일반인에게 비싼 아파트를 팔아서 비정상적인 이윤을 얻는 것 외에도, 크고 작은 사업체들에 높은 임대료를 요구하는 식으로 막대한 이익을 챙겼다. 소규모 업체들은 선택권과 협상력이 부족하기 때문에 탐욕스러운 지주들에게 휘둘리고, 매출액에 따른 초과 임대료를 지급하기 위해 바닥까지 쥐어짜 내느라 자포자기 상태에 내몰린다. 보통 때라면, 폐업한 공간은 기꺼이 위험을 무릅쓰는 다른 사람들로 빠르게 교체된다.

대부분 주요 개발업체는 수직 계열화된 조직으로, 부동산 관리 부서는 중요 부서 중 하나이다. 또한 부동산 관리는 아파트 구매자들에 대해 계속해서 통제권을 갖는, 돈이 되는 영역이다. 그들은 이 것을 '판매 후 서비스'라고 부르지만, 실제로는 이윤 창출의 촉수를 소비자의 주머니 깊숙이 뻗치는 것에 불과하다. 민간주택 관리비는 월세의 13~15%에 이르고 비탄력적인 경우가 많다. 호시절에는 부동산 관리 회사(대개 개발업 재벌의 자회사)가 소비자 물가지수에 따라 매년 관리비를 인상할 수 있었다. 하지만 아파트 월세가 최고점에 서 40~50% 떨어진 디플레이션 환경(1998~2003년)에서 관리비를 인하했다는 이야기는 거의 듣지 못했다. 개발업체들이 할 수 있는 최선은 관리비를 동결하는 것이었다.

부동산이 판돈이 가장 큰 게임이긴 하지만, 소비자들이 패배하는 유일한 게임은 아니다. 사람들의 일상에 영향을 미치며 소비자로서 언제나 불공평한 경험을 하게 되는 다른 분야로는 가스, 전기, 대중교통, 슈퍼마켓 등이 있다. 역설적이게도 이들 분야는 거대 재벌들에게 주요 돈벌이 수단이다. 경제 영주들은 정부의 축복 가운데 시장 지배력을 행사함으로써 생필품 가격을 인위적으로 높게 유지할 수 있다. 이 같은 사회에 살고 있는 일반 시민들은 슬프게도 부유한 지배층에 굴복할 수밖에 없다.

부동산 —

홍콩 사람들에게 집은 휴식처와 투자처로서 매우 중요하다. 오랫동안 부동산 분야에 몸담은 개발업 재벌들은 이를 너무나 잘 알고 있다. 1996년 소비자위원회 보고서는 다음과 같은 결론을 내렸다. 홍콩의 고착된 시장 구조는 진입 문턱이 높고 토지 공급이 제한적이며, 지배적인 개발업체들은 재력이 막강하고 막대한 토지를 비축하고 있다. 이러한 고착된 시장 구조에서 부동산 개발업체 과두체제는 소비자에게 손해를 끼치면서 공급과 가격 결정 기술을 써왔다. 이 보고서는 정부의 1994년 태스크포스 보고서를 인용하며 개발업체들이 아파트 공급량을 비축해둔 이유가 너무도 분명하게 드러난 사례가 있다고 밝혔다. 모니터링 기구와 경쟁 정책 및 법률이 없었기 때문에 아파트 구매자들은 오랫동안 개발업 재벌들에게 착취당해왔다. 반면 재벌들은 부동산 시장 호황으로 비정상적인 이윤을 누렸으며, 더 크게는 비경쟁적인 시장 구조에서 막대한 이익을 누렸다.

홍콩 사람들에게 보금자리를 공급함으로써 막대한 이익을 얻는 것 외에도 개발업 재벌들은 쇼핑센터, 사무용 부동산, 호텔, 고급 서비스 아파트와 산업·사무 공간으로 구성된 대규모 임대 부동산 포트폴리오를 가지고 있다.

상점 임대료는 사업비 중에서 가장 큰 비중을 차지한다. 상점 임대료 수준이 장기적으로 자영업자의 생존 여부를 결정하기도 한다.

하지만 건물주에게는 상점 매출액이 일정 수준에 도달했을 때 초과 임대료를 요구할 수 있느냐가 상점 임차인의 생존에 대한 우려보다 훨씬 중요하다. 따라서 매출액이 치솟는 호황기에 임차인 이익의 상당 부분은 초과 임대료로 건물주에게 돌아가고, 임차인은 줄어든 수입으로 경기 침체에 대비해야 한다. 불황기에 임차인이 사업 손실을 보더라도 건물주는 여전히 기본 임대료를 받는다. 아주 드물게 임차인이 장기간에 걸쳐 사업 손실을 보게 되어 임대료 조정을 요구하는 경우 건물주가 임차 기간 만료 전에 임대료를 재협상하기도 한다. 한마디로 건물주는 임차인의 이익은 나눠 먹지만 결코 손해까지 공유하지는 않는다.

심지어 경기가 안 좋은 시기에도 건물주는 임대료를 하향 조정하기보다는 새로운 임차인에게 (상업용이라는 전제에서) 장기간 임대료 없는 기간을 부여하고자 한다. 이는 조정된 임대료를 빌미로 임대 계약 갱신 시 임대료를 인하하려는 기존 임차인이나 조정된 임대료를 새로운 임대료 기준으로 삼으려는 임차인을 피하기 위해서다. 이 같은 명목 임대료의 인위적인 인상이 경기 침체기에 주택 임대료보다 상업 임대료(특히 상점 임대료)가 하락하는 데 훨씬 더 오래 걸리는 이유다. 대형 상업용 빌딩 건물주들은 대체로 같은 방식으로 운영하며 시장 임대료에 영향력을 행사한다. 시장의 힘은 경기 침체가 장기화하면서 공급이 수요를 크게 초과할 때만 발휘된다. 시장이 진정으로 경쟁적이라면 임대료 하방 경직성은 불가능하다. 그러나 대형 빌딩 건물주들의 임대 수입을 단기적인 시장 역경으로부터 보호하는 것은 바로 이런 하방 경직성이다.

재계의 거물인 선훙카이 부동산은 2010년 5월 31일 기준으로 바닥면적 2610만 제곱피트의 기개발지와 향후 개발 가능한 바닥면적 1800만 제곱피트의 땅으로 구성된 가장 큰 부동산 포트폴리오를 소유하고 있다. 이 그룹은 또 농지 2500만 제곱피트를 소유하고 있는데, 대부분이 신제의 기존 또는 계획된 철도 노선을 따라 있으며, 토지 임대 계약 변경 과정에 있거나 진행할 예정이다. 2009년 12월 31일까지 반년간 이 그룹은 5억 1100만 미국달러의 임대 소득을 기록했으며, 같은 기간 벌어들인 전체 순이익은 18억 5000만 미국달러였다. 총입주율은 93%였다.

선훙카이 부동산의 투자 포트폴리오에 있는 두 개의 보석 중 하나는 47.5%의 지분을 보유한, MTR 공항철도 홍콩역에 위치한 국제금융센터International Finance Centre이다(다른 47.5%는 헨더슨 랜드 그룹이 보유). 다른 하나는 지분 100%를 보유한, MTR 공항철도 주룽역에 있는 개발 패키지 3, 5, 6, 7이다. 또 이 그룹은 신제 지역의 여러 인구밀집형 뉴타운에 수많은 쇼핑센터를 소유하고 있는데, 그중 사텐의 뉴타운 플라자와 콰이충 메트로플라자가 유명하다.[4]

워프 그룹은 상업용 부동산 지주의 왕이다. 2009년 12월 31일, 워프 그룹은 바닥면적 1270만 제곱피트의 투자 포트폴리오를 가지고 있었다. 왕관의 보석이라 할 수 있는 하버 시티는 침사추이 끝자

락에 위치한 840만 제곱피트의 상업 공간이다. 190만 제곱피트의 화려한 쇼핑센터는 2001년 경기 침체에도 95%의 점유율을 자랑했다. 다른 시설로는 445만 제곱피트의 A등급 사무실, 67만 제곱피트의 고급 서비스 아파트와 세 개의 호텔이 있다. 워프 그룹의 또 다른 보석은 최근 몇 년간 중국인의 관광 명소가 된 코즈웨이 베이의 타임스 스퀘어다. 이 복합시설은 103만 제곱피트의 A등급 사무실과 93만 6000제곱피트의 쇼핑센터로 구성되어 있다. 관광객의 쇼핑에 힘입어 타임스 스퀘어는 2001년에 입주율 98%를 기록했다. 하버 시티와 타임스 스퀘어는 워프 그룹이 보유한 기업 자산의 51%를 차지하며, 2009년 6억 8500만 미국달러에 달하는 수익을 창출했다.[5]

헨더슨 랜드는 2009년 12월 31일 현재 바닥면적 940만 제곱피트의 임대용 부동산 포트폴리오를 보유하고 있는데, 이는 450만 제곱피트의 쇼핑몰과 상점 공간, 340만 제곱피트의 사무 공간, 90만 제곱피트의 상업·산업 공간, 60만 제곱피트의 주거 및 서비스 아파트 공간으로 이루어져 있다. 2009 회계연도의 총 임대 소득은 8억 4100만 미국달러에 달했다.[6] 신스제발전은 같은 해에 433만 제곱피트의 투자 부동산을 보유하고 있었다(일부 지분을 보유한 부동산 포함).[7] 청쿵홀딩스는 홍콩에 투자·보유 목적으로 상업용 부동산 35만 3000제곱미터를 보유하고 있었다.[8]

좋은 위치의 토지를 소유하면 사실상 그 토지를 '공간적으로 독점'하게 되는데, 진입장벽이 존재하고 땅은 움직이지 못하기 때문이다. 잘나가는 개발업체들은 타의 추종을 불허하는 재력을 이용해 대중교통 요지나 해안가처럼 가장 이상적인 위치에 있는 토지를 얻는 데 성공하며, 이러한 토지에서 공공에 의해 창출된 우발이익을 사유화할 수 있다. 철도를 따라 위치하는 토지는 훨씬 더 값어치가 있다. 항구에 인접한 부동산은 내륙에 있는 부동산보다 더 가치가 높다. 이처럼 고유한 위치에 있는 토지의 구매자는 기반 시설과 자연환경이 창출하는 (공공 자산이 되었을 수도 있는) 모든 혜택을 누린다. 우월한 위치의 토지와 부동산에 대한 독점적 소유권을 갖게 되면 세입자에게 계속해서 더 높은 임대료를 요구할 수 있다. 사회 개혁가들은 이러한 비생산적인 독점 이득을 기생적 소득이라고 부른다.

쇼핑객의 왕래가 많은 번화가에 위치한 쇼핑센터는 항상 개발업 재벌들의 좋은 착유기였다. 이러한 쇼핑센터 상점 세입자들은 기본 임대료는 물론이고 매출액이 일정 수준에 도달했을 때 내는 초과 임대료를 부담해야 한다. 기본 임대료는 세입자가 지급해야 하는 최저 월세로, 협상으로 정한 임대료다. 초과 임대료는 매출액이 상호 합의한 수준을 초과할 경우 그 부분에 대해 일정 비율을 적용해 월 단위로 계산한다. 즉, 사업이 잘되면 건물주는 세입자의 총소득에서 일정 부분을 임대료로 가져간다. 매출액이 합의된 수준 이하더라도 건물주는 여전히 기본 임대료를 받는다. 소매업종의 치열한 쇼핑센터 진입 경쟁 때문에 소매업자들은 재벌 건물주가 제시하는 조건에 동의하는 것 말고는 대안이 없다. 입지 조건이 좋은 쇼핑센터는 으레 이와 같은 임대 관행을 따르는 개발업 재벌이나 다른 개발업체들의 손안에 있기 때문에 소매업자들은 상점 위치를 선택할 여지도 협상력도 없다.

소매업에서는 좋은 위치가 성공의 열쇠인 경우가 많다. 그런데 그 열쇠를 쥐고 있는 사람은 소매업자라기보다는 지주이다. 소매업자들은 위치가 좋은 상점을 얻기 위해 지주에게 프리미엄을 지급한다. 그리고 소매업자들은 이윤을 유지하기 위해 가능한 한 소비자에게 비용을 전가하려 한다. 결국 소비자가 공간 독점의 궁극적인 희생자가 된다.

경쟁에서 앞서기 위한 전략으로 많은 소매업체가 체인 운영 모델을 채택한다. 그러한 모델하에서는 많은 상점이 서로 다른 지역 쇼핑센터에 동시에 입점한다. 이는 규모의 경제를 달성하면서 위치에 따른 위험을 분산하는 하나의 방법이다. 또한 평균적으로 임대료를 낮추기 위한 수단이기도 하다. 말할 필요도 없이 재정적으로 경쟁력 있는 소매업체들이 이 전략을 쓸 수 있다. 하지만 재정 여력이 한계에 도달한 소매업체도 생존을 위해 이 전략을 활용하기도 한다. 이는 소규모 업체들의 현실이 얼마나 가혹한지를 보여준다.

대형 쇼핑센터 소유주들은 일시적인 시장 침체기에 임대료 인하 요구를 받더라도 즉시 수용하기보다는 막강한 지배력을 앞세워 상점을 비워둘 여력이 있다. 이처럼 쇼핑센터 임대는 협상의 여지가

별로 없다. 쇼핑센터의 세입자인 소규모 업체들은 거만한 지주들과 협상할 능력이 부족하고, 경제가 나빠질 때 가장 버티기 어렵다.

임대 수익을 위해 번화가의 부동산을 가만히 보유하고 있는 것보다 더 나은 사업이 뭐가 있겠는가? 개발업 재벌들의 최근 재무상태표에서 보듯이 임대 수익은 경기 침체기에 사실상 생명선이나 다름없다. 쇼핑센터에 대한 독점적 소유권은 그들이 소매업체와 소비자 모두의 위에 군림할 수 있게 해준다.

눈에 띄지는 않지만 개발업 재벌들의 또 다른 안정적 수입원으로 아파트 관리비가 있다. 아파트 관리비도 시민들의 일상에 직접 영향을 미친다. 주택 분양 사업이 종료된 이후 개발업체가 부동산 관리를 맡는 것이 일반적인 관행이다. 아파트 구매 비용을 지급했다고 해서 이제 개발업체에 대한 재정적 의무가 끝났다고 생각하면 오산이다. 아파트를 소유하고 있는 한 부동산 관리 서비스로 인해 개발업체에 빚을 지게 된다. 경기가 좋은 시기라면 세입자에게 이 짐을 전가할 수는 있다. 개발업체가 초기 2년간 주거 사업의 공동 영역을 관리할 권한을 자동으로 갖게 된다는 내용이 아파트 구매자가 서명한 매매 계약서의 일부인 상호약정서에 기재되어 있다. 또 초기 2년이 지나면 아파트 소유주들이 투표로 부동산 관리자를 재선출할 수 있다는 내용도 상호약정서에 명시되어 있다. 그런데 주거 관리 서비스가 굉장히 허술한 경우가 아니라면 부동산 관리자를 교체하는 일은 극히 드물다.

1997년 중반 이전의 호황기에는 부동산 관리업체들이 관리비를 매년 인상하는 것이 당연시되었다. 연간 관리비 상승률이 연간 물가 상승률보다 높은 것도 드문 일이 아니었다. 사람들이 그런대로 잘살 았고 돈 버는 것이 쉬웠기에 부동산 관리비 같은 사소한 지출에 신경 쓰지 않았다. 휴게 시설이 많고 세대수가 상대적으로 적은 신규 프 로젝트의 경우 부동산 관리비가 제곱피트당 2~2.5홍콩달러(0.26~ 0.32미국달러)까지 올랐다. 평균 관리비는 제곱피트당 약 1.5홍콩달 러(0.19미국달러)인데, 1980년대에는 0.5~0.8홍콩달러(0.06~0.1미국 달러)였다. 부동산 시장이 붕괴한 뒤인 1998~2002년에 주택 임대 료는 40~50% 하락했다. 이 기간에 부동산 관리업체들은 관리비를 동결할 수밖에 없었지만, 대부분의 민간주택 관리비는 디플레이션 에도 불구하고 여전히 최고 수준에 머물렀다. 물론 부동산 관리업 이 많은 노동력을 흡수하고, 저숙련 노동자를 고용하는 데도 기여했 다고 말할 수 있다. 그러나 여전히 소비자들은 부당하게 높은 관리 비를 지급해야 하는 피해자이며, 관리비 중 상당량이 두둑한 영업이 익으로 개발업체들의 호주머니로 들어갔다. 결국 부동산 관리업에 경쟁이 부족하기 때문인데, 이 업종 역시 대형 개발업체 그룹이 지 배하고 있다.

말할 필요도 없이 부동산 관리는 주택 부문에 국한되지 않는다. 개발업 재벌이 개발한 소매점과 사무실 세입자 모두 관리비를 내야 한다. 관리비와 별개로 상가 세입자들이 건물주에게 지급해야 하는 또 다른 큰 비용이 있는데, 바로 에어컨 요금이다. 당연히 이익도 이 관리비에 반영된다. 점포 임대료보다 더 높은 관리비(바닥면적 제곱 피트당 관리비와 냉방비를 합친 것)를 지급한 상점 세입자들도 있다. 상점 임대료는 상점의 크기, 위치, 배치 및 건물 수준에 따라 다르다. 임대료와 관리비는 세입자의 총운영비에서 상당 부분을 차지하는데, 세입자는 이를 소비자에게 전가하는 수밖에 없다.

당신이 민간주택 단지에 있는 자가 아파트에 사는 평범한 시민이라고 상상해보자. 당신은 모든 저축을 긁어모아 개발업체에서 아파트를 샀고, 그 대가로 아파트에 거주할 권리를 얻었다. 그러면 매달 주택담보대출 원리금과 부동산 관리비를 내야 한다. 단지 내 쇼핑센터(같은 개발업체가 건축했다고 가정하자)에 있는 식당이나 패스트푸드점에서 식사를 할 때 당신은 그 쇼핑센터의 세입자가 가게 임대료와 관리비를 지급하는 것을 돕는 셈인데, 그것도 같은 개발업체의 호주머니로 들어간다. 주말에는 다른 개발업체가 소유한 또 다른 쇼핑센터로 가 물건을 구매함으로써 상가 세입자들이 임대료와 관리비를 내는 것을 돕는다. 매달 당신의 월급에서 얼마의 돈이 개발업체로 빠져나가는지 계산할 수 있는가? 그 답은 충격적일지도 모른다.

전력 —

람펀리林本利 같은 학자들은 오래전부터 홍콩 사람들이 두 전력 회사에 너무 많은 전기요금을 낸다고 주장해왔다. 소비자가 너무 많이 낸다면 공급자가 너무 많이 번다는 뜻이다. 이러한 상황이 지속된 이유는 전적으로 이 업계가 경쟁이 부족하고, 이른바 규제 계획 협약에 의해 두 회사가 보호되어왔기 때문이다. 1997년 람펀리의《에너지 경쟁Competition in Energy》이 출간된 이후 두 전력 회사 중 규모가 더 큰 CLP홀딩스는 고객에게 요금을 환급해주고 요금 수준을 동결했다. 그러한 행동이 시기적으로 우연의 일치였는지, 아니면 출간에 대응한 것인지는 알 수 없다. 어느 쪽이든 적어도 회사 측에서 선의의 표시를 한 것이었다.

CLP 그룹은 주룽과 신제 지역의 유일한 전력 공급업체이며, 또 다른 회사인 홍콩전력은 홍콩섬, 압레이차우, 라마섬의 유일한 전력 공급업체다. CLP 그룹은 2009년에 230만 고객을 확보하고, 홍콩 인구의 80%가 사는 지역에 전력을 공급했다.[9] 홍콩전력은 같은 해 56만 3956명의 고객을 확보했다.[10] 상장된 CLP홀딩스는 카두리 가문이 관리하고 있으며, 홍콩전력은 리자청의 기업 제국에 속하는 상장기업이다.

2009년까지 5년간 CLP홀딩스는 연평균 약 13억 미국달러의 순이익을 냈고,[11] 홍콩전력은 연평균 약 9억 8300만 미국달러의 순이익을 냈다.[12] 두 회사 모두 최근 몇 년간 해외 및 기타 비非규제 계획 지역으로 진출했다.

전기는 상업 부문뿐 아니라 가정에도 필수다. 1970년대 후반 홍콩이 공업경제에서 서비스산업 중심지로 탈바꿈하면서 상업 부문의 전력 수요가 급증했다. 1980년대에 경제가 빠른 속도로 성장하면서 일반 시민들의 소득 수준이 급격하게 상승했고, 이것이 전기제품에 대한 소비로 이어지면서 전력 수요가 증가했다. 현재 상업 부문은 더 높은 전력 소비량을 나타내고 있다.

람펀리의 연구에 따르면, 두 전력 회사의 자기 자본 이익률은 다른 아시아 국가들에 비해 매우 매력적이다. 이는 규제 계획하에서 독과점 체제가 유리한 조건으로 작용했기 때문이다. 람펀리는 또한 홍콩의 평균 전기요금이 아시아 9개 도시·국가 중에서 오직 2개국(필리핀과 일본)보다 낮다는 사실을 발견했다.

어쨌든 소비자 입장에서는 요금 수준을 더 낮출 수 있느냐가 가장 궁금한 사항일 것이다. 람펀리의 연구 결과에 따르면, 홍콩의 인구 밀도와 높은 도시화 수준을 고려할 때 이에 대한 대답은 '그렇다'이다.

간단히 말해 규제 계획은 경영자와 소비자 모두의 이익을 보호하기 위해 고안된 계약이다. 이 계획에 따르면, 전력 회사들은 그들의 고정 자산에 대해 최저 수익률을 보장받는다. 그러나 이 계획의 함정은 회사의 자산 확장에 대해 명시적인 규제가 없다는 점이다. 정부는 그들의 확장 계획을 승인할 것인지 아닌지 스스로 판단해야 한다. 다시 말해 승인을 받을 수만 있다면 전력 회사들은 자산을 늘려 수익을 높일 수 있게 된다. 그리고 그들이 과잉 투자를 할 때 소비자들은 불필요한 시설에 대해 더 높은 가격을 지급해야 한다.

일부 이익단체들은 두 회사가 보장된 수익률로 보호받아서는 안 된다고 오랫동안 주장해왔다. 이익단체들의 압력으로 1998년 정부가 규제 계획을 갱신했을 때 정부는 전력 회사에 수요 관리와 에너지 절약을 촉진하도록 요구하는 식으로 피상적인 제스처만 취했다.

람펀리가 지적한 바와 같이 규제 계획의 또 다른 함정은 전력 회사들이 자기 자본에 대해 허용 수익률 15%를 초과하는 수익률을 얻기 위해 자본구조를 조작할 수 있다는 점이다. 이는 장기대출에 대한 8%의 고정 이자율과 부채자본에 대한 13.5%의 허용 수익률 보장이라는 이점을 활용하기 위해 기업이 부채금융을 이용하면 가능해진다. 또한 규제 계획은 기업들이 증설 자금을 조달하기 위해 자기자본보다 부채자본에 의존하도록 장려한다. 이러한 허점은 시장금리가 8% 이상일 때 특히 유용하다. 람펀리는 규제 계획이 두 회사에 화폐 발행권을 부여한 것과 같다고 말한다.

초과 이익이 기업 내로 유보되지 않고 '개발기금'으로 이전되는 기존의 규제 계획 구조하에서 두 전력 회사는 비용과 요금을 낮출 동기가 없다('개발기금'은 수익 부족분을 보충하는 데 사용될 예비금이다). 또한 허용된 수익이 전적으로 고정 자산에 기초하고 있어서 절약을 촉진할 동기도 거의 없다. 그래서 두 전력 회사는 초과 용량으로 운영하는 경향이 있으며 실제로도 그렇다. 최종 결과는 소비자들이 불필요하게 많은 요금을 지급해야 한다는 것이다.

기존 약정에 따르면, 두 전력 회사는 발전과 송전 및 배전에 있어서 자기 구역의 독점사업자다. 그들은 오랫동안 광범위한 송전망과 배전망을 자체적으로 구축해왔다. 홍콩의 밀집한 인구와 고도로 발달한 지하철 때문에 송전망과 배전망을 신설하기란 사실상 불가능하다. 따라서 경쟁은 존재하지 않으며, 새로운 진입자가 기존 망에 접속하는 것이 허용되기 전까지는 앞으로도 존재하지 않을 것이다.

기존의 송·배전망 독점을 타개하기 위해 공동의 송전 시스템 도입이 제안되어왔다. 두 회사의 망은 유사시 상호 백업을 목적으로 1981년부터 서로 연결되어왔기 때문에 접속료를 지급하는 식으로 두 회사가 서로의 망을 공유하는 것이 가능하다. 그렇다면 그들은 홍콩 전 지역의 전력 공급을 두고 경쟁할 수 있다. 또한 신규 진입자는 요금을 지급하고 기존 망에 접속할 수 있다.

발전發電 측면에서 두 회사가 서로 경쟁할 수도 있다. 한 사업자가 다른 사업자에 비해 낮은 비용으로 전력을 생산할 수 있다면, 후자는 전자에게서 전력을 구매할 의무가 있다. 동시에 중국 본토와 같은 홍콩 이외의 지역에서 전력을 저렴하게 구매할 수 있다면, 두 회사는 홍콩에 새로운 발전소를 건설하기보다 이들 지역에서 전력을 구매하도록 권장받는다. 이는 두 회사에 비용과 요금을 낮추도록 압력을 가할 것이다. 또한 두 회사와 경쟁할 신규 사업자들이 시장에 진입하도록 장려해야 한다.

두 전력 회사는 발전소 및 여타 보조 설비를 수용하는 많은 부지를 소유하고 있으므로 직간접적으로 부동산 개발업에 관여해왔다. 이들 부지 중 원래 목적으로 더 이상 필요하지 않은 곳은 대부분 주거용으로 재개발될 것이다. 그래서 이 회사들은 상대적으로 위험도가 낮은 공익사업에서 독점적 이득을 누리는 것 말고도 기회만 되면 부동산 파이를 한 입 베어먹을 수 있다.

최근 몇 년간 두 회사는 해외 사업 확대에 적극적으로 나섰다. 홍콩전력은 호주에서 각종 전력 자산을 사들였고, CLP 그룹은 인도, 호주, 태국의 발전소를 사들였다. 홍콩의 전력 수요가 성장의 한계에 도달했기에 다른 곳에서 더 나은 사업 기회를 찾는 것은 자연스러워 보인다. 이러한 전략은 이익을 추구하는 민간 기업에게는 가장 합리적인 결정일지 모른다. 이들 회사는 이제 홍콩에서 거둔 수익을 외국 땅에 기꺼이 투자하고 있다. 그저 홍콩 사람들은 수십 년간 충직하게 이들 회사의 이익에 이바지해온 것을 한탄할 뿐이다.

소비자들이 전기 사용자로서 이익을 얻을 수 있는 유일한 방법은 전력 분야에 형성된 독점을 깨뜨리는 것뿐이다. 소비자의 권리는 정부 정책과 불충분한 감시 탓에 침해당했으며, 두 공익사업자는 이로부터 큰 이익을 얻었다. 정부는 규제 계획의 오류를 해결하고 업계에 절실한 경쟁을 도입하기 위해 기존의 규제 계획을 비롯한 관련 정책과 규정을 종합적으로 검토할 때가 되었다.

전기는 대체품이 없기에 소비자에게 공정한 가격은 더욱 중요하다. 소비자들은 부과된 요금을 지급할 수밖에 없다. 또한 그들은 복잡한 규제 계획이 무엇을 의미하는지 전혀 알지 못한다. 정부의 규제 권한과 감시 노력은 공정한 가격 책정을 보장하기 위해 시민들이 의지할 수 있는 전부다. 그러나 고액 연봉을 받는 공무원들이 재무 지식이나 상식이 부족해서인지 아니면 부자들을 편드는 경향 때문인지 감시 임무를 소홀히 했다는 증거들이 있다. 그 결과 소비자들이 공정한 가격보다 더 많은 요금을 지급하는 동안 공익사업 회사들은 정당한 이윤보다 더 많은 이익을 얻을 수 있었다.

반면 전력 부문 규제 완화는 대부분 선진국에서 흔한 현상이다. 호주와 영국 모두 전력 부문 규제를 대부분 철폐하면서 소비자들이 주요 수혜자가 되었다. 이들 국가에서 규제 완화는 약 15%의 전반적 가격 하락을 가져왔다. 캘리포니아와 뉴욕 같은 미국의 일부 주에서는 이미 전력 공급에 대한 완전한 소매 접근retail access*이 가능해졌으며, 다른 대부분의 주에서는 규제 완화가 다양한 단계에 접어들었다.[13]

캐나다의 인구 밀집 지역인 온타리오주는 1998년 말 전력 사업

• 소매 접근은 고객이 서비스 판매 면허를 가진 경쟁 서비스 제공업체로부터 경쟁력 있는 에너지 서비스를 구매할 수 있는 기회를 의미한다(출처: https://www.lawinsider.com/dictionary/retail-access).

독점을 막기 위해 '에너지 경쟁법'을 제정하고 제도 개혁에 나섰다. 송전·배전 요소를 발전 요소에서 분리하고 전자를 법령 규제에 종속시키는 한편, 발전 자산을 분할해 이 중 65%를 민간 부문에 이양하는 것이 주요 골자였다. 즉, 단일 제품으로서의 전력 판매는 송전·배전망을 통한 전력 공급에서 분리된다. 전력 공급은 규제를 받지만, 전력을 상품으로 판매하기 위해 관련 규제를 철폐한 것이다. 규제 완화는 2002년 중반부터 시행되었다. 비록 개혁이 고통스럽긴 했지만, 경쟁 이론가들은 오랫동안 지연된 경쟁의 틀이 구축되는 데 반색하고 있다.[14]

전력 산업 구조 조정의 최근 사례로는 러시아와 중국이 있다. 중국은 2002년 말 전력 산업을 시장 경쟁의 대상으로 삼기 위해 독립적인 발전 회사 다섯 곳과 송전 회사 두 곳을 설립한다고 발표했다.[15] 홍콩은 '일국양제─國兩制'하에서 운영되는 국제도시로서 전력 부문 개혁을 더 이상 미룰 이유가 없다.

가스 ─

홍콩차이나가스는 홍콩에서 유일하게 도시가스를 공급하는 기업으로, 리자오지 계열에 속하는 상장사다. 두 전력 회사와 달리 가스 공급 독점은 정부의 어떤 규제도 받지 않는다. 1995년 발표된 소비자위원회 보고서는 정부의 자유방임 정책 때문에 도시가스 독점사업자가 고객들을 희생시키면서 과도한 이익을 얻고 있다고 결론지었다.

현재 홍콩차이나가스는 가정과 기업 등 160만 고객을 보유하고 있다.[16] 지난 5년간 이 회사는 연평균 6억 6700만 미국달러의 순이익을 올렸다.[17]

발전용 천연가스를 제외하고 홍콩에서는 두 종류의 가스를 사용하는데, 바로 도시가스와 액화석유가스LPG다. 천연가스는 1995년 말부터 홍콩에서 사용 가능해졌지만 가정용 연료로는 사용되지 않는다. CLP만이 발전 목적으로 천연가스를 배타적으로 사용한다.

1997년 정부 통계에 따르면, 도시가스가 전체 가스 판매의 74%를 차지했고 LPG가 나머지 26%를 차지했다. 람펀리의 연구에 따르면, 정부의 개입이 부족했기 때문에 가스 회사(홍콩차이나가스)는 1970년대 초 평균 가격의 16%에서 1996년 46%까지 이윤을 늘릴 수 있었다. 람펀리는 가스 시장에 경쟁이 있었다면 이처럼 높은 이윤은 불가능했을 것이라고 주장한다.

경제가 성장하고 사람들의 수입이 증가함에 따라 더 나은 가정용 연료에 대한 수요가 생겨 여유가 있다면 사람들은 더 깨끗하고 위생적이며 편리한 연료로 바꾸고자 한다. 도시가스는 액체 연료보다 품질이 좋아서 자연스럽게 가정용 요리나 난방 연료로 선택되었다. 식당이나 호텔에서도 상업적으로 이용하기에 적합하다. 1995년 가정용 가스 소비량은 전체 도시가스 소비량의 절반 이상을 차지했다. 도시가스 배관을 설치하는 신축 주택 개발이 늘어남에 따라 앞으로 시장 점유율이 증가할 여지는 여전히 크다.

람편리는 가스 회사의 과도한 이익을 정부의 호의적 정책과 조치 탓으로 본다. 예컨대 가스 회사의 급속한 발전을 촉진한 안전법, 가스 공장 건설을 위해 매우 저렴한 비용으로 다푸 공업단지 내 토지 사용을 허가한 조치, 공공주택에 LPG 대신 도시가스를 채택하는 주택청의 선호 등이 있다. 정부의 태도와 접근법은 가스 회사의 시장 지배력을 높이는 촉매제가 되었다. 또한 람편리는 도시가스와 다른 연료들 사이의 교차 탄력성이 낮아 가스 회사는 '연료 간 경쟁'의 대상이 되지 않는다는 점을 확인했다.[18]

1995년 소비자위원회 보고서에서도 안전상의 이유와 기술적·문화적 요인 때문에 전력 회사와 가스 회사 사이에 불완전한 경쟁이 있었던 것으로 나타났다. 예를 들어 가스온수기의 대안으로 순간 전기온수기가 있다. 그러나 전기온수기는 기술적 이유로 3상 전기 배선이 있는 가정에만 설치할 수 있는데, 홍콩의 중소형 아파트에는 이러한 배선 구조가 흔치 않다. 그 결과 주거용 아파트에 설치된 전기온수기는 대부분 열등한 종류(저수형)로, 가스온수기와 비교가 되지 않는다. 또한 중식 요리법의 특성상 전기스토브보다 가스스토브를 더 선호한다.[19]

공정한 '연료 간 경쟁'의 또 다른 장애물은 가스 회사가 헨더슨 랜드 그룹의 지배하에 있다는 사실이다. 전기온수기가 비용면에서 더 효율적이더라도 헨더슨 랜드 그룹이 추진하는 개발 프로젝트에서 가스온수기를 선호하는 것은 당연한 일이다. 홍콩전력과 청쿵 그룹도 마찬가지다. 두 회사는 공정한 경쟁을 방해함으로써 각각의 연료 공급에 대한 시장 점유율을 높일 수 있다.

거의 존재하지 않는 경쟁과 호의적인 정부라는 배경 외에도 가스 회사가 소비자를 희생시키면서 독점적으로 성장한 분명한 증거가 있다. 람펀리는 가스 회사가 청구한 실제 요금이 시간이 지나면서 운영비만큼 줄어들지 않았다는 사실을 발견했다. 즉, 이 회사는 규모의 경제와 생산성 증가의 열매를 고객과 공유하지 않았다. 또한 람펀리는 1979~1992년 동안 (두 전력 회사뿐 아니라) 가스 회사가 자본 비용을 초과하는 수익을 얻었다고 결론지었다. 그러므로 가스 회사가 고객들의 희생으로 과도한 이익을 챙겼다는 소비자위원회의 주장은 틀리지 않아 보인다.

독점 덕분에 가스 회사는 비용에 따른 정당한 수준보다 더 높은 요금을 부과하고 초과 수익을 얻을 수 있었다. 이에 1995년 소비자위원회 보고서는 가스 시장에 경쟁을 도입할 것을 정부에 권고했다. 다섯 가지 주요 권고 사항은 다음과 같다. ① 공동 운송 시스템을 만들어 경쟁업체들이 가스 회사의 공급망에 접근할 수 있도록 할 것, ② 기업들이 천연가스를 홍콩으로 수입하도록 권장할 것, ③ 임시 조치로서, 공동 운송 시스템을 갖추기 전 가스 회사에 대해 가격 상한 규제를 도입할 것, ④ 부동산 개발업체들이 신축 주택을 개발할 때 소비자의 선택이 가능하도록 3상 전기배선과 가스배관을 설치할 것, ⑤ 모든 에너지 문제를 조정할 수 있도록 에너지위원회를 설치하고, 에너지자문위원회의 조언을 받을 것.

정부도 온수와 요리에 쓰이는 연료에 대한 가스 회사의 점유율이 50%에 달하고 여전히 계속 증가하고 있음을 인정했다. 그럼에도 정부는 독점기업에 요금이나 수익에 대해 어떠한 규제도 부과하지 않기로 결정했다. 정부는 단지 기업의 요금 결정 체계가 더 투명해져야 한다는 데 동의했을 뿐이다. 그리고 정부는 독자적인 컨설팅사에 공동 운송 시스템 구축에 대한 타당성 조사를 의뢰했다.

1997년 제출된 자문 보고서는 경쟁을 강화하기 위해 천연가스를 홍콩에 반입하고, 가스 회사의 운송·분배 활동과 생산 활동에 대해 별도의 회계처리를 시행할 것을 권고했다. 또 가스 회사의 공급망에 제3자가 접근할 수 있게 하도록 권고했다(이 공급망은 아무런 변경 없이도 천연가스 전송에 사용할 수 있다).

1998년 6월 정부는 공동 운송 시스템 구축을 지지하는 성명을 발표했다. 또 가스 회사에 생산비와 별도로 운송비를 제시할 것을 요청했다. 홍콩에 대체 연료로 천연가스를 도입하는 것에 대해 정부는 이를 민간 부문에 맡기는 것으로 만족했다. 천연가스 사용을 촉진하기 위한 장기 계획을 수립하는 데 정부가 주도적인 역할을 맡지 않고서 가스 산업을 재편하겠다는 것은 터무니없는 생각이다. 이는 정부가 현 상태를 바꾸기를 얼마나 꺼리는지 잘 보여준다. 결국 가장 많은 보호를 받으며, 희생 제단에 올려진 소비자의 이익을 차지하는 것은 항상 재벌이다.

다른 나라들이 공익사업 규제 완화 쪽으로 빠르게 움직이고 있거나 이미 옮겨간 때에 타성에 젖은 정부의 태도는 특히 눈에 거슬린다. 가스 시장은 많은 국가에서 규제를 완화하고 있거나 이미 완화했다. 영국, 뉴욕, 캘리포니아, 조지아, 펜실베이니아, 메릴랜드, 온타리오, 앨버타 등이 그 예다. 가정이나 기업은 가스 회사뿐 아니라 공급자에게서 직접 경쟁력 있는 가격으로 가스를 구매할 수 있다. 가스 회사는 가스를 배급하고 규제된 요금을 부과하는 가맹점을 보유하고 있다. 모든 경우, 규제 완화는 가스 유통에서 가스 판매를 효과적으로 분리한다. 제품은 경쟁력 있는 가격으로 구매할 수 있지만 배송비는 규제되는 표준 요금을 적용받는다. 이는 마치 전화로 우유를 주문하면 택배사가 배달해주는 것과 비슷하다. 우유는 상품이고 공급자마다 가격이 다르지만, 공급자는 택배사가 제공하는 배송 시스템을 이용한다. 고객이 지급하는 비용은 상품(우유)과 배송에 대한 비용이다. 가스의 경우 배송은 계속 규제받지만 공급은 자유시장이 될 것이다.

하버드 대학 연구에 따르면, 1980년대 중반 미국은 가스 산업에 대한 규제를 도매 수준에서 완화하기 시작했는데, 그 결과 대형 상업·산업 고객들의 가스 가격이 약 35% 하락했다. 다만 주거용 소비

자 가격은 소폭 변동했다. 그럼에도 규제 완화로 상당한 소비자 집단이 혜택을 보았다.[20]

1999년부터 영국의 모든 가스 및 전기 소비자는 이들 연료를 구매할 회사를 선택할 수 있게 되었다. 가스전력시장국Office of Gas and Electricity Markets, OFGEM에 따르면, 경쟁 시장은 소비자들의 비용을 상당히 절감해주었다. 가스전력시장국은 영국의 가스 및 전력 산업 규제 기관으로 1986년 가스법, 1989년 전력법, 2000년 공익사업법에 따라 권한을 부여받았다. 가스전력시장국은 가스 및 전력 회사에 면허를 허가하고 회사들을 감시하며, 필요한 경우 규칙 이행을 보장하기 위한 조치를 취하고, 경쟁을 촉진하며, 가격 통제와 기준을 설정하여 경쟁이 효과적이지 않은 영역을 규제한다.

홍콩 정부가 홍콩 밖 세상을 살펴볼 의지만 있다면 교훈이 될 만한 공익사업 규제 완화 사례는 얼마든 찾을 수 있다. 뜻이 있으면 길이 있다. 홍콩 소비자들은 오랫동안 부당한 대우를 받아왔고, 정부는 기업 이익의 수호자처럼 행동해왔다. 공익사업은 일상에 필수적이다. 규제받는 경쟁은 사회적으로 정당할 뿐만 아니라 홍콩 경제의 발전 단계를 감안할 때 절대적으로 필요하다. 소비자에 대한 착취와 시장 지배력 남용을 통한 부의 축적이 홍콩 사회에서 더 이상 용납되어서는 안 된다.

가스의 생산과 공급은 본질상 독점적인 것이 아니며, 운송 및 분배로부터 분리되어야 한다는 연구 결과도 있다. 람편리는 천연가스 도입이 경쟁의 기회를 제공한다는 1997년 자문 보고서의 결론을 지지한다. 새로운 천연가스 공급업자들은 비용을 지급하는 조건으로 가스 회사의 기존 공급망을 이용해 천연가스를 운송할 수 있다. 람펀리는 가스 생산과 공급 경쟁이 소비자 가격을 낮출 것이라고 본다. 한편 가스 회사는 운송·분배망에 대한 관리를 유지할 수 있지만, 이 운송·분배망은 규제 대상이 될 것이다. 또한 람펀리는 시범 단계로 정부가 연료 공급이 필요한 신규 개발지 같은 특정 부문을 먼저 경쟁에 개방하길 제안한다. 만약 이것이 성공하면 다른 분야로도 확대할 수 있다. 소비자들은 선택권을 갖게 되는 것을 반길 테고, 가격이 저렴하다면 더욱 반길 것이다.

슈퍼마켓 ─

대부분 홍콩 사람들에게 슈퍼마켓에서 식료품이나 일상용품을 사는 일은 매일 또는 매주 반복되는 일과다. 하지만 홍콩 사람들은 고착된 슈퍼마켓 시장 구조 때문에 그들의 제품 선택의 자유와 가격 협상력이 위태로워졌다는 사실을 깨닫지 못하고 있다. 홍콩의 슈퍼마켓은 시장 점유율 집중도가 매우 높다. 1994년 소비자위원회 보고서에 따르면, 슈퍼마켓 시장은 사실상 두 개의 강력한 체인인 파크앤숍과 웰컴이 지배하고 있다. 두 체인은 판매의 70%를 차지하며, 168개의 슈퍼마켓 사업자들과 이익을 나눠 갖는다.

보고서에 따르면, 홍콩에서 슈퍼마켓 산업은 1985년경부터 무르익기 시작했다. 이후 파크앤숍과 웰컴이 시장을 주도하면서 큰 체인들은 꾸준한 성장을 보였다. 1985년과 1993년 사이에 연간 매장 수 증가율은 파크앤숍이 5.4%, 웰컴이 7.5%였다. 1993년까지 파크앤숍은 165개 매장을 가지고 있었고 웰컴은 185개 매장을 소유하고 있었다. 이 두 체인의 매장이 시장 전체의 62%를 차지했다. 반면 다른 슈퍼마켓 매장 수는 같은 기간 연 4.3% 감소했다. 이 수치는 두 체인이 소규모 사업자를 희생시키면서 확장했을 가능성을 보여준다.

매장 점유율 62%의 두 체인이 시장 점유율 70%를 차지했다는 사실은 그들이 (신규 진입자들에게는 불가능한) 규모의 경제로부터 이익을 얻을 수 있었음을 시사한다. 또한 두 체인은 오랜 기간 값비싼 대대적 광고 캠페인을 통해 강력한 브랜드와 고객 충성도를 구축해왔다. 이 역시 신규 진입자들에게 잠재적인 진입장벽이다.[21]

대형 체인들이 시장에서 높은 성장률을 유지할 수 있었던 중요한 이유는 부동산 개발업에 종사하는 재벌 부모와의 긴밀한 관계 덕분이었다. 파크앤숍은 A. S. 왓슨의 소매식품 매장으로 허치슨/청쿵 그룹에 속해 있으며, 데어리 팜Dairy Farm이 운영하는 웰컴은 자딘/홍콩랜드 그룹의 일원이다. 허치슨이나 청쿵이 개발한, 슈퍼마켓 시설을 갖춘 부동산이라면 어디에서든 파크앤숍 매장을 발견할 수 있다. 마찬가지로 다수의 웰컴 매장이 홍콩랜드가 개발한 부동산에 입주해 있다. 이처럼 두 체인이 최적지를 독점하면서 다른 사업자를 크게 앞지를 수 있었을 뿐만 아니라 신규 진입자에게는 또 다른 진입장벽을 만들었다. 게다가 슈퍼마켓 운영비의 10%를 차지하는 홍콩의 임대료는 전체 비용의 1%가량을 차지하는 미국 등에 비해 훨씬 높다.

1994년 소비자위원회가 실시한 조사에 따르면, 슈퍼마켓 매장이 있는 106개 공공임대주택 단지와 HOS 단지 중 80%에 파크앤숍과 웰컴이 입점한 것으로 나타났다.

현재 슈퍼마켓 업계는 진입장벽이 극도로 높아 경쟁이 제한된 시장 구조다. 두 대형 체인의 시장 지배력은 당분간 어떠한 도전도 받지 않을 것이다. 진정한 독과점 시장이 형성되었는지는 학자들이 논의해야 할 주제다. 그러나 어떤 식으로든 경쟁이 억제된다면 소비자들은 정당한 수준을 넘어서는 비싼 가격을 지급하게 될 것이다. 1993년 이후 매장 수가 37% 증가한 파크앤숍(226개, 같은 그룹에 속하면서 다른 이름을 쓰는 소매점 포함)과 40% 증가한 웰컴(259개)을 보면, 경쟁을 희생시킨 대가로 두 체인의 시장 지배력이 더욱 강화된 것으로 보인다. 소비자들은 계속해서 더 많이 지출했을 확률이 매우 높다.

영국에서 홍콩에 버금가는 상황이 발생했다는 사실은 흥미롭다. 2001년 카디프 대학 로저 클라크Roger Clark 교수의 브리핑에 따르면, 1996년 영국의 두 대형 슈퍼마켓 체인인 테스코Tesco와 세인스버리Sainsbury가 식품 소매 판매의 32.7%를 차지했다. 반면 다른 유럽 국가에서 대형 슈퍼마켓 체인의 점유율은 프랑스 22%, 독일 21.4%, 스페인 16.8% 등으로 훨씬 낮은 비율을 기록했다. 클라크는 영국에서 낮은 수준의 경쟁이 만연하는 독과점 시장 구조가 형성되었다고 결론 내렸다. 2000년 경쟁위원회 보고서는 영국의 식품 가격이 프랑스, 독일, 네덜란드보다 평균 12~16% 더 높으며, 한 언론 보고서는 영국이 유럽과 미국보다 40% 더 높다고 주장했다.

또한 클라크에 따르면 1996년 주요 슈퍼마켓 체인들은 평균 16.2%의 수익률을 냈는데, 이는 영국의 산업 평균인 11%보다 높다. 이러한 수익률은 위험도가 낮은 업종임을 고려할 때 대수롭지 않은 게 아니다.

홍콩에서 두 대형 슈퍼마켓 체인의 시장 집중도는 70%로 영국의 32.7%보다 두 배 이상 높다. 그렇다면 홍콩 소비자들은 아마도 정상 가격보다 더 높은 가격을 지급해왔을 것이다. 또한 주요 체인들은 시장 집중도가 높지 않았을 때보다 더 높은 수익을 냈을 것이다.

클라크가 지적했듯이 소규모 납품업체들은 대형 슈퍼마켓 체인의 반경쟁 관행에 취약할 때가 많다. 영국의 경험에서 보면, 대형 체인들은 시장 지위를 이용해 납품업체에 제품을 빼겠다고 위협하며 낮은 가격으로 제품을 공급하라고 압박할 수 있다. 클라크는 독과점 체인의 구매력이 그 힘을 남용할 여지를 만든다고 지적한다. 대형 체인이 납품업체에 수수료 등을 부과하는 것도 일반적인 관행이다. 이러한 시장 행태와 관행은 2000년 영국 경쟁위원회의 조사로 이어졌으며, 2000년 10월 보고서에서 경쟁위원회는 소규모 납품업체에 대한 구매력 남용에 대처하기 위한 새로운 행동강령 도입을 제안했다.

실제로 두 거대 체인이 엄청난 협상력을 발휘하면서 홍콩의 소비자뿐 아니라 납품업체들이 두 체인의 시장 지배력에 시달렸다. 소비자위원회 보고서에 따르면, 소규모 납품업체들은 대형 슈퍼마켓 체인들이 높은 입점 수수료, 판촉 할인, 판촉 기금 출연, 충성 조항 등과 같은 혹독한 거래 조건을 관행처럼 부과하는 행태에 대해 불만을 토로했다. 이 보고서는 소규모 납품업체가 중국의 신년 쇼핑 행사에 참여하면 두 독과점 체인으로부터 보복받을 수 있다는 위협 때문에 행사 참여를 포기한 사례를 소개했다. 두 독과점 체인은 소규모 납품업체가 성수기에 쇼핑 행사에 참여하는 것을 자신들에 대한 직접적인 도전으로 보았다. 때때로 소규모 납품업체들은 슈퍼마켓 진열대에 신제품을 선보일 수도 없다. 게다가 충성 조항 때문에 경쟁 슈퍼마켓에 동일 브랜드를 납품할 수도 없다. 보고서에 따르면, 두 독과점 체인이 서로의 제품 유형을 따르는 경향이 있고, 그 결과 새로운 제품이 판매대에 진열될 가능성이 낮아지면서 소비자의 선택이 제한받고 있다. 또한 중복되는 브랜드가 줄어들면서 슈퍼마켓 간의 가격 비교가 어려워졌다.

소비자위원회 보고서의 또 다른 중요한 발견은 4대 슈퍼마켓 체인(두 독과점 체인과 차이나 리소스China Resources, 키티 앤드 케티 그룹 Kitty and Kettie Group) 사이에서 진행되고 있는 소매가격 관리resale price maintenance, RPM 관행이다. 이는 체인들이 공급업체가 권장하는 가격을 채택하고, 만약 어떤 체인이 권장 가격보다 낮은 가격으로 판매하면 공급업체가 그 체인을 벌주기 위해 공급을 중단하는 것을 의미한다. 업계가 이러한 관행을 채택하면서 슈퍼마켓 체인 간의 가격경쟁은 미미해졌다. 반면에 힘센 체인들이 가격을 인상하고 싶을 때는 공급업체들이 가격 인상에 앞장서도록 압력을 가한다. 물가를 인위적으로 끌어올리는 시장 구조에서 궁극적인 피해자는 소비자다.

미국과 영국, 대부분의 유럽연합 국가들처럼 경쟁법(반독점법)이 시행되고 있는 국가에서는 공급업체가 소매업자에게 특정 가격 이상으로 제품을 판매하도록 요구하는 것은 반경쟁적인 제약이기 때문에 소매가격 관리 관행은 오랫동안 금지되어왔다. 홍콩에 이러한 관행이 존재한다는 사실은 소비자가 자신의 생존과 관련된 산업에서 공정한 가격 결정을 위해 힘든 싸움을 앞두고 있음을 보여준다.

아이러니하게도 세계에서 두 번째로 큰 글로벌 체인인 까르푸가 홍콩 진출 이후 얼마 지나지 않은 2000년에 철수를 결정했을 때 홍콩 슈퍼마켓 산업에 진정한 경쟁을 도입할 기회가 사라져버렸다. 까르푸는 1996년 홍콩에서 인구가 가장 많은 민간주택지 중 하나인

헝파췐杏花邨에 매장을 내면서 홍콩 시장에 진출했다. 까르푸의 불행한 경험은 1997년 5월 소비자위원회에 제출한 공급업체의 반경쟁적 가격 담합 관행에 대한 공식 불만에 요약되어 있다. 일련의 조사후 소비자위원회는 1997년 9월 보고서에서 언급한 바와 같이 소매가격 관리가 존재한다고 발표했다. 공급업체는 소매가격 관리가 자신들의 이윤을 보호하고 소규모 상점들의 폐업을 막기 위해 필요한 조치라고 항변했다. 그러나 높은 땅값과 두 대형 체인의 지배적 위치를 고려할 때 까르푸가 권장 소매가격 이하로 판매하려는 전략은 새로 진출한 업계에서 발판을 마련하는 데 필수적이었다. 까르푸의 관점에서 소매가격 관리는 법으로 금지해야 하는, 시대에 뒤떨어지고 받아들일 수 없는 거래 제약이었다.

1997년 보고서를 보면 공급업체들도 나름 할 말이 있다. 그들에 따르면, 만약 한 슈퍼마켓이 권장 소매가격보다 낮은 가격으로 판매하면, 다른 슈퍼마켓들도 자신들의 이윤을 희생하지 않으면서 그 가격을 따르려 한다. 이때 후자의 슈퍼마켓들이 공급업체에 보상금(권장가격과 인하된 가격의 차액)을 요구하는 것이 통상적인 관행이다. 이 경우 공급업체는 후자의 슈퍼마켓들에 보상금을 지급하기보다는 할인을 단행한 슈퍼마켓에 처벌의 의미로 제품 공급을 보류한다. 또한 공급업체로부터 대량 할인을 받아 도매가보다 낮은 가격으로 판매하는 재력이 튼튼한 체인을 상대하려면, 공급업체들은 소매가격을 관리해 자신들의 이익이 침해받지 않도록 하는 것 말고는 달리 방법이 없다. (소매점이 공급업체로부터 도매가로 사는 것보다 슈퍼마켓에서 소매가로 더 싸게 살 수 있다면, 소매점이 공급업체로부터 직접 구매를 중단하게 되어 공급업체의 평균 이윤이 떨어지게 된다.) 이러한 방식이 슈퍼마켓 업계의 공급업체에는 합리적인 가격 정책으로 보일지 몰라도 소매가격 관리는 산업의 효율적인 작동을 방해하는 반경쟁적 시장 관행을 대표하며 무엇보다 소비자의 이익을 해친다.[22]

소비자위원회는 소매가격 관리 관행을 검토할 관리기구를 설치해야 한다고 적시했지만, 불행히도 위원회의 권고는 무시되었다. 까르푸가 철수를 결정한 것은 정부 측의 무대응 때문이었을까? 어떻든 간에 이 프랑스 그룹의 철수 결정은 홍콩 소비자들에게 나쁜 소식일 수밖에 없다. 또한 국제적으로 알려진 그룹이 어떤 이유로든 홍콩에서 계속 경영하는 것이 불가능하다는 사실은 홍콩이 세계에 보내는 최악의 신호이기도 하다.

공공버스 —

홍콩의 대형 공공버스 프랜차이즈 업체 두 곳은 개발업 재벌들이 지배하고 있다. 상장기업인 트랜스포트 인터내셔널 홀딩스는 선훙카이 부동산의 자회사이며, 뉴월드 퍼스트 버스New World First Bus는 신스지발전 그룹이 관리한다. 프랜차이즈 버스 서비스는 홍콩 대중교통 승객 운송의 3분의 1 이상을 차지한다.

다른 교통수단이 더 경쟁력 있다고는 하지만, 공공버스 노선이 잘 구축되어 있고 철도나 미니버스보다 요금이 낮아 대부분 저소득층과 중산층은 공공버스를 선호한다. 이처럼 서민들의 일상에 필수인 교통수단이 사실상 경제적 영주들의 통제하에 있다.

공공버스 서비스 조례가 정한 수익 관리 계획에 따르면, 사업자의 허용 수익률은 평균 순고정자산에 근거해 결정된다. 1997년에는 허용 수익률이 13%였다. 1997년 이전에는 버스 운영업체가 16%의 수익률을 누렸다. 수익이 평균 순고정자산과 연계되면서 필요 없이 자산 기반을 끌어올리려는 인센티브, 즉 버스를 더 많이 확보하려는 동기가 생겼다. 이는 공공버스 사업자들이 요금을 인하하려는 동기가 거의 없다는 뜻이기도 하다.

2000년 12월부터는 공공버스 프랜차이즈 업체들이 요금 인상을 신청할 때 '수정된 요인 바스켓Modified Basket of Factors, MBOF'을 따라야 한다. 이때 복합 소비자 물가 지수가 대중의 수용 가능성을 나타내는 참고 자료로 사용된다.[23] 반면 공공버스 서비스 조례에는 요금 인하 규정이 포함되어 있지 않다. 그래서 1998년부터 2002년까지 전개된 디플레이션에도 정부는 공공버스 사업자들에게 요금 인하를 강요할 수 없었다.

일반 대중이 금융위기에 허덕이던 1998~2002년 동안 주룽버스는 연평균 1억 1600만 미국달러가 넘는 수익을 올려 연간 총수익률

12.5%를 달성할 수 있었다.[24]

2006년 1월이 되어서야 MBOF에 유연한 요금 조정 공식이 포함되었는데, 경제 상황에 따라 정부가 요금을 하향 조정할 수 있도록 했다.

MBOF에서 유일하게 공공의 이익이 되는 요인은 사업자가 벌어들인 운영수익에서 업계의 가중평균 자본비용인 9.7%를 제한 나머지 잉여수익의 50%를 승객과 (운임 할인 형태로) 공유하는 것뿐이다.[25] 2006년 법무위원회 브리핑에 따르면, MBOF에 담긴 또 다른 요인으로는 "최종 요금 조정 이후 운영 비용과 수익의 변화, 미래 비용과 수입 및 수익에 대한 예측, 사업시행자에게 합리적인 수익률을 제공할 필요성, 공공의 수용성 및 제공되는 서비스의 수량과 품질" 등이 있다. 이 용어들만 봐도 사업자의 이해관계가 승객들의 이해관계보다 훨씬 더 구체적으로 표현되어 있음을 알 수 있다.

요금 조정 공식은 임금 지수(사업자를 인건비 상승으로부터 보호), 복합 소비자 물가 지수(전체적인 경제 여건 반영) 및 사업자의 생산성 향상(모든 요금 인상에 대한 조정자 역할)이라는 변수를 고려한다. 그런데 이러한 변수가 합리적이라 하더라도 요금 조정을 고려하기 위한 출발 기준점으로만 사용될 뿐 자동적인 결정 요인은 아니다. 요금 조정의 최종 결정은 여전히 경제 엘리트들이 선출하는 위원회 의장에게 달려 있다.

4
—
토지와 경쟁

마음은 아무것도 모르는 이유가 있다.

　　　　　　　　　　　　　　　　　　－ 블레즈 파스칼

홍콩의 토지 제도는 소수의 특권층을 부유하게 하는 데 일조했을 뿐만 아니라 주요 경제 부문에서 경쟁이 결여되게 만들어 특권층의 경제력 집중과 부의 축적 과정에 기름을 부었다. 토지 독점으로 소수는 부유해지고 대다수는 빈곤해졌는데, 이는 식민지 정부가 시행한 토지 정책과 자유방임주의 탓이다. 그 과정에서 토지 독점을 통해 엄청난 부를 획득한 개발업 재벌들은 부동산 시장에서 경쟁을 거의 없애버리고, 다른 경제 분야를 독점하며 더 많은 부를 축적했다. 동시에 경쟁법은 물론이고 위반자에 대한 징벌적 조치 역시 부재하여 토지가 창출한 엄청난 부를 소유한 이들이 거의 아무런 제재 없이 부동산과 다른 경제 부문에서 경쟁 영역을 짓밟고 돌아다닐 수 있었다. 규제받지 않는 부와 경제력의 집중은 극단으로 치우치게 되어 누구나 예상할 수 있는 끔찍한 결과를 가져온다.

과거 정부의 협조적인 토지 정책에 힘입어 재벌들은 폭락을 겪기 전 토지 및 부동산 시장에서 악랄한 가격 상승세를 유지할 수 있었다. 그 과정은 이렇게 진행된다. 땅값 상승은 부동산 가격과 임대료 상승을 이끈다(대중이 이것을 당연한 인과관계로 믿게 되었기 때문에 개발업체들은 결코 손해 보는 사업을 하지 않는다). 높은 부동산 가격과 임대료는 일반적으로 소비자 가격을 밀어 올린다(임대료가 소매 제품과 서비스에 포함되기 때문이다). 그리고 높아진 부동산과 소비자 가격은 더욱 높아질 땅값에 대한 기대를 불러일으킨다.

땅값 상승은 개발업체들의 최종 상품 가격과 임대료를 인상시키고 수익성을 높이는 것 외에도 그들이 보유한 거대한 토지은행과 대형 임대 부동산 포트폴리오의 순자산 가치를 높이는 데도 도움이 된다. 가격을 쫓는 회전목마는 1980년대와 1990년대에 걸친 부동산 붐에 출현했다. 그리고 이 기간 개발업체들이 벌어들인 놀라운 이익을 볼 때 회전목마는 개발업 재벌들을 위해 완벽하게 작동했다. 이는 또한 시장이 침체했을 때 왜 그렇게 개발업체들이 홍콩특별행정구 정부에 토지 공급을 줄이도록 끈질기게 로비했는지를 설명해 준다. 그들의 가장 중요한 목표는 땅값을 올리는 것이기 때문이다. 일단 개발업체들이 땅값을 올리는 데 성공하면, 자동적으로 상승의 소용돌이가 다시 한번 휘몰아치기 시작한다.

언론 인터뷰에서 (홍콩부동산건설상회를 대변해) 스탠리 호는 식민 정부가 시행한 고지대 정책을 재수립할 것을 촉구했다.[1] 제한적인 토지 공급 시스템에서 비롯된 높은 땅값은 토지를 과다 보유한 재벌들의 재산 형성에 도움을 준다. 토지 자산을 축적하면서 재벌들은 부동산 게임에서 점점 더 우세해지고 경제 분야에서 지나치게 강력해졌다.

주요 재벌들이 축적한 토지 자산은 한편으로 부동산 부문의 경쟁에 대항하여 작동했다. 자본이 부족한 개발업체들은 재벌이 보유한 입지 좋은 대규모 부지(가령 MTR 부지)와 경쟁하는 것이 불가능함을 잘 알았다. 이러한 부지는 소유주에게 항상 훌륭한 수익을 안겨주었으며, 결국 현금 부자인 재벌의 토지은행에서 모든 일이 마무리되었다. 그 결과 부유한 개발업체들은 더욱 부유해졌다. 부동산 게임은 처음에는 자본 집약적이었지만 지난 수십 년간 토지 비축 기술과 시장 지배를 통해 성장한 재벌들에 의해 더욱 독점적으로 변했으며, 소규모 개발업체들은 점점 더 시장에서 밀려나고 있다. 또한 거대한 농지은행과 공익사업용 부지를 소유한 재벌들은 임대 계약 변경 제도 덕분에 토지 비용 면에서 큰 우위를 점하게 되었다.

다른 한편으로 토지 자산은 경제 전반의 경쟁에 심각한 장애물이기도 하다. 토지 자산을 보유한 재벌들은 막강한 재력을 앞세워 상대적으로 위험도가 적은 경제적 자산을 선택할 수 있기 때문이다. 이러한 경제적 자산은 무위험 독점물이거나 토지와 관련되었거나 아니면 둘 다이다. 과거의 취득 사례는 이전 장에서 이미 열거했다. 취득 대상은 대부분 상대적으로 위험이 없는 독점물이거나 독점 운영권이거나 토지가 많은 기업이었는데, 이들은 최소한의 위험으로 막대한 부를 가져다주었다. 재벌 말고는 누구도 이들을 취득할 만한 경제력이 없었다. 예컨대 리자청 가문이 허치슨 왐포아나 홍콩전력처럼 부를 증식하는 자산을 취득할 수 있었던 것은 분명 재정적 우위 덕분이었다.

다시 말해 타의 추종을 불허하는 토지 자산이 재벌들에게 더 많은 부를 안겨주었으며 앞으로도 계속 그럴 것이다. 그러한 부는 재벌의 마음을 사로잡은 어떤 것이라도 획득할 수 있게 해줄 것이다. 토지 자산과 경쟁 규제의 부재 덕분에 재벌들은 부동산 부문에서 그랬듯이 그들이 원하는 거의 모든 분야에서 경쟁을 쉽게 밀어낼 수 있다. 이를 위한 제물은 홍콩의 경제 효율성, 자유시장 정신, 그리고 사회정의다.

토지를 많이 보유한 재벌들은 부동산 호황기에 조금도 힘들이지 않고 부가 쏟아져 들어오는 것을 보았다. 그들은 정부가 진행하는 토지 경매에서 토지 확보에 갈급한 소규모 개발업체들이 공격적인 입찰로 땅값을 올리는 것을 가만히 앉아 지켜보곤 했다. 적당한 때에 그들은 딱히 구매 의사가 없어도 입찰에 흥미를 더하고자 한두 차례 손을 들곤 했다. 경매 진행자가 마침내 의사봉을 세 번 두드리며 낙찰되었음을 공표할 때 재벌들의 순자산은 무려 수십억 달러가 상승하곤 했다. 그렇다고 재벌들이 경매에서 항상 토지 구매를 포기하는 것은 아니었다. 경매 부지가 규모, 전망, 위치 면에서 독보적일 때는 공격적으로 입찰에 응했다. 그리고 구매력이 월등한 그들은 항상 원하는 부지를 얻었다.

가장 가치 있는 부지는 가장 재력이 좋은 재벌에게 팔리기 마련이다. MTR 공항철도를 따라 가장 번화한 도심역 인근에 값비싼 부지 여러 개를 확보한 선홍카이 부동산이 그 예다. 여기에는 복합용도(호텔, 사무실, 쇼핑센터, 서비스 아파트 등)로 건설 가능한 바닥면적 총 468만 제곱피트의 주룽역 패키지 5, 6, 7이 있다. 그리고 주거용 바닥면적이 107만 제곱피트인 같은 역 패키지 3이 있다. 주거용 공간이 111만 제곱피트인 올림픽역 패키지 3도 있다. 마지막으로 부속 상가 바닥면적이 213만 제곱피트에 달하는 홍콩역의 제1, 제2 국제금융센터(지분 47.5%)가 있다. 이러한 건물들은 모두 교통의 요지이자 항만이 잘 보이는 역사 위나 근처 편리한 곳에 위치한다. 이같은 황금 부지의 독점은 미래의 소득 흐름이 거의 보장되었음을 의미한다. "땅은 부다"라는 중국 속담은 확실히 홍콩처럼 토지가 희소한 곳에서는 사실이지만, 땅이 많은 개발업 재벌들보다 이 말이 더잘 들어맞는 예도 없다. 순전히 개발 규모 때문에 주룽역 패키지 5, 6, 7에 세 입찰자만 참여할 수 있었다는 사실은 부동산 게임이 사실상 소수의 재벌을 위한 독점적 게임임을 보여준다.

현재 상황을 보면 소수의 재벌이 이미 주요 경제 분야의 목을 조르고 있다. 그 덕에 그들은 세계적인 부호가 되었다. 주로 토지에서 비롯된 엄청난 부가 이들 거물의 자산 사냥을 가능케 하는 무기다.

재벌들이 손댄 부문에서는 경쟁이 부족하기에 그들이 선택한 자산은 많은 돈을 안겨주었다. 재벌들은 앞으로도 기회가 생길 때마다 땅을 포함한 더 많은 경제적 자산을 삼키기 위해 재정적 우위를 이용할 것이다. 정부가 토지 공급을 제한함으로써 고지대 정책을 수용하고 경쟁법 도입을 회피하는 한 거인들은 만족을 모르는 포식으로 괴물이 되어 경제가 쪼그라들 때까지 경쟁을 억누르고 성장을 방해할 것이다.

토지·주택 정책의 결함들 —

토지는 한정되어 있기에 귀하다. 특히 인구 밀도가 높은 홍콩에서는 더욱 그렇다. 따라서 이 귀중한 자원의 수호자인 정부는 처분과 분배에 신중할 의무가 있다. 그러나 소수의 경제적 영주들에 의한 토지 독점은 식민통치하의 개발업체 편향적인 토지 정책과 더불어 부와 경제의 극단적인 집중을 초래했다. 한편 홍콩은 인위적인 고지가 정책(토지 공급을 연간 50헥타르로 제한)의 참담한 결과에 오랫동안 시달려왔다. 이러한 정책의 수혜자는 오로지 정부와 개발업 재벌뿐이었다. 임대료는 일반 기업의 전체 사업비에서 큰 비중을 차지하는데, 높은 땅값에 따른 높은 임대료는 기업의 효율적인 경영을 방해했고, 홍콩의 외국인 투자 유치 능력을 떨어뜨렸다.

고지가로 인한 높은 주택 가격은 일반인이 기본적인 보금자리를 갖기 위해 많은 돈을 내야 한다는 뜻이다. 가장 큰 아이러니는 1997년 정점에 달했던 주택 가격과 임대료가 2002년과 2003년 각각 65%, 50% 하락했음에도 2002년 7월 머서 휴먼리소스 컨설팅사 Mercer Human Resources Consulting가 실시한 조사에서 홍콩이 세계에서 생활비가 가장 비싼 도시로 선정되었다는 것이다. 홍콩의 생활비는 뉴욕보다 24.2%나 높았다.

사무실 임대료는 최고점에서 상당히 떨어졌지만, 소매상점 임대료는 하락 압력에 훨씬 더 강하게 버텼다. 이는 소매업계에 대혼란을 초래한 사스의 맹공격을 받은 2003년 봄에도 대형 건물주들이 소매업자들의 임대료 인하 요구를 완강히 거절했기 때문이다. 2002년 말 랭 앤드 시먼스Laing & Simmons의 연간 보고서Main Streets Across the World Study에 따르면, 코즈웨이 베이의 소매상점 임대료는 세계에서 세 번째로 비쌌다. 세계 소매상점 임대료 조사에서도 홍콩은 2000년까지 3년 연속 아시아에서 가장 비싼 지역으로 꼽혔다. 높은 사업비와 생활비는 홍콩의 경쟁력을 전반적으로 손상했으며, 앞으로도 경제 회복을 지연시킬 것이다. 정부는 자문해야 한다. 땅과 부동산 시장을 부양하기 위한 대가가 너무 비싼 것은 아닐까?

논란이 된 '연간 8만 5000호' 목표를 폐지한 뒤로 정부는 부동산 업계의 로비 단체들로부터 토지·주택 정책을 어떻게 수립할 것인지 분명한 결의를 보여달라고 상당한 압박을 받았다. 애초 홍콩 정부는 주변국과의 가격 경쟁력을 회복하기 위해 부동산과 땅값을 끌어내려야 한다고 확신했던 것으로 보인다. 그러나 1998년 이후 홍콩을 휩쓴 지속적인 디플레이션의 소용돌이와 만성적인 경제난으로 홍콩 정부는 균형을 잃고 난국에 빠졌다. 홍콩 정부는 땅값을 낮게 유지하는 것과 더 높게 유지하는 방법 중 어느 편이 더 적합한지 확신할 수 없었다.

2002년 말 수립된 정부의 9개 항 계획에서 분명하게 나타나듯이 정부의 '교정' 조치는 개발업 재벌들이 가하는 압력에 굴복하는 것을 의미했다. 홍콩 정부는 거의 재벌을 위해 운영되는 정부가 되었다. 한 가지 그럴듯한 이유는 정부가 새로운 토지의 유일한 공급자이고 중요한 수입원으로서 토지에 의존하고 있다는 것이다. 토지 수입은 1990년대 중반 재정수입의 30% 이상까지 차지했다. 공공 재원이 고갈된 현실에서 정부는 자신의 이해관계가 거대 개발업체들의 이익과 일치한다는 사실을 인정할 수밖에 없었다. 반면 홍콩 시민 대다수는 왜곡된 사회·경제 구조 속에서 계속 고통을 겪었다.

비록 공개적으로 선언한 적은 없지만, 정부가 친개발업체 행보를 보이는 이유는 고지대 정책으로 되돌아가려는 경향이 있기 때문이거나, 다른 모든 수단을 써버린 상황에서 적어도 더 높은 땅값과 부동산 가격이 홍콩의 경제적 병폐를 치료하기 위한 올바른 해결책이라는 믿음이 있어서인 듯하다. 토지와 부동산 가격의 반등이 경기 침체에서 벗어나는 가장 쉬운 방법이라고 여기는 것이다. 디플레이

선이라는 심각한 문제를 해결할 뿐만 아니라(정부는 부동산 가격 침체가 디플레이션의 주원인이라고 믿는 듯하다) 적자 예산 문제도 해결하고, 역자산 주택 소유주들의 불만도 해소할 수 있다. 이것이 만약 정부의 사고방식이라면 정부는 높은 땅값 및 주택 가격 정책이 또 다른 부동산 붐(심지어 작은 규모의 붐)을 촉발하는 부작용을 향해 눈을 감고 위험하게 나아가는 셈이다. 그리고 쉽게 속는 사람들이 열심히 번 돈을 다시금 개발업 재벌들의 주머니에 쏟아붓기 시작하면 재벌들이 부동산 부문과 경제를 더 강하게 움켜쥐게 된다. 또 다른 치명적 영향은 다른 아시아 도시들 그리고 중국 본토의 일부 도시들과 비교해 홍콩이 영원히 가격 경쟁력을 상실하게 된다는 점이다.

홍콩의 최대 토지 소유주이자 유일한 공공주택 공급자인 정부는 홍콩의 토지 및 부동산 시장에 대한 기득권이 있다. 정부는 항상 토지 매각에서 수입의 상당 부분을 해결했다. 이 때문에 정치권과 학계에서는 고지가 정책을 뒷받침하는 개발업체, 은행, 정부 간 동맹을 자주 언급해왔다. 9개 항 계획의 핵심 대책 중 하나였던 토지 매각 중단의 피상적 이유는 아파트 공급 과잉 문제를 시정하고 추가적인 가격 하락을 막아 공공의 이익을 지키겠다는 것이었지만, 이 조치는 정부 자신의 이익에도 부합하는 것으로 보인다.

한 경제 전략가가 주장했듯이 정부의 토지 매각 결정 과정에는 수익 극대화가 결정적 요소로 작용하는 듯하다. 즉, 시장이 침체된 상황에서 토지 가격이 낮을 때 정부는 토지 매각으로 시장에 공급

과잉을 초래하기보다는 차라리 매각하지 않으려 한다. 따라서 토지 매각 1년 중단은 정부가 자기 잇속만 챙긴 조치라고 할 수 있다. 무엇보다 토지 매각 중단은 개발업 재벌들이 절실하게 바라는 조치다. 이미 막대한 토지를 보유하고 있고 아파트 재고도 쌓여 있는 상황에서 이들은 토지와 부동산 가격이 하락하는 광경을 결코 보고 싶지 않을 것이다. 정부가 이들의 로비 압력 속에서 그와 같은 조치를 취했다고 단정해도 결코 비논리적이지 않다. 공공토지 매각 중단 조치는 미래의 철도 부지 공급 감소 조치와 더불어 정부와 개발업 재벌들의 이익이 긴밀하게 연결돼 있다는 사실을 폭로하는 핵심이다. 말할 필요도 없이 그들의 이익은 건전한 경쟁을 희생시킨 대가로 주어진다. 소규모 개발업체들과 신규 개발업체들이 상대적으로 저렴한 가격으로 토지를 매입할 기회가 사라지기 때문이다.

개발업 재벌들은 토지 제도의 직접적 결과로 막대한 토지 자산을 축적할 수 있었다. 제한적인 A/B 문서 입찰, 연간 50헥타르의 토지 공급 제한, 토지 임대 계약 변경 제도(농업용지, 공익사업 및 공공서비스 부지에 적용)와 같은 구체적인 정책은 모두 거대 재벌들에게 최고의 경쟁력과 시장 지배력을 제공하는 데 중요한 역할을 해왔다. 앞의 두 정책은 더 이상 적용되지 않지만, 세 번째 정책은 여전히 재벌들에게 유리하게 작용하고 있다.

높은 지가가 부동산 가격과 임대료 상승 효과 측면에서 개발업체에 혜택을 주는 것 외에도 임대 계약 변경에 따른 프리미엄 평가 제도 역시 농업용지나 공익사업, 공공서비스 용지를 소유한 개발업체에 토지 비용 면에서 확실한 우위를 제공하고, 결과적으로 그들의 이익을 증대시킨다. 임대 계약 변경은 경쟁입찰의 원칙에 입각한 공공 경매 및 입찰과는 전혀 다른 토지 가격 결정 방식이다. 임대 계약 변경에 따른 프리미엄 평가는 '이전'과 '이후'의 토지 가치 차이를 계산해 진행하며, 토지청과 임대 계약 변경을 신청한 개발업체 간의 협상에 따른다. 이러한 토지 프리미엄 결정에는 '경쟁' 요소가 없기 때문에 다른 모든 조건이 동일하다면 협상으로 결정된 지가는 경매나 입찰에서 결정된 지가보다 항상 낮다. 협상 과정에서 각 당사자는 자신의 토지 컨설턴트가 제공한 자료를 이용해 자신에게 유리한 주장을 펼친다. 상호 합의한 최종 수치는 기껏해야 임의적인 것으로, 신청자가 만족하지 않으면 언제든 협상을 중단할 수 있다. 신청서 제출 시점 역시 오로지 토지 소유자가 결정한다.

그러므로 방대한 농업용 토지은행과 공익사업, 공공서비스 용지를 보유한 개발업 재벌들은 해당 토지의 규모, 위치, 전망 등이 매력적이지 않다면 경매나 입찰에 참여해 다른 개발업체들과 경쟁할 필요가 없다. 재벌들의 평균 토지 비용이 오르든 내리든 의심할 여지 없이 중소 개발업체보다 훨씬 저렴하며, 이처럼 낮은 지가 덕에 개발업 재벌들은 부동산 게임에서 이길 수 있다. 개발업 재벌들이 확보한 우월한 토지 비용은 홍콩 토지 제도의 부산물로, 부동산 시장 구조에 깊이 내재한 반경쟁적 요소다. 의도치 않게 부동산 부문에서 경쟁을 저해해온 임대 계약 변경 제도의 복잡한 내용을 대중은 알지 못한다. 정부는 프리미엄 평가에 수반되는 기술적 복잡성을 핑계로 토지 프리미엄이 어떻게 결정되는지 대중에게 공개하지 않는다. 이 같은 정보 부족으로 대중은 토지 제도의 중요한 부분인 임대 계약 변경 제도의 효율성이나 공정성을 가늠할 방법이 없다.

더 이상 본래 목적으로 사용하지 않는 토지를 소유한 공익사업·공공서비스 사업자도 임대 계약 변경 제도로 혜택을 본다. 그들이 부동산 개발업으로 다각화할 수 있는 모든 법적 권리를 가지고 있는 만큼 여기서 공정성에 대한 중요한 의문이 생긴다. 왜 정부는 이러한 유휴지(사용되지 않는 발전소 부지, 주유소 부지, 버스 차고지 등)를 회수하여 최상의 사회적 이용(경매를 통해 가장 높은 가치를 획득하는 것 포함)을 하지 않는가? 이러한 유휴지는 본래 공익사업·공공서비스 목적으로 사용하도록 제공되었기 때문에 처음 목적이 다하면 회수하는 것이 맞다. 이러한 유휴지는 당사자 간 직접 약정한 토지 불하인 만큼 대중은 공공 자산인 토지를 제공하는 특정 조건을 비롯해 정부가 귀중한 천연자원을 처분하는 방식을 알 권리가 있다.

공익사업·공공서비스 목적으로 제공된 토지를 본래 목적에 맞게 엄격하게 사용해야 한다고 생각하는 것은 불합리하지 않다. 만약 토지가 더 이상 지정된 목적으로 사용되지 않게 되면, 경매 등을 통해 가장 높은 사회적·경제적 가치를 얻을 수 있도록 정부에 반환되어야 한다. 그런데 현행 토지 제공 관련 계약에는 회수 조항이 없어서 공익사업·공공서비스 회사가 해당 토지를 마치 사유재산처럼 취급하게 내버려 둔다. 이는 원래의 목적으로 토지가 필요하지 않게 되었을 때 그들이 토지 임대 계약 변경을 신청할 권리를 가지고 있다는 것을 의미한다. 이는 사회 전체의 이익에 반하는 토지 제도의 이면으로, 재계의 핵심 인물들이 악용해 그 과정에서 엄청난 부를 누리는 제도이기도 하다.

공익사업·공공서비스 부지 소유자들이 협상으로 결정된 토지 프리미엄을 지급하고 해당 토지를 수익성 있는 부동산으로 전환하는 과정에서 정부가 의도한 천연자원의 최상의 가치는 제대로 실현되지 않는다. 정부는 공익사업·공공서비스 부지 제공의 조건을 재검토해야 하지 않을까? 기존 공익사업이나 버스 차고지 목적의 토지 제공은 만기가 없는 임대로, 해당 토지 소유주는 임대 계약을 변경할 권리를 계속해서 행사할 수 있다. 그러나 임대 계약 변경에 수반되는 조건들을 더욱 엄격하게 검토해야 한다. 아마도 회수 조항을 적절하게 삽입한다면 좋을 것이다. 비록 과거에 진행된 토지 자산의 착취는 되돌릴 수 없다 하더라도 공정성 측면에서 미래를 위해 잘못을 바로잡는 일은 아직 늦지 않았다.

임대 계약 변경 프리미엄 평가 제도는 불투명하고 폐쇄적인 문 뒤에서 운용되는 듯하다. 이러한 토지 거래가 정부와 신청자 사이에서 진행된다는 점을 인정한다 하더라도 이는 공정한 토지 가치에 관한 것이고 일반 대중이 관심을 갖는 대상이다. 더욱이 말할 필요도 없이 (신청자의 이익으로 귀속되는) 부지의 가치 상승은 사회적 필요에 따라 공공에서 환경을 개선한 덕분이다. 경매와 입찰에서 발생하는 토지 수익 외에 임대 계약 변경 프리미엄 수익 역시 정부의 토지 수입에서 큰 부분을 차지한다. 정부는 적어도 그러한 프리미엄 평가에 대해 대중을 납득시킬 책임이 있다. 이 제도가 더 투명해진다고 해도 대규모 농지 소유주가 토지 비용 면에서 다른 경쟁자보다 우월하다는 사실은 변하지 않는다. 그러나 정부가 토지 공급을 늘리고 부동산 시장 경쟁을 장려함으로써 확신을 가지고 토지와 부동산 가격을 낮게 유지한다면, 낮아진 진입장벽은 개발업 재벌들을 조금은 무력하게 만들 것이다.

봉건시대에 통치자는 영주의 이익을 보호하곤 했다. 그들은 약자인 봉신을 함께 착취했다. 슬프게도 오늘날 홍콩 사람들은 자신들이 이룬 온갖 경제적 성취와 그간 배워온 민주주의의 온갖 미덕에도 불구하고 비극적인 옛 시절이 떠오르는 현상을 감지하고 있다. 홍콩 정부는 가장 귀중한 자원인 토지의 실질적 소유자로, 새로운 토지 공급과 건축을 관리할 뿐만 아니라 인구의 절반에게 공공주택을 제공한다. 그러므로 정부의 토지 및 주택 정책은 모든 사람에게 보금자리가 필요하다는 점에서 대중의 이익에 직접 영향을 미친다. 하지만 정부는 저소득층의 주택 수요보다는 유력 개발업체들의 이익에 더 큰 관심이 있음을 몸소 보여주었다.

9개 항 계획에서 중요한 조치 중 하나는 보조금을 받는 HOS 주택의 무기한 공급 중단이었다. 정부가 주택 시장에서 민간 개발업체들과 경쟁하지 않으려고 부동산 개발 역할을 중단하려는 것이 이조치의 배경이었다. 그러나 이는 HOS 주택 시장과 민간주택 시장이 가격 측면에서 항상 분리되어 있다는 진실(HOS 주택은 민간 시장대비 저렴한 가격으로 공급)을 외면한 것으로, 정부와 민간 개발업체사이에 직접적인 경쟁이 없다는 점은 의문의 여지가 없다. 이 조치는 사실상 반사회적인 것으로, 신축 주택을 살 여유가 없는 저소득층 구매자들은 이제 정부로부터 저렴한 신축 HOS 주택을 살 기회를 빼앗기고 아마도 구축舊築 주택 시장에서 낡은 주택을 사도록 강요받을 것이다. 민간 개발업체들은 이 조치를 환영한다. 무기력한구축 시장에서 매매 활동이 증가하면 더 좋은 주택에 대한 구매욕을어느 정도 자극하여 침체된 신축 주택 시장을 활성화하는 데 도움이되기 때문이다.

이는 본질적으로 비특권층의 복지를 희생시킨 근시안적이고 노골적인 친개발업체 정책이다. 정부가 내부 감축을 통해 개발업체로서의 역할을 축소해야 한다는 점은 인정하지만, HOS 주택의 무기한 공급 중단은 구매를 계획한 사람들의 선택권을 박탈하는 것이다. 또한 생활 조건을 개선하고자 하는 공공주택 세입자들이 HOS 주택시장에서 적당한 가격으로 주택을 소유할 기회를 빼앗는 것이다.

2001년 2월 당시 위스콘신 대학의 연구원이었던 유밍 푸Yuming Fu가 논문에서 지적했듯이 홍콩에서 소수 대형 개발업체가 신규 주택 공급을 독점하는 현상은 홍콩의 부동산 개발업에 몇 가지 진입 장벽이 존재한 결과였다. 그는 이러한 진입장벽으로 다음의 세 가지를 제시했다. ① 홍콩 부동산 시장은 가격 변동성이 높은데, 재정이 튼튼한 대형 개발업체는 시장 침체를 버틸 수 있으므로 높은 가격 변동성은 이들에게 유리하다. ② 대형 개발업체들은 높은 인구 밀도 덕에 가능해진 대규모 프로젝트라는 규모의 경제를 누릴 수 있다. 반면, 소규모 개발업체나 신규 진입자는 자금력이 부족해 그러한 장점을 누릴 수 없다. ③ 토지 공급이 제한되고 지가가 높아서 새로운 개발업체가 시장에 진입하기 어렵다.

더욱이 부동산 개발은 오랫동안 진행되며 계획, 설계, 승인에서 상당한 매몰 비용을 수반하는데, 이는 문턱이 높아 신규 진입을 저지할 수 있다는 뜻이다. 유밍 푸는 홍콩의 부동산 개발 시장에 경쟁이 부족하다고 결론 내리며, 홍콩의 주요 개발업체들이 높은 진입장벽을 이용해 토지 시장에서 (비정상적) 이윤을 챙기고 시장 지배력을 행사할 수 있었다고 분석했다. 이러한 이윤은 소비자와 기업의 부동산 비용을 상승시킨 직접적 원인이다. 대형 개발사들이 시장 지배력을 휘두르는 바람에, 토지를 획득하여 효율적으로 개발하려는 동기가 저해되는데, 그 결과 주택과 건물의 공급 탄력성이 감소한다. 또 유밍 푸는 정부가 보다 자유로운 토지 공급 정책을 채택한다면 장기적으로 토지 시장에 경쟁이 증가해 땅값이 낮아지고 더 많은 사업자를 유치할 수 있을 것으로 보았다.[2]

그러나 시장 침체 상황에서 재정 적자가 급증한 정부는 땅값 인하를 용인할 수 없다고 판단했다. 토지 공급을 줄이는 것이 토지와 부동산 가격을 부양하는 가장 신중한 처사라고 여겼기에 9개 항 계획을 채택했다. 그러나 그 선택은 시장 개입을 줄이겠다는 정부가 공언한 목표와 모순되었으며, 대지주인 대형 개발업체 외에는 아무도 이득을 보지 못했다. 또한 공공재정이 지나치게 토지 수입에 의존하는 구조는 그러한 토지 매각 정책이 과연 건전한지에 대한 근본적 의문을 불러일으켰다.

실제로 1997년 크리스틴 로Christine Loh, 陸恭蕙 전 입법의원은 정부가 토지 매각을 통해 세수를 늘리려는 정책에 반대 의사를 표명했다. 토지 매각이 높은 지가와 관련 있다고 보았기 때문이다. 로 의원은 홍콩 정부가 재정수입의 상당 부분을 충당하기 위해 토지 공급에 대한 통제권을 남용했다고 우려를 표했다. 또한 비싼 땅값은 일반 시민이 부동산을 살 때 부담해야 하는 높은 간접세의 형태로 작용했으며, 이는 정부가 과도한 재정 흑자를 내고 있다는 점을 감안할 때 부당한 것이었다. 반면 정부가 막대한 재정 적자를 내고 있을 때 토지 공급 제한 정책은 땅값을 올리거나 최소한 더 하락하는 것을 막기 위한 구실이 되었다. 인위적인 땅값 상승의 직접적인 피해자는 주택 구매자, 소규모 기업과 시장에 새로 진입하려는 개발업체다. 한마디로 과도한 토지 공급 제한은 시장 원리를 왜곡하고 인위적인 부족을 초래하기 때문에 시장 경쟁의 기본 원칙을 위반한다.

로 의원은 정부 관료 몇 명이 새로운 토지 공급 할당이나 제한을 결정하고 대중은 어떤 식으로도 참여할 수 없다는 데 비판적이었다.[3] 투명성 측면에서 볼 때 정부는 1990년대 초 대중에게 장기 토지 매각 프로그램을 제공하며 한 걸음 더 나아가긴 했다. 그러나 홍콩의 토지 공급 의사결정 과정은 지금도 여전히 비공개로 진행된다.

정부는 토지 수익에 대한 이해관계와 공익 사이에서 균형을 잡으면서 적어도 철학적으로는 토지 소유자의 역할보다는 토지 수호자의 역할에 더 많은 관심을 기울일 수 있었다. 정부가 새로운 역할의 관점에서 자신을 볼 때 비로소 저지가 정책의 장점이 보인다. 부동산 거품의 형성과 붕괴는 어떤 희생을 치르더라도 막아야 하는데, 이를 막을 유일한 방법은 신규 진입자의 진입장벽을 낮춰 경쟁을 장려하고, 주거용과 상업용 토지를 충분히 공급해 토지 가격을 상대적으로 낮게 유지하는 것이다. 땅값이 낮다고 해서 반드시 정부 수입이 줄어드는 것은 아닐 수 있는데, 공급 물량이 많아지면 부족한 수입을 보충할 수 있기 때문이다. 땅값이 낮아지면 자연스럽게 부동산 가격과 임대료가 낮아져 사업 활동뿐 아니라 주택 시장의 매매가 활발해지고, 그 과정에서 고용이 창출될 것이다. 또 임대료가 낮아지면 자영업 창업을 유발할 수 있는데, 이는 일자리를 구하기 어려운 중년의 해고 노동자들에게 최소한의 탈출구다.

디플레이션은 전체 경기순환 과정에서 거품을 제거하고 이전의 공급 과잉을 해소하는 자연스러운 조정 과정이다. 꼭 필요한 이 숨

고르기 기간은 홍콩의 에너지를 재충전하고 우선순위를 재확립하는 데 유용하게 활용할 수 있다. 거품 단계처럼 디플레이션 단계도 언젠가는 사라질 것이다. 그 사이 생활비와 사업비가 낮아지면 홍콩은 다른 이웃 나라뿐 아니라 중국 본토 도시들과 경쟁하기 더 좋은 위치에 놓이게 될 것이다. 경기가 회복되면 역자산 주택 소유자들은 전보다 밝은 미래와 높은 소득을 전망할 수 있기에 이전처럼 우울하지 않을 것이다. 식민지 정부가 고집한 고지가 정책이 더 이상 현재의 홍콩 정부를 구속해서는 안 된다. 홍콩 경제가 성공적으로 재편된다면, 정부가 공공의 이익을 염두에 두고 정부 재정의 토지 수입 의존도를 줄이고 개발업체들과의 토지 거래에서 투명성을 높이는 것이 무엇보다 중요하다. 다시 말해 정부는 개발업 재벌들과 같은 배를 타고 있다는 사고방식을 뿌리 뽑아야 한다.

둥젠화는 2003년 1월 시정보고에서 경제 구조 조정의 주도권은 민간에 두어야 하며, 정부는 하드웨어 및 소프트웨어 인프라 개발에 주력할 것이라고 강조했다. 다음은 경제 구조 조정 추진에서 정부의 역할을 규정한 그의 연설 일부다.

전 세계를 휩쓸고 있는 경제 구조 조정은 정부의 고유한 역할을 부각했습니다. 세계화 과정의 일환으로 교역 상대국을 설득해 시장 개방을 유도하든 아니면 지식 기반 경제 발전을 촉진하기 위한 기술 교육을 추진하든 여러 나라 정부들은 혁신을 추진하는 핵심 역할을 맡았습니다. 개방성이 높은 경제인 만큼 경제 성장을 활성화하기 위한 홍콩의 통화 및 재정 정책은 실효성이 낮을 것으로 보입니다. 대신 우리는 홍콩 경제의 경쟁력을 높이는 데 주력해야 합니다. 지난 5년간 정부가 거시적인 차원에서 중요한 시책에 착수해야 한다고 거듭 강조했습니다. 여기에는 교육에 대한 집중 투자, 경제 인프라의 고도화, 혁신과 기술 촉진, 사업 환경 개선, 새로운 시장 개척 지원, 생태계 및 환경 보호, 삶의 질 향상 등이 포함됩니다. 동시에 금융, 물류, 관광, 생산자 서비스 등 4대 경제 기둥에서 우리의 강점을 강화할 것입니다. 우리는 또한 경제 구조 조정을 서두르기 위해 모국의 급속한 발전을 이용해야 합니다. 이는 경제적 필요일 뿐만 아니라 우리의 책임을 다하고 지역사회에 대한 약속을 이행하는 데 필요한 중요한 과제입니다.

비록 연설에서 토지 정책 문제를 언급하지는 않았지만, 둥젠화는 부동산을 주요 경제 기둥으로 명명하는 것을 신중하게 생략한 듯했다. 이는 박수 받을 만하다. 경제 구조 조정은 홍콩이 직면해야만 하는 필요악이다. 과거에 경제 성장을 위해 부동산 부문에 지나치게 의존했다는 사실은 홍콩에 외화를 안겨주지 못하는 분야에 너무 많은 시간과 노력을 허비했음을 의미한다. 그 시간과 노력을 좀 더 혁신적인 지식 기반 분야에서 전문가와 숙련 노동자를 훈련하는 데 사용했어야 했다. 부동산 분야를 지나치게 중시해 사회 전체가 기술

불일치에 시달리고 있다. 부동산 부문의 영향력을 줄이기 위해 다른 적당한 틈새시장을 찾기란 거의 불가능해 보인다. 그렇다 하더라도 더 푸른 목초지를 찾으려면 바다를 건너야 한다.

정부는 높은 땅값과 부동산 가격이 구조 조정 노력의 적이며 홍콩의 경쟁력에 장애가 된다는 사실을 엄중히 받아들여야 한다. 고지가 정책은 이미 높은 수준의 경제 및 부의 집중을 한층 고조시킬 뿐이다. 둥젠화가 주장한 대로 홍콩 경제의 경쟁력 제고가 정부의 진정한 목표라면, 최우선 과제는 현재의 토지 및 주택 정책과 그 바탕이 되는 철학을 시급히 검토하는 것이다. 이때 그 철학은 공정성과 평등을 중심에 두어야 한다. 토지 정책은 사회 전체의 복지뿐만 아니라 모든 경제 분야의 안녕이 달려 있기에 정부 정책 중에서 가장 중요하다.

홍콩의 토지 정책에 대한 로 의원의 우려에 공감하며 홍콩민주촉진회香港民主促進會는 1999년 9월 소식지에서 "전반적으로 토지는 사업과 주거용으로 너무 부족하고, 지역지구제zoning regime에 의해 추가로 왜곡이 발생했다"라고 논평했다. 홍콩민주촉진회는 토지 공급과 분배 체계에 대대적인 개혁이 필요하다고 주장한다.[4] 유밍 푸의 논문(2001)과 소비자위원회 보고서(1996)도 같은 결론을 내렸다. 즉, 홍콩의 부동산 개발업은 경쟁이 낮으며, 거대 개발업체들이 시장 지배력을 행사하는 시장 구조에서 소비자들이 고통받고 있다는 것이다. 그런데 대중에게 가장 곤혹스러운 사실은, 이러한 모든 발견에도 불구하고 여전히 부동산 업계에 심각한 시장 왜곡이 존재하며 그러한 왜곡이 부의 첨예한 집중이라는 형태로 사회 전체의 이익에 심각한 손상을 입혔음에도 정부가 이러한 현실을 외면하기로 선택했다는 점이다.

9개 항 계획에서 보듯이 정부가 취한 조치는 경쟁 촉진 측면에서 자멸적인 것으로 보인다. 정부는 토지 공급을 줄임으로써 소기업과 신규 진입자가 침체된 시장에서 상대적으로 저렴하게 토지를 구매할 수 있는 기회를 차단해버렸다. 또한 정부는 경쟁을 촉진할 기회를 적극적으로 파괴했다. 토지 획득이 어렵고 지가가 높은 상황은 소기업과 신규 진입자에게 난관인 만큼 일시적으로라도 공공토지 매각을 중단한 것은 도움이 되지 않는다. 그런데도 정부는 부동산 시장을 뿌리 깊은 과두제의 지배하에 두는 데 만족하는 듯하다.

소비자위원회는 1996년에 작성한 민간주택 시장 경쟁력에 관한 보고서에서 주요 개발업체들의 특정 시장 행태가 소비자의 선택권 축소, 가격 상승, 가격 비교 능력 저하를 초래했으며, 주요 개발업체들이 시장 분위기에 일정 정도 영향을 미칠 수 있다고 밝혔다. 개발업체들이 자주 사용하던 공급 방식 중 하나는 아파트를 일괄 출시하는 것이다. 개발업체들은 시장 반응을 시험하기 위해 이러한 방식을 사용했지만, 가격 차별이라는 형태로 공급을 규제하는 효과가 나타났다. 이는 경쟁이 치열한 시장에서는 불가능한 방식이다. 또 보고서는 1994년 1월부터 1996년 5월까지 정부가 4만 40호 규모의

57개 프로젝트에 대해 사전 판매 동의서를 발행했는데, 이 중 40% 만이 판매 예정이었고 나머지 60%는 판매 미정이거나 내부 판매 예정이었다는 사실을 지적했다. 이러한 의도적인 판매 지연 전략 역시 경쟁이 치열한 시장에서는 불가능하다.

소비자위원회 보고서는 홍콩의 신규 주택 시장이 경쟁이 낮고, 제한된 토지 공급과 고지가라는 진입장벽으로 경쟁이 이루어지기 어렵다고 밝혔다. 소비자위원회 보고서는 기존 시장 구조하에서 과연 소비자에게 최선의 이익이 제공되었는지 반문했다. 그리고 ① 진입장벽을 낮추고, ② 반경쟁적 시장 행위를 방지하는 조치를 도입하고, ③ 소비자가 신뢰할 만한 부동산 정보에 접근할 수 있도록 하여 시장 지배력의 남용을 막기 위한 경쟁을 장려해야 한다고 권고했다.[5] 그러나 권고 사항이 아무리 합리적이라 하더라도 꽉 막힌 귀에는 전달되지 않았다.

침체된 경제에서 사회 전체가 고통받고 있다. 노동자와 저소득층은 훨씬 더 큰 고통을 겪고 있다. 모두가 자기 십자가를 지고 있다. 정상적인 시기에도 정부의 최우선 과제는 부자와 권력자가 아닌 사회적 약자를 돕는 것이어야 한다. 경제 불황기에 이러한 우선순위는 매우 중요하다. 이런 기본적인 심판 역할을 감당하지 않는다면 어떻게 정부가 옳고 공정한 정책을 채택하리라 기대할 수 있겠는가? 정부가 9개 항 계획을 채택한 이유가 무엇이든 간에 이 계획의 효과를 요약하면, 정부가 부동산 시장의 경쟁을 희생시키고 사회 전체에 피해를 끼치면서 소수 특권층의 이익을 보호했다는 것이다.

홍콩, 경쟁법을 거부하다 ─

홍콩이 자유시장 경제를 가진 세계적 도시라고 주장하지만, 정작 홍콩 정부는 시장에서 진정한 자유를 보장할 포괄적인 경쟁 정책과 관련법 제정을 가로막았다. 1996년 11월 소비자위원회는 몇 가지 제안을 담은 경쟁 정책 보고서를 발표했다. 그러자 정부는 '경쟁 정책에 관한 성명'으로 대응하고, 이른바 '경쟁 정책 자문단Competition Policy Advisory Group, COMPAG'을 설치했다. 정부 성명에서 "정부는 전면적인 경쟁법 제정의 필요를 느끼지 못하며", "경쟁 정책 자문단은 모든 정부 기관이 성명을 준수하도록 요청할 것이며", "모든 기업이 경제 효율성이나 자유무역을 저해하는 제한적 관행을 자발적으로 중단하고, 새롭게 도입하는 것도 자제할 것을 촉구한다"라고만 밝혔다. 경쟁 정책 자문단은 재무국장 등 정부 관계자 아홉 명과 소비자위원회 대표 한 명으로 구성된 비법정 단체에 불과했다. 우습게도 경쟁법을 제정하지 않기로 한 결정은 대중이 아니라 전문가, 무역 및 기업 단체들의 의견을 바탕으로 이루어졌는데, 이들은 경쟁법이 도입되면 곧바로 이익을 침해받는 주체들이다. 소비자 의견은 정부 관리들의 마음속 어디에도 자리할 수 없는 것처럼 보인다.

한마디로 정부는 겉으로는 경제 효율성과 자유무역의 달성 수단
이자 소비자 복지에 유익한 수단으로서 경쟁을 지지하긴 하지만, 정
작 경쟁 이슈에 입법적으로 접근하면 행여 기업 환경을 뒤엎을까 우
려하며 입법을 꺼렸다. 2001년 2월 민주당이 발의한 공정경쟁법안
을 거부한 데서 정부의 그러한 편견이 엿보인다. 소비자위원회는
경쟁법이 전체 정책에서 꼭 필요한 부분이며, 경쟁법 집행만이 경쟁
제한을 방지하는 효과적인 방법이라고 지적했다. 그러나 소비자위
원회가 확실한 사실과 조사 결과를 발표했음에도 정부는 현 상황에
서는 극적인 조치가 필요하다는 점을 끝까지 확신하지 못했다. 정
부는 소수의 손에 쥐어진 경제력 집중이 위태로운 수준에 이르렀다
는 사실을, 그리고 이를 억제하지 않으면 그 힘은 경쟁을 더욱 억누
르는 데 이용될 것이라는 사실을 받아들이지 못했다. 대부분 선진
국에는 이미 경쟁법이 있으며, 심지어 한국과 대만 같은 신흥국도
경쟁법을 공포했다.

기본적인 보금자리와 마찬가지로 슈퍼마켓에서의 상품 구매, 가
스와 전기 사용, 대중교통도 개인의 일상생활에서 기본적으로 필요
한 것들이다. 앞 장에서 설명한 바와 같이 토지 독점 재벌들은 이 부
문의 수혜자로, 경쟁이 존재하지 않아 손쉽게 막대한 이익을 얻었
고, 소비자에게는 손해를 끼쳤다. 소비자위원회는 1994년과 1995년
에 각각 슈퍼마켓과 도시가스 업계의 경쟁 실태에 대해 심층 연구를
진행하고 보고서를 발표했다. 또 소비자위원회는 1997년 슈퍼마켓

업계의 소매가격 관리에 관한 연구보고서를 발표했다. 정부는 천연가스 공동 운송 시스템 도입을 지지하는 답변서를 낸 것 말고는 가스 산업에 경쟁을 도입하는 데 아무런 일도 구체적으로 하지 않았다. 또한 슈퍼마켓 업계에서 경쟁을 제한하는 거래 관행을 금지하려는 어떤 시도도 하지 않았다.

정부의 태도와 접근 방식은 소비자의 복지가 재벌의 이익보다 덜 중요하다는 분명한 선언이다. 학계와 소비자위원회는 시장 조작의 허점을 보완하기 위해 정부가 두 전력 회사에 대한 규제 계획을 검토해야 한다고 촉구해왔다. 각 산업에 대한 정부의 불충분한 감시와 정부가 채택한 자유방임주의적 접근 탓에 소비자의 복지가 희생제물이 되었다.

소비자위원회는 1996년 보고서에서 포괄적인 경쟁 정책과 체계적인 법률이 진입장벽을 없애고 운영비가 경쟁적인 수준으로 유지되는 자유로운 환경을 보장할 수 있다고 주장했다. 소비자위원회는 경쟁이 가격 인하에 미치는 영향에 대한 명백한 증거로 전기통신 시장에서 경쟁의 성공적인 도입을 들었다. 포괄적인 경쟁 정책은 기업에 경영 행위의 공정성, 이행의 일관성 및 규제 축소를 보장할 수 있다. 이는 시장 참여자를 업계에서 몰아내는 반경쟁 관행을 금지하기 때문에 공정한 정책일 수 있다. 단일 정부 기관이 공표된 단일 규칙에 따라 경쟁 정책을 시행하기 때문에 일관성이 있다. 이러한 경쟁 정책은 새로운 제품이나 시장이 만들어질 때마다 새로운 규칙을 고안하고 새로운 인력을 투입할 필요를 없애기 때문에 규제 축소로 이어질 수 있다. 소비자에게는 낮은 가격, 제품 혁신, 더 많은 선택권과 개선된 서비스 등의 유익을 줄 것이다. 소비자위원회는 만약 홍콩이 포괄적인 경쟁 정책을 채택하지 않는다면, 국제 경쟁력을 유지하기 위한 싸움에서 효과적인 무기를 스스로 거부하는 것이라고 밝혔다.

소비자위원회는 경쟁 촉진에 대한 정부의 부문별 접근 방식으로는 홍콩이 앞으로 맞이할 도전에 대처하기에 불충분하다고 판단했다. 소비자위원회가 지적했듯이 그러한 접근법은 정부가 일관된 방식으로 경쟁적인 시장 구조를 촉진하도록 포괄적인 지침을 제공하는 데 실패할 것이다. 게다가 부문별 접근법은 통일성이 없고, 정부 자원이 중복되며, 극소수의 산업만 다룰 것이다. 소비자위원회는 부문별 접근법이 '편식'이며, 다양한 산업 변화에 대응할 수 없다고 보았다. 거대하고 강력한 일부 기업은 다양한 부문에 걸쳐 있어서 여러 정부 부처가 시장 행위를 감시하는 것이 어려울 뿐만 아니라 이러한 기업들이 다른 경제 분야의 경쟁 활동에 어떻게 영향을 미치는지 전반적으로 조망하기도 어렵다. 이러한 우려를 잘 보여주는 사례가 주요 기업들의 토지·부동산 소유권이 새로운 경쟁자들에게 커다란 진입장벽이 되는 슈퍼마켓 산업이다.

소비자위원회는 수평적·수직적 담합과 지배적 지위 남용을 다루기 위한 경쟁법을 다음과 같이 제정하길 권고했다. ① 경쟁을 가로막거나 제한 또는 왜곡하려는 의도 또는 그러한 효과가 있는 기업 간의 명시적 합의를 금지한다. 여기에는 가격 담합, 입찰 담합 등과 같은 수평적 합의와 소매가격 관리, 독점 대리점, 끼워팔기, 장기 공급 계약 등과 같은 수직적 합의가 포함된다. ② 경쟁을 방지, 제한 또는 왜곡하는 지배적 지위를 하나 이상 확보함에 따른 어떠한 남용도 금지한다. 이는 시장 지배력을 통해 끼워팔기를 강요하는 수직적 거래제한과 독점 가격을 말한다. 소비자위원회는 이러한 조항이 없다면 경쟁법이 그다지 효과적이지 못하며, 국제무대에서도 인정받지 못할 것이라고 판단했다. 소비자위원회는 두 조항에 더해 집단지배권 남용과 인수합병에 관한 규제 조항도 삽입할 것을 권고했다.[6]

소비자위원회의 조사 결과와 권고안에 대해 홍콩 정부는 경쟁 촉진에 헌신하고 있다는 공허한 이야기를 하면서, 전면적인 법령은 행정지침이나 부문별 규칙보다 유연하지 못할 것이라고 주장했다. 특히 기업 부문에서 일반 경쟁법이 초래할 불확실성을 경쟁법의 주요 단점으로 꼽았다. 정부는 또 수평적·수직적 거래제한 수준이나 시장 지배력 남용이 처벌해야 할 만큼 만연하다고 보지는 않는다고 밝혔다. 결국 정부는 경쟁을 촉진하고 다양한 형태로 경쟁을 제한하는 관행을 막기 위한 목적으로 정책 성명을 발표했다. 그리고 모든 정부 부서가 성명을 준수할 것을 요청하고, 경쟁 정책 자문단을 발족할 것을 약속했다.[7]

정부는 1998년 경쟁 정책 성명에서 "시장 참여자들의 자유로운 영업을 허용하고 개입을 최소화함으로써 경쟁이 활발하게 이뤄지고 유지된다"라고 했다.[8] 그런데 2002년 말 정부가 9개 항 계획을 도입할 때는 1998년에 한 이 말을 잊은 듯하다. 한시적으로라도 토지 공급을 유보하는 것 자체가 시장 참여자들의 자유로운 영업을 방해하는 반경쟁적 개입이다. 이러한 조치는 정부가 경쟁에 대한 약속을 진지하게 생각해본 적이 없음을 보여준다. 특히 당면 문제가 개발업 재벌들의 이익에 영향을 미칠 때 더욱 그렇다. 그러므로 정부가 성명에서 "시장의 불완전성이나 왜곡이 시장 접근성이나 시장 경쟁을 제한하고, 홍콩의 전체 이익에 손상을 줄 정도로 경제적 효율성이나 자유무역을 손상할 때"만 조치를 취하겠다고 한 말은 스스로를 기만하는 것이었다. 부동산 부문에서 명백히 드러나듯이 정부 자신이 시장의 불완전성과 왜곡이 만연하도록 허용한 공모자이기 때문이다.

1997년 12월 발족한 경쟁 정책 자문단은 슈퍼마켓 업계의 시장 집중과 소매가격 관리 관행에 어떠한 조치도 취하지 않았다. 또한 도시가스 산업에 경쟁을 도입하는 데 적극적인 역할을 하지도 않았다. 아홉 명의 정부 위원과 한 명의 소비자위원회 위원으로 구성된 경쟁 정책 자문단에는 민간 부문의 대표자가 한 명도 없었다. 시민들은 법정 기관도 아니고 대표성도 결여된 조직이 정부로부터 명확한 방향성도 전달받지 못하고 개입이나 수사에 대한 어떤 권한도 없는 상태에서 어떤 중요한 임무를 수행하리라고 기대하지 않았다. 경쟁 정책 자문단의 발족은 정부가 경쟁에 개방적이고 수용적이라는 착시를 일으키기 위한 속임수에 불과했다. 경쟁에 대한 정부의 진짜 입장은 2001년 민주당이 발의한 공정경쟁법안을 거부한 데서 여실히 드러났다.

슈퍼마켓 산업에 대한 1994년 소비자위원회 보고서는 수요가 느리게 증가하는 특징을 보이는 현재의 시장 성숙 단계에서는 신규 사업자를 유인하기 위한 인센티브가 거의 없어서 수년간 두 슈퍼마켓 체인의 지위가 도전받지 않았다고 결론지었다. 또한 두 체인은 부동산 개발업체와의 제휴를 통해 대규모 개발부지 내 점포에 독점적으로 접근할 수 있었는데, 이것이 신규 진입자에게 큰 장벽이 되었다고 지적했다. 주요 부지와 공급업체에 접근하기 어렵다는 점, 높은 창업 비용과 임대 비용, 현재 두 체인이 누리고 있는 규모의 경제 등이 신규 진입자에게 불리하게 작용했다. 토지·부동산 소유는 슈퍼마켓 산업에서 주요한 진입장벽으로 작용했으며, 직접적으로 경쟁에 영향을 미쳤다.

이러한 조사 결과를 바탕으로 소비자위원회는 정부에 몇 가지를 권고했는데, 첫 번째는 경쟁과 소비자 이익에 해가 될 수 있는 시장 지배력의 성장을 감시할 슈퍼마켓 산업 감시기구를 지정하는 것이었다. 소비자위원회는 두 거대 체인의 시장 점유율이 이미 총매출의 70%라는 점을 고려할 때 두 체인 간의 합병 또는 큰 슈퍼마켓 체인과 작은 슈퍼마켓 체인 간의 합병 가능성에 우려를 표명했다. 진입장벽과 함께 가는 시장 집중도의 증가, 대안적 유통 경로의 부족, 경쟁 제한 관행의 존재는 정부의 특별한 관심이 필요했다. 소비자위원회는 비교 사례로, 미국에서는 수평적 합병으로 시장 점유율이 25%를 넘으면 반독점법 때문에 합병이 어렵다고 지적했다. 영국에도 비슷한 경쟁 규정이 있다. 또한 소비자위원회는 경쟁을 제한하는 거래 관행에 대해 공급업체와 소매업체 모두의 불만을 조사하는 기구를 만들고, 업계 전체의 이익을 위해 정보 공개를 장려하는 조치가 필요하다고 권고했다.

합리적인 사람이라면 소비자위원회의 권고가 소비자의 복지를 염두에 둔 타당하고 건설적인 제안이라고 생각할 것이다. 그러나 법정 감시기구와 포괄적인 경쟁법이 마련되지 않는다면, 권고안은 제대로 이행될 기회가 없을 것이다.

1995년 소비자위원회는 도시가스 산업 보고서를 발표하고, 경쟁 도입을 위한 권고안을 내놓았다. 권고안에는 공동 운송 시스템 도입, 기존 가스 회사에 새로운 가스 공급업체에 대한 운송·분배망 개방 요구, 홍콩에 천연가스 도입 장려, 모든 에너지 문제를 조정하기 위한 에너지위원회의 설립 등이 포함되었다. 1997년 정부는 공동 운송 시스템 도입에 관한 타당성 연구를 의뢰하고, 1998년 6월 가스 공급을 위한 공동 운송 시스템 제도를 지지하는 성명을 발표했다. 하지만 정부는 천연가스 사용을 촉진하기 위한 실제적인 장기

계획을 수립하는 데까지는 나아가지 않았다.

효과적인 경쟁 정책의 일환으로 소비자위원회는 정부가 가능한 한 빨리 두 전력 사업자의 법적 독점권을 면밀히 조사하고 검토하도록 권고했다. 람펀리는 두 사업자를 총괄하는 규제 계획이 자기자본에 대한 수익률을 위험 및 투자 자본과 관련해 합리적 수준으로 제한하지 못했다고 지적했다. 그는 생산 시설의 과잉 확장을 막기 위한 조치가 필요하다고 제안했는데, 장기적으로 새로운 공급자들이 산업에 뛰어들도록 장려하는 한편, 송전·배전 측면에서 공동 시스템을 도입하는 산업 구조 조정이 필요하다고 보았다.

람펀리는 2008년 규제 계획이 만료되기 전에 전력 공급의 지리적 경계를 제거해 서로 경쟁할 수 있도록 두 사업자의 송전·배전망을 연결해야 한다고 주장했다. 경쟁 정책 자문단이 지금까지 추진한 조치라고는 1999년 11월에 진행한 자문 연구가 전부였다. 그나마 이 연구는 두 사업자의 송전·배전망 연결에 관한 상세한 기술 연구로 발전했다. 1999·2000년 연례 보고서에서 경쟁 정책 자문단은 두 전력 회사의 상호연결을 강화하려면 현재의 규제 계획 협약에 따라 이들의 자발적인 승인이 필요하다고 밝혔다. 사실상 이는 2008년 이전에 경쟁 문제에 대해 정부가 할 수 있는 일이 거의 없음을 의미했다.

데이비드 웹은 2001년 7월 13일 다음과 같이 논평했다. "해외 주재 홍콩 기업들은 대부분 선진 시장이 포괄적인 경쟁법을 통해 제공하는 공정한 기회를 누리고 있는 반면, 홍콩 내에서는 정부가 경쟁법에 대한 요구를 계속 거부하고 있다. 비효율적인 시장은 외국 기업들이 서비스 기반 경제에 진출하는 것을 방해하고, 높은 비용은 다국적 기업의 진출을 저해하기 때문에 결국 홍콩은 손해를 보게 될 것이다. 홍콩이 진정으로 세계적 도시가 되려면 세계 수준의 경쟁 규제를 채택해야 한다." 웹은 홍콩 경제의 규제 부족이 고착화된 카르텔 시스템을 허용하여 경제의 효율성을 저해한다고 판단했다.[9]

기업을 규제하는 정부의 역할과 관련해 홍콩민주촉진회는 홍콩의 내부 경제, 즉 비무역 부문은 독점과 카르텔 협약을 특징으로 한다고 보았다(1999년 9월 소식지). 이러한 협약 중 일부는 실제로 독점 운영권 허가와 같은 정부 정책에서 비롯되었거나 정부 정책의 지원을 받았다. 홍콩민주촉진회는 소수에 의해 부동산 시장에 불건전한 지배력이 형성되었다고 보았으며, 결국 소비자를 보호하기 위해서는 경쟁법과 이를 집행할 기관이 필요하다고 주장했다.

부동산, 가스, 전력, 슈퍼마켓, 공공버스 등 주요 경제 부문에서 경쟁이 위험할 정도로 낮은 수준이거나 완전히 부재하여 소비자들이 부당한 대우를 받았다는 증거는 압도적으로 많다. 이들 부문에서의 경쟁 부족으로 재벌들은 소비자를 착취할 수 있었을 뿐만 아니라 언제든 경제 곳곳에 촉수를 더 깊이 뻗을 수 있을 만큼 많은 현금을 쌓아놓았다. 정부가 경쟁 문제에 대해 행동하거나 회피하는 방식은 정부의 확고한 친기업적 태도를 잘 보여준다. 대기업과 서민의 이해관계가 충돌하는 곳에서 정부는 대기업 편을 선택한 것으로 보인다.

어디로 가야 하는가? —

부동산 부문과 적어도 하나의 독점 부문 또는 경쟁 결여 부문을 오가면서 홍콩의 경제 영주들은 세계에서 가장 부유한 이들에 맞먹는 부를 쌓을 수 있었다. 이는 본질적으로 불공평한 토지 제도와 개발 업체에 우호적인 토지·주택 정책, 경쟁 규정의 부재, 그리고 친기업 정부 덕분이다. 다시 말해 토지 제도와 비경쟁적 기업 환경의 결합은, 정부가 배후에서 감독 역할을 하면서, 추악한 괴물로 자라가는 소수의 경제적 거물들을 만들어냈다. 어쩌면 그 거물들은 제도 자체만큼 비난받아야 할 대상은 아닐지도 모른다. 어쨌든 그들이 한 일은 불법이 아니기 때문이다. 그러나 한 가지 확실한 사실은, 현 상태가 그대로 유지된다면 토지 제도의 운용과 경쟁법의 결여로 경제와 부의 집중이 심화함에 따라 현재의 사회·경제적 병폐는 더욱 악화할 것이라는 점이다. 그렇다면 우리는 여기서 어디로 가야 하는가?

홍콩 시민은 정부가 땅값을 다시 올려 경제 영주들의 금고가 더 불어나는 것을 보고 만족할까? 부동산 가격이 다시 오르는 것을 보면 안심할 수 있으므로 역자산 주택 소유자들은 땅값 인상을 환영할 것이라고 주장할지도 모른다. 그러나 땅값 상승은 주택 소유자들에게 개발업체만큼 이익이 되지 않는다. 땅값이 오르면 개발업체들의 아파트 재고 가격이 오르고 신규 주택 시장이 활발해질 것이 분명하다. 그러나 주택 소유자들은 홍콩의 실업 문제가 구조적 문제이고 사람들의 구매력과 정서가 자신들이 기대하는 만큼 강하지 않을 수 있다는 사실을 명심해야 한다. 이는 신축 주택 시장이 다시 살아나더라도 구축 주택 시장은 여전히 침체에 머물러 있을 수 있음을 의미한다. 그리고 경제 구조 조정이 제대로 진척되기 전에는 실업률이 크게 개선되지 않을 것이다.

홍콩 경제가 구조 조정을 성공적으로 해나갈 기회를 잡으려면 홍콩이 부동산 중독의 마수에서 벗어나야 한다. 생각이 올바른 사람이라면 아무리 유혹적으로 보일지라도 홍콩이 부동산의 덫에 빠지는 모습을 다시 보고 싶지 않을 것이다. 높은 토지·부동산 가격과 임대료는 홍콩의 경쟁력을 떨어뜨리고 홍콩의 경제를 시들게 했으며, 홍콩 사람들은 높은 소매점·상업 임대료로 인한 높은 소비자 가격에 부담을 느끼고 있다. 홍콩 사람들은 부동산으로 장기적인 이익을 얻으려는 사고방식을 버려야 하며, 어떤 일이 있어도 경제난에서 벗어날 방법을 찾기 위해 정직하게 노력해야 한다. 홍콩이 경쟁력을 되찾기 위해서는 저비용 환경이 필수적이다. 토지·부동산 가격과 임대료를 낮추면 저비용 환경에 도움이 되며, 정부가 저지가 정책을 추진하는 것이 공공의 이익에 부합한다.

홍콩 사람들이 스스로에게 물어야 하는 또 다른 질문은 '기본적인 필요를 위해 더 많은 돈을 지급하며 착취당하면서도 재벌들이 경쟁 규정이 없는 기업 환경을 계속 악용하도록 가만히 내버려 둘 것인가?'이다. 경제 불황기에는 임금 삭감, 대량 해고, 자발적·비자발적 무급 휴가가 홍콩 사람들에게 매일 강요되었다. 그것만으로는 고통이 충분하지 않았다. 시민들은 슈퍼마켓, 전기, 버스를 이용하며 불합리하게 높은 가격과 싸워야 했다. 소비자 보호법이 지켜주지 않을 뿐만 아니라 이러한 상품과 서비스를 공급하는 기업들은 어떤 경쟁법에 의해서도 규제받지 않기 때문이다. 관련 법이 없어 시민 대다수가 고통받는 상황에서도 부의 저울은 계속해서 소수의 경제 권력가로 기울고 있다.

현 상황이 유지된다면 홍콩의 미래를 상상하는 일은 어렵지 않다. 경제 집중이 해소되지 않으면 비효율성이 증가해 결국 경제는 비생산적이 되고 활력이 사라질 가능성이 크다. 경제가 침체하면서 실업 문제는 두드러지고 빈부 양극화는 견디기 어려운 지경에 이를 것이다. 높은 실업률을 특징으로 하는 비생산적인 경제는 극도로 불평등한 사회와 결합하여, 희미한 불꽃에도 들불처럼 타오를 준비가 되어 있는 사회 불안과 나아가 격변의 가능성을 높인다.

5
—
사 회 · 경 제 적 병 폐

삶의 진정한 조건들에 대한 지식에서 우리가 살아갈
힘과 살아야 할 이유를 이끌어내야 한다.

　　　　　　　　　　　　　　　　　　－ 시몬 드 보부아르

토지 제도는 부동산 분야에서 극도로 기울어진 운동장을 만들어 소
수 재벌이 타의 추종을 불허하는 부를 누릴 수 있게 했다. 과거와 현
재의 토지 제도는 부동산 카르텔의 호주머니 속에 보물을 무더기로
욱여넣어주고, 그들을 중심으로 한 산업 및 경제 집중을 초래했다.
이러한 배경은 동일한 지배층을 길러내고 권력을 부여했으며, 그에
따른 사회적·경제적 병폐를 낳았다. 이러한 병폐들이 이제는 너무
심각해져서 제대로 된 치료법이 시급하다. 사회적·경제적 병폐에
대한 비난을 어느 하나에 모두 돌리는 것은 쉽지만 공정하지도 건설
적이지도 않다.

　손가락질이 홍콩을 어디에도 데려다주지 못한다면, 홍콩의 현실
을 직시하는 데 있어서 꾸물거리는 것 역시 아무 도움이 안 된다. 시
스템이 악성 종양의 대부분에 책임이 있다면, 사회의 이익을 위해

어떻게 그 시스템을 바꿀 것인지 진지하게 고민해야 한다. 만약 엘리트 집단이 지위와 권력을 다수에게 피해를 줄 정도로 남용하게 만든 것이 정책과 법의 결여라면, 지체 없이 정책을 시행하고 법을 제정해야 한다. 불평등과 부의 불균형이 평화로운 사회의 근간을 위협할 정도로 극심하다면 상황을 바로잡는 데 1분도 허비해서는 안 된다.

홍콩 문제의 올바른 해결책을 찾으러 출발하기 전에 먼저 홍콩이 앓고 있는 세 가지 병폐를 살펴보면 도움이 될 것이다. 이러한 병폐들은 앞서 언급한 배경에서 생겨났다. 객관적이고 정확한 진단 없이는 어떤 치료 시도도 더욱 치명적인 결과만 낳을 것이다.

불공정한 토지 제도의 결과 ―

현재의 토지·주택 정책이 안고 있는 가장 큰 결함은 토지 및 공공주택 공급을 중단해서라도 가격을 끌어올리려는 경향에 있다. 정부는 인정하고 싶지 않겠지만, 정부의 행동이 다 말해준다. 9개 항 계획의 시행을 통해, 특히 공공토지 경매를 1년간 유예하고 철도 부지 공급을 억제해 땅값 추가 하락을 막고자 총력을 다함으로써 정부는 땅값을 낮추기를 원하지 않는다고 크게 외치고 말았다.

9개 항 계획하에서는 공공토지 경매 유예 기간(1년)이 만료되더라도 개발업체가 최저가로 입찰을 제안해 경매할 부지를 신청해야 경매가 진행되는 '신청 목록' 제도를 통해서만 토지를 획득할 수 있다. (과거 통상적인 관행은 사전에 정해진 토지 매각 프로그램에 따라 경매를 진행하는 것이었고, 신청 목록 제도는 경매 제도와 함께 부가적인 옵션으로 활용되었다.) 이는 2004년부터 토지 매각이 다시 가능해졌음에도 토지 공급이 개발업체의 수요에 의해서만 결정됨을 의미한다.

사실상 정부는 토지 공급 시기, 가격 결정력, 부지 선정 주도권을 개발업체에 넘겨주었다. 이는 거대 개발업체에게 제도를 조종할 기회를 무심코 허용해준 셈이다. 이와 별도로, 땅값을 부양하기 위해 의도적으로 일시적 공급 부족을 조장하는 정부의 행위는 시장 개입을 최소화하겠다는 정책 목표에 배치된다. 또한 상대적으로 저렴한 부지를 확보하려는 소규모 개발업체들은 취득 기회를 잃게 된다. 이러한 조치는 명백히 반경쟁적인 시장 개입으로, 토지가 풍부한 재벌을 위해 심판 자신이 부당하게 조정하는 꼴이다.

인위적으로 땅값을 끌어올림으로써 정부는 자율 조정 기회와 공급 과잉을 철저히 해소할 기회를 시장으로부터 강탈했을 뿐만 아니라 홍콩 경제에 가격 경쟁력을 되돌리겠다는 자신의 약속도 뒤엎었다. 저조한 수요에 반응하면서 소규모 개발업체들의 요구에 부응하는 완화된 토지 공급 프로그램(예컨대 경매에서 소규모 토지를 더 많이 판매)은 엄격한 공공토지 경매 1년 중단보다 분명히 더 나은 선택이었을 것이다.

이러한 토지 매각 중단과 개발업체가 주도하는 '신청 목록' 제도의 결과로 토지와 부동산 가격이 반등한다면, 연쇄반응으로 물가와 임대료가 상승하고 가격 추격이 처음부터 다시 시작될 수 있다(이미 시작된 것으로 보인다). 그 결과 홍콩은 아마도 또다시 인플레이션을 경험하게 되겠지만, 동시에 부동산의 덫에 걸려 홍콩 경제가 사업과 생활비 면에서 영원히 경쟁력을 잃을 것이다. 정말로 이것이 홍콩 정부와 사회가 원하는 시나리오일까?

과거의 고지가 정책으로 인한 고비용 환경에 경제와 사회가 계속 짓눌리고 있지만, 정부는 여전히 토지 정책을 변경해 비용을 낮추려는 의지가 없어 보인다. 의도적인 공급 감소를 통한 인위적인 가격 부양은 아무리 일시적이라 하더라도 조정 과정을 지연시키기 때문에 역효과를 일으킬 뿐이다. 수요가 저조할 때 토지 공급을 일정하게 유지하는 것이 가격을 연착륙시키는 차원에서 더 바람직하다.

토지 배분을 두고 정부는 장기 정책을 구체적으로 수립한 적이 없다. 따라서 어떤 결정도 보류하고, 장기 정책의 우선순위를 홍콩의 경제 구조 조정 요구에 맞춰야 한다. 다시 말해 특정 경제·산업 혁신 등을 위해 토지가 필요하다면 실행 가능한 비용으로 바로 이용할 수 있도록 제공해야 한다. 실행 가능한 비용이란 구매자에 대한 인센티브로서 토지를 명목상의 가격 또는 시장가격보다 크게 할인된 가격으로 제공하는 것을 의미할 수 있다. 다만 개발업 재벌들이 가짜 구실로 구조 조정을 이용해 값싼 땅을 주워 담지 않게끔 주의해야 한다.

토지 공급 문제에서 큰 논쟁 사안은 주로 '신청 목록' 제도를 통해 토지를 공급하려는 정부의 계획이다. 신청 목록 제도는 재력이 막강한 개발업체에 너무 많은 권력을 쥐여주며 투명하지도 않다(경매 제안이 받아들여지지 않을 경우 정부는 신청자의 신원이나 제시 금액을 공개할 필요가 없다). 경매 중단 기간이 해제되었을 때 한층 투명한 공개 경매 절차를 재개하지 못할 이유는 없어 보인다.

HOS 주택 공급을 무기한 중단함으로써 정부는 사실상 저소득층의 주택 수요를 희생시키면서 이미 지배적인 힘을 가진 개발업 재벌들에게 더 많은 시장 권력을 넘겨주고 말았다. 이전에 정부로부터 할인된 HOS 주택을 구매할 수 있었던 사람들은 이제 신축이나 구축 민간주택으로 눈을 돌릴 수밖에 없게 되었다. 정부가 개발업체 역할을 그만둔 데 대해 민간 부문은 올바른 비개입주의의 방향으로 한 걸음 나아갔다며 칭송했지만, 정부는 비특권층에게 적정가로 주택을 제공할 의무가 있으므로 딜레마에 처해 있다. 최대 토지 소유주이자 새로운 토지의 유일한 공급자로서 정부는 부동산 부문에서 냉담하게 떨어져 있을 수 없다.

HOS 주택 공급의 중단은 정부의 시장 개입을 줄이기 위한 목적으로 단행한 것처럼 보이지만, 실제로는 가뜩이나 불균형한 시장 구조를 더욱 왜곡시켰다는 점에서 역행적인 개입 행위로 대형 개발업체들에게 더욱 유리한 환경을 조성했다. 그 과정에서 피해를 본 것은 취약한 사회계층의 이익이다. 상식적으로 정부가 개발업체 역할을 그만둘 때는 자신이 떠난 빈자리를 메워줄 균형 있는 조치가 뒤따라야 했다. 정부는 새로운 토지의 유일한 공급자라는 역할 외에도 공공주택의 단일 개발자이자 공급자다. 이처럼 정부와 토지·부동산 시장과의 연계는 단순히 끊을 수 없으며, 공공의 이익을 위한 개입은 지극히 당연하다. 중요한 점은 정부의 개입이 공평한 원칙에 따라 행해지는가, 그리고 경쟁 시장의 이익을 위해 행해지는가이다.

HOS 주택을 대체할 만한 가능한 조치는 적정가 주택을 위한 충분한 토지를 일관되게 장기간 공급하는 것으로, 이는 특히 샌드위치 계층과 저소득층의 주택 수요를 목표로 한다. 정부가 HOS 주택 개발에서 빠지겠다고 결정한다면, 민간 개발업체에 그 역할을 맡아달라고 요청하는 것도 고려할 수 있다. 적정가 주택을 위한 토지는 일반 공공 경매를 통해 공급할 수 있으며, 토지 매매 계약서에 가격 할인이나 가격 상한 같은 특별 조항을 넣을 수 있다. 이러한 조치는 적정가 주택을 언제든 이용할 수 있도록 보호하고, 샌드위치 계층과 저소득층의 주택 수요를 돌보며, 공공주택 시장에서 민간주택 시장으로의 수요 이동을 기반으로 개발업체 카르텔이 더 큰 시장 지배력을 확보할 수 있는 상황을 피할 수 있게 해준다.

적정가 주택은 책임 있는 정부의 의제에서 우선순위가 되어야 하며 홍콩도 예외는 아니다. HOS 주택 신청 자격이 있는 사람들 외에 공공임대주택 임차인 역시 적정가 주택의 잠재적 수요자다. 현재

약 200만 명이 공공임대주택에 살고 있으며, 약 13만 명이 대기자 명단에 올라 있다.[1] 경기가 좋아지고 저소득층의 생활 여건을 개선해야 할 필요성이 대두됨에 따라 소유든 임대든 더 나으면서도 저렴한 주택에 대한 수요는 엄청날 것이다. 따라서 장기 토지 공급 계획을 수립할 때 적정가 주택을 경제 구조 조정의 필요성과 똑같이 중요하게 다뤄야 한다. 대안도 제시하지 않고 HOS 주택 공급을 무기한 중단한 것은 정부가 중요한 사회적 책임을 다하는 데 도움이 되지 못했을 뿐 아니라 합리적이지 못한 결정이었다. 이는 비특권층의 이익을 침해하는 무분별한 조치였다.

말할 필요도 없이 HOS 주택 공급 중단의 즉각적인 목표는 HOS 주택의 잠재 구매자들을 민간주택 시장으로 강제 진입시켜 당시 침체된 시장에서 개발업체들의 재고를 소진할 수 있도록 돕는 것이었다. HOS 주택이나 다른 형태의 저렴한 주택이 없다면, 한정된 경제력의 샌드위치 계층과 저소득층은 생활 환경을 개선할 기회를 갖지 못한다. 불행하게도 HOS 주택이 없어 더 비싼 민간주택을 사야 한다면 그들은 감당하기 버거운 경제적 부담을 떠안게 될 것이다.

정부가 답해야 하는 사회정의에 관한 근본적 질문은 왜 부유하고 권력을 쥔 사람들이 취약한 사회계층보다 더 정부의 도움을 받는가 하는 것이다. 정부가 저소득층의 기본적인 주거 수요에 관심을 갖지 않는다면, 누가 그들을 도울 수 있겠는가? 샌드위치 계층과 저소득층의 시급한 주거 수요를 고려하여, 그리고 더 근본적으로는 사회정의의 관점에서 정부가 토지 및 주택 정책을 재검토하는 것이 무엇보다 중요하다.

현재의 토지·주택 정책에 결함이 있고 경제와 사회에 더 큰 혼란을 초래할 가능성이 있다면, 과거의 토지 제도는 현재의 사회·경제적 병폐의 원인으로서 비난받아야 한다.

임대 계약 변경 제도, 제한적인 A/B 문서 토지 입찰, 연간 50헥타르의 토지 공급 상한제, 고지가 정책으로 발생한 명백한 변칙은 바로 갑부 가문의 탄생이다. 그들은 우연히도 적합한 시기에 적합한 장소에서 적합한 사업을 하고 있었고, 그 결과 가문들의 재산은 현재 세계 수준이 되었다. 이들 가문의 통제하에 있는 재벌 기업들이 가진 과도한 금융 및 시장 지배력은 주로 지난 40년간 진행된 토지 자산의 축적에서 비롯되었다. 재벌들의 재정적 우위는 부동산 부문과 그들이 손댄 다른 부문들에 만연한 거대한 반경쟁적 요소 중 하나다.

부동산 부문에서 비교가 안 되는 자금력으로 다른 이들을 제쳐가며 가장 가치 있는 부지를 매입할 수 있게 되었으면서도 재벌들은 막대한 농지은행과 공익사업·공공서비스 목적의 토지를 소유함으로써 계속해서 상당한 토지 비용 차익을 누리고 있다. 식민지 정부로부터 물려받은 임대 계약 변경 제도가 이를 가능하게 했다. 재벌들은 막대한 이익을 안겨주는 토지 제도와 우월한 재력을 활용해 기만적이고 기울어진 운동장을 만들었다. 이는 부동산 폭락의 여파로 다수의 중소 개발업체들이 몰락하게 된 부분적 원인이기도 하다.

1998년 부동산 시장 붕괴 이후 중소형 개발업체 다수가 몰락했다. 주된 이유는 토지은행을 보유하지 못해서 정부가 진행하는 토지 경매에 참여할 수밖에 없었기 때문이었다. 그만큼 그들은 값싼 대규모 농지은행을 보유한 개발업 재벌들보다 훨씬 더 높은 위험을 감수해야 했다. 게다가 중소형 개발업체는 대기업에 비해 재정 능력이 취약하므로 시장이 급격히 악화되었을 때 위태로운 처지에 빠졌다.

1980년대에는 이제 막 부동산 시장의 황금기가 시작되었기 때문에 경쟁적으로 토지를 취득하는 것이 비교적 안전했다. 새로운 프로젝트가 완성되면 부동산 가격은 시작 단계보다 더 높았고, 따라서 수익을 내는 것은 전혀 문제가 되지 않았다. 하지만 여전히 공격적인 토지 경매 전략을 구사하던 1990년대에 시장은 얼마 못 가 난관에 봉착할 운명이었다. 상황이 바뀌면서 시장은 침체했고 중소형 개발업체들은 경매에서 구매한 비싼 부지들을 방치했다. 그들은 높은 부채 때문에 하락장에서 손해를 보면서 부지를 팔 수밖에 없었다. 팔리버그Paliburg와 라이 선Lai Sun 같은 중견 개발업체는 1998년 부동산 시장이 급작스럽게 붕괴하면서 단기간에 회복하지 못하고 몰락했다.

이러한 사례는 평균 비용이 낮은 대규모 토지은행을 보유한 재벌이 확실한 우위를 점하고 있는 기존 시장 구조가 태생적으로 기울어진 운동장이라는 사실을 보여준다. 팔리버그와 라이 선처럼 오래된 개발업체조차 풍랑을 헤쳐나갈 수 없다면, 어떻게 신규 진입자들이 기존의 고착된 카르텔과 성공적으로 경쟁할 수 있겠는가? 이런 개발업체들 그리고 그보다 덜 알려진 개발업체들이 부동산 무대에서 퇴출당한다면 한 가지는 확실하다. 시장 지배력은 더욱 응축될 것이다. 시장을 지배하는 자들은 자신의 지배력을 남용하기 쉽다. 결과적으로 과두제하에서 시장은 더욱 심하게 조작될 것이다. 부동산 게임이 지배적인 소수만의 배타적 게임이 될수록 실수요자는 착취당하는 소비자와 다를 바 없어진다. 홍콩에 경쟁법과 소비자 보호법이 없기에 소비자들은 특히 더 취약하다.

임대 계약 변경 제도는 거대한 농지은행과 공익사업·공공서비스 용지 등을 소유한 재벌에게 토지 비용 우위를 제공하는 데 큰 역할을 해왔고, 그 우위는 부동산 시장의 또 다른 중요한 반경쟁 요소였다. 평가 방식의 공정성을 확인하려면 프리미엄 평가 체계의 검토가 필요한데, 당연히 그 첫 단계는 정부가 최종 프리미엄 산정 내역의 세부 사항을 공개하는 것이다.

공익사업·공공서비스 기업을 인수한 개발업 재벌들은 임대 계약 변경 제도를 통해 이들 기업의 토지 자산을 이용할 수 있게 되었다. 유휴 공공시설 부지나 공공버스 차고지는 임대 계약 변경 제도를 통해 수익성 높은 주거·상업용 부동산으로 탈바꿈했다. 이는 홍콩에서 가장 귀중한 천연자원인 토지에 대해 사회정의와 토지의 효과적 사용이란 문제를 제기한다. 공익사업 운영사(또는 그들의 지주회사나 본사)가 본래 토지를 불하받은 목적 이외의 목적으로 토지를 활용하는 것이 정당한가?

홍콩에서 토지는 희소한 자원으로서 최고의 가치를 거둘 수 있도록 가장 바람직한 사회·경제적 용도로 활용되어야 한다. 협상으로 정해진 프리미엄은 '경쟁' 가치를 반영하지 못하기에 정부에게 최고 지가를 지급하는 것은 아니다. 게다가 공익사업·공공서비스 부지는 공공 목적으로 허가되었다는 점에서 운영사가 그 토지를 곧바로 사적 용도로 전환할 권리가 있는지에 대한 의문을 낳는다. 수십 년간 시행되어오며 재벌에게 엄청난 이익을 안겨준 반사회적 토지 관행을 정부가 자세히 들여다보는 것은 가치 있는 일이다. 부동산 개발 산업에서 다른 참가자들에게 불공정하게 작용한 이 관행은 공익사업·공공서비스 부지를 소유한 재벌에게 경쟁 우위를 부여한 데 대해 적어도 부분적으로는 책임이 있다.

중·영 공동선언 이후 연간 50헥타르의 토지 매각 상한제가 실시되었다. 이 정책은 인위적인 토지 공급 부족 또는 부족에 대한 인식을 촉발했으며, 고지가 정책과 더불어 홍콩 식민지 역사의 마지막 10년 동안 가장 큰 부동산 거품을 부채질한 책임이 있다. 이는 수요가 늘고 있을 때 토지 공급을 과도하게 제한하는 것이 어떻게 시장의 효율적인 운영을 왜곡하는지를 보여주는 사례이기도 하다. 인위적인 토지 공급 억제로 대중은 조만간 토지와 주택 공급 부족이 심각해질 거라고 생각했다. 재벌들은 이러한 대중의 인식과 12년간 지속된 부동산 거품을 최대한 활용해 막대한 혜택을 누렸다. 이 기간 재벌들의 수익성은 최고조에 달했다. 반대로 호황과 불황은 홍콩의 중산층에게 막대한 손실을 초래하여 중산층이 거의 전멸하게 만들었다.

부동산 시장이 급락하면서 중산층이 겪은 고충을 잘 요약한 실화가 있다. 헨리 리(가명)는 1997년 말 아시아 금융위기가 홍콩을 강타했을 당시 중간 규모의 개발업체에서 건축가로 7년간 일해오고 있었다. 그해 마흔 살이 된 헨리는 국제학교에 다니는 열 살과 열두 살 된 두 아이를 두었다. 헨리와 그의 아내 헬렌(가명)은 한 달에 총 12만 홍콩달러(약 1만 5500미국달러)를 벌었고, 미드 레벨에 있는 1500제곱피트의 방 네 개짜리 아파트에서 호화롭게 살았다. 아파트는 1990년대 초에 구매했고, 매달 4만 홍콩달러(5160미국달러)씩 주택담보대출을 갚았다. 주말에는 BMW를 타고 상수이上水에 있는 비즈 리버 컨트리클럽에 가서 점심을 먹고 테니스를 치거나 수영장에서 물놀이를 했다. 일주일에 네 번 정도는 고급 레스토랑이나 자키클럽의 호화로운 해피 밸리 클럽하우스에서 저녁 식사를 했다. 헬렌은 유럽계 투자은행에서 투자분석가로 일했기에 요리할 시간이 없었다. 집안일은 모두 필리핀 가정부에게 맡겼다. 매년 이국적인 곳으로 떠나는 해외여행은 4인 가족에게 일상이었다. 1997년 여름 헨리와 헬렌이 운명적인 결정을 내리기 전까지 그들의 인생은 산들 바람과 같았다. 그해에 헨리의 친구들은 부동산으로 몇 달 만에 수백만 달러를 벌어들였는데, 이때 부동산 시장은 고삐 풀린 야생마처럼 질주하고 있었다.

개발업체들은 잠재 구매자들의 욕구를 자극하는 방법을 알고 있었다. 그들은 주택을 찔끔찔끔 내놓고, 열성적인 사람들을 영업소 앞에 긴 줄로 대기시켜 열띤 분위기를 연출하곤 했다. 개발업체들은 다음번 주택 가격을 더 높게 책정하고, 집을 사고팔아 확실히 돈을 벌 수 있다며 투기 세력을 유인했다. 또 다른 방법은 TV와 신문에 광고를 퍼붓는 것이었다. 개발업체들은 구매자를 두고 서로 간의 경쟁을 최소화하기 위해 프로젝트 착수에 시차를 두기로 합의하기도 했다.

여름 휴가 때 헨리와 헬렌은 주말을 이용해 대형 개발업체가 판매하는 고급 주택 전시장을 찾았다. 곧 투기로 이익을 얻으면 벤츠를 사는 게 좋겠다고 생각했다. 심지어 헨리의 부하직원인 필립도 호화 부동산을 사고팔아 횡재하는 바람에 벤츠를 몰고 있었다. 헨리와 헬렌은 경마장 근처 사텐의 호화 프로젝트로 마음을 굳혔다. 주택담보대출을 추가로 상환하려면 부담이 되겠지만, 구매자를 빨리 찾기만 한다면 별 위험은 없을 것으로 생각했다. 게다가 친구들 대부분이 부동산 투기로 금세 돈을 벌고 있는 것처럼 보였다. 지금 게임에 참여하지 않으면 친구들은 훨씬 더 잘살게 될 것이었다. 무엇보다 시장이 나아갈 수 있는 길은 바로 하나, 가격 상승뿐이었다.

토지 공급이 매년 50헥타르로 한정되어 그것으로는 결코 주택 수요를 충족할 수 없었기 때문이다. 적어도 개발업체와 부동산 중개업자는 이렇게 말했다.

모든 게 장밋빛이었고 더 좋은 시기가 올 거라고는 믿기지 않았다. 마침내 그들은 사텐에서 850만 홍콩달러(110만 미국달러)의 고층 아파트를 선택했다. 계약금 30%를 내기 위해 통장에 있던 260만 홍콩달러를 모두 쏟아붓고, 주택담보대출로 590만 홍콩달러를 빌려 매달 약 5만 홍콩달러(6450미국달러)씩 상환해야 했다. 그들이 거래를 완료했을 때는 이미 1997년 8월이었다.

그때 재앙이 닥쳤다. 외환위기가 촉발한 주식 시장 붕괴의 충격을 감내하기도 전에 부동산 시장이 50%나 폭락했다. 그제야 그들은 자신들이 끓는 물 속에 있음을 알아차렸다. 사텐 아파트의 시장가격은 420만 홍콩달러로 크게 떨어졌다. 누군가 그 가격에 아파트를 구매하려 한다 해도 부부는 먼저 담보대출을 상환하기 위해 170만 홍콩달러를 마련해야 했다. 하지만 이미 통장이 비었는데 어디서 그런 돈을 구할 수 있겠는가? 그들은 할 수 없이 주택담보대출 상환(기존 대출에 더해 매달 총 9만 홍콩달러)을 계속하기로 했다. 불필요한 비용은 모두 줄였고 BMW를 팔았다.

실망스럽게도 간절히 바라던 시장 회복은 오지 않았다. 1999년 초 헨리가 일하던 회사가 파산 위기에 빠지면서 해고되었을 때 운명은 더욱 가혹해졌다. 미드 레벨의 아파트를 팔 수밖에 없었고 마지

못해 완차이의 작은 임대 아파트로 이사했다. 아파트를 팔아서 은행 대출금을 갚고 각종 비용을 제하니 남은 현금은 아주 적었다. 몇 달 뒤 헬렌이 다니던 회사가 경영 개선 조치로 월급을 10% 삭감하면서 사텐 아파트의 담보대출 상환을 체납했다. 2001년 말 헬렌도 해고되었고 부부는 은행에 의해 파산 선고를 받았다.

헨리와 헬렌의 이야기는 딴 나라 이야기가 아니라 1990년대에서 21세기로까지 이어지는 홍콩 중산층의 변화를 보여주는 전형적 사례다. 아직 직장이 있다는 점에서 이 부부보다는 운 좋은 사람도 있겠지만, 매달린 단도 아래 있는 것처럼 실직의 위협 속에서 역자산 대출금(대부분 아파트 두 채 이상)을 떠안아야 하는 삶은 재미없기 마련이다. 돌이켜보면 이러한 사회계층의 투자 철학 밑바탕에는 '부동산은 부'라는 믿음에 대한 중독이 있는 듯하다. 아파트는 단순히 보금자리가 아니라 부를 자가증식하는 하나의 수단이다. 개발업체들이 가지고 놀면서 이윤 획득 기회로 이용한 것이 바로 이 중독이다. 홍콩인들의 기업가 정신을 훼손한 것도 바로 이 중독이다.

튤립 거품과 남해회사South Sea 거품처럼 부와 관련된 모든 광란에서 보듯이 탐욕은 사람들이 비논리적인 일을 하도록 이끄는 데 중요한 역할을 했다. 하지만 군중심리는 아마도 극복하기 힘들 것이다. 광란 속에서 투기자들은 부동산이 레버리지가 높은 게임이고 단기 투기는 판돈이 큰 도박과 다르지 않다는 사실을 잊고 있었다. 비극적이게도 중산층이 힘들게 부를 축적하는 데는 수년이 걸렸지만 탕진하는 데는 잘못된 결정 하나와 놀랄 만큼 짧은 시간이면 충분했다. '다 가진 삶'에서 '아무것도 가지지 않은 삶'으로 몰락한 트라우마는 매우 쓴 알약 같아서 삼키기 어렵다. 내일 실직자가 될지도 모른다는 불안은 말할 것도 없다.

부동산 거품에서 배워야 할 한 가지 중요한 교훈은 토지라는 귀중한 자원의 유일한 공급자로서 정부는 항상 토지 사용에 대한 사회적 요구를 충족하기 위해 노력해야 할 뿐만 아니라, 대형 개발업체의 입장에서 토지와 주택 공급 부족에 대한 대중의 인식을 조작하려는 어떠한 시도도 경계해야 한다는 점이다. 영국 통치의 종식과 함께, 식민지 정부하에서 실시한 고지가 정책 역시 사회 전체의 이익을 위해 공식적으로 폐기하는 것이 옳지 않을까? 호황과 불황의 또 다른 교훈은 부동산 시장에서 정부의 자유방임주의 접근법이 부적절하게 적용되면 재앙과 같은 영향을 미칠 수 있다는 것이다.

과거의 고지가 정책은 고비용 환경을 조성한 주범으로, 이는 진취적인 기업가 정신을 억누르고 외국인 투자를 저해하고 있다. 기업 하기에 홍콩이 실제로 얼마나 경쟁력 있는 곳인지는《포천 Fortune》기사에 잘 나타나 있다.

부동산은, 증권거래소에 상장된 많은 회사가 훨씬 더 많은 투자 자본을 끌어들이는 부동산 회사라는 사실에 의해 만들어진 인위적인 시장이다. 그 결과 과도한 임대료로 홍콩은 사업하기에 세계

에서 가장 비싼 곳이 되었다.[2]

실제로 한때 주택과 사무실 임대료가 부동산 가격 하락과 맞물려 큰 폭으로 떨어졌음에도 홍콩의 소매점 임대료는 여전히 세계 최고 수준이다. 홍콩의 소매점 임대료가 얼마나 터무니없이 높은지는 선진국과 비교해보면 가늠할 수 있다. 2002년 3분기 홍콩 부동산 시장이 수렁에 빠졌을 때 홍콩의 평균 소매점 임대료는 제곱피트당 월 8.84미국달러였다.[3] 같은 분기 미국의 평균 소매점 임대료는 제곱피트당 월 1.39미국달러였다. 미국에서 가장 비싼 동네라고 하는 샌프란시스코도 제곱피트당 월 2.31미국달러였다.[4]

사업자는 상품 및 서비스 가격에 상가 임대료를 반영하기 때문에 높은 소매점 임대료는 결국 상품과 서비스 가격을 과도하게 인상시킨다. 하지만 가격 인상은 구매심리를 위축시키고 상품 및 서비스의 시장성과 판매량을 저해하기 때문에 기업에 불리하게 작용할 뿐이다. 구매력이 최저치를 기록했던 얼마 전과 같은 경기 침체 상황에서는 사업하기가 특히 더 어렵다. 상대적으로 비탄력적인 홍콩의 상가 임대료 탓에 많은 소매점이 경기 침체 시기에 사업량이 급격히 줄어들면서 시장에서 쉽게 퇴출당했다.

홍콩소매경영협회 위펑춘余鵬春 회장은 소매업자들의 경영난을 다음과 같이 요약했다.

특히 소매점 임대료와 인건비에 있어서 우리 산업이 고비용 구조임을 고려할 때, 소매업자들이 사업 성장세를 유지하는 것뿐 아니라 운영 비용을 낮게 유지하는 것은 계속해서 어려운 문제가 될 것입니다. …… 우리는 다수의 세계적 브랜드가 홍콩을 건너뛰고 이웃 나라에 매장을 여는 모습을 보고 있습니다. 또한 까르푸, 다이마루, 마쓰자카야, 이세탄 등 유명한 글로벌 소매점과 고급 백화점이 높은 소매점 임대료와 운영비 때문에 홍콩을 떠나는 광경을 보고 있습니다.

이미 홍콩 소비자를 놓고 분계선 너머 중국 도시(선전 _옮긴이) 소매점에 밀리고 있던 홍콩 내 소매업자들은 2003년 사스 사태로 또 한 번 타격을 입었다. 홍콩 소매업자들은 재벌 지주들에게 임대료 인하를 탄원했지만 묵살당했다. 홍콩의 소매업자들은 인위적으로 끌어올린 임대료로 피해를 보고 있었는데, 이는 고지대 정책과 더불어 거대 지주들이 시장 지배력을 행사해 상가 임대료를 매우 높은 수준으로 유지했기 때문이다. 다음으로 고통받을 순서는 소매업 종사자들로, 그들은 가혹한 디플레이션 환경에서 고용주의 비용 절감 조치에 따른 충격을 견뎌야 했다. 생존의 관점에서 볼 때 지주가 임대료를 줄여주지 않는다면 유일한 대책은 직원 수를 줄이거나 임금을 깎는 것뿐이다.

이 기간 사무실 임대료는 상당히 낮아졌지만, 일부 다국적 기업,

특히 중국 선전에 더 저렴한 선택지가 있는 기업의 눈에 홍콩의 임대료는 여전히 높아 보였다. 2002년 오라클은 아시아 태평양 사업부의 연구개발센터를 설립하기 위해 홍콩을 떠나 선전에 자리를 잡았다. 점차 다른 다국적 기업들도 오라클이 남긴 선례를 따라 홍콩보다 임대료가 훨씬 저렴한 중국 본토로 이전하려 할 것이다.

고지가 정책은 상가 임대료를 상승시켰을 뿐만 아니라 홍콩을 가장 비싼 거주지로 만들었다. 주택 가격이 65% 조정된 뒤에도 2002, 2003년 도시 지역의 괜찮은 700제곱피트짜리 아파트는 여전히 200만~300만 홍콩달러(25만 8000~38만 7000미국달러)였다. 1인당 GDP가 50%나 더 높고 주택 시장이 뜨겁게 달아오르던 미국에서 2003년 1월 전매 주택의 중위가격은 16만 400미국달러에 불과했다. 미국의 아파트가 홍콩의 아파트보다 평균 세 배쯤 더 크다는 사실은 말할 필요도 없다. 미국에서 가장 비싼 캘리포니아주에서도 이렇게 넓은 주택의 중위가격은 겨우 33만 6740미국달러였다.

일부는 2003년에 홍콩의 주택 구매 가능 비율affordability ratio이 근년 들어 최고치를 기록했다고 하는데, 그들은 역사적으로 높은 실업률과 2002년의 우울한 경기 전망으로 임금 수준이 빠른 속도로 하락할 수밖에 없었다는 사실을 간과했을 것이다. 게다가 홍콩의 생활비는 세계의 다른 살기 좋은 곳들에 비해 여전히 매우 높다는 사실이 남아 있다. 실제로 홍콩은 2002년 한 컨설팅사의 조사에서 세계에서 생활비가 가장 비싼 도시로 선정되기도 했다. 생활비가 비싸다는 것은 홍콩 사람들이 기본적인 욕구(즉 적당한 보금자리)를 해결하기 위해 저축의 대부분과 수입의 상당 부분을 지출해야 하며, 그 결과 삶의 다른 필요를 충족하기 위한 가처분소득이 거의 남지 않는다는 것을 뜻한다.

산업 집중의 결과 ─

재벌이 지배하는 부동산과 슈퍼마켓 부문에서는 위험할 정도로 경쟁 수준이 낮다. 재벌 소유의 가스, 전력 및 공공버스 부문 역시 독점이거나 독점에 가깝다. 이러한 부문에 경쟁을 도입할 가망성은 정부에 달려 있다. 경쟁법과 소비자 보호법의 부재로 홍콩 시민들은 인위적으로 부풀려진 가격, 제품·서비스 선택의 결여, 협상력 부족 등을 감내해야 한다. 법정 경쟁 감시기구와 경쟁법이 없어서 부동산과 슈퍼마켓 업계의 소규모 업체들은 기울어진 운동장에서 어려움을 겪고, 재정적으로 우세한 경쟁자들을 막아낼 수 없는 상황에 놓이곤 한다.

경쟁 감시기구와 경쟁법이 작동하지 않으면 반경쟁적 인수합병으로 대규모 실직 사태가 발생해 피해 노동자들이 보호받지 못할 수 있다. 정부가 친기업적 사고방식과 경쟁법에 대한 태도를 바꾸기 꺼린다면 소비자들은 부당한 제품·서비스 가격과 부족한 선택권을 계속 참아낼 수밖에 없고, 중소기업은 생존할 여지가 점점 줄어들 것이다. 정부가 현상 유지를 고집한다면 국제적으로 시대에 뒤떨어진다는 비난을 면치 못할 것이다.

주요 재벌들은 수익성 높은 번화가의 상업용 부동산을 독점함으로써 임차인의 사업수익을 공유하는 형태로 프리미엄 또는 초과 임대료를 거둬들일 수 있었다. 공간을 독점한 재벌들은 기생적인 임대료를 거둘 수 있게 된 반면, 세입자들은 호황기에도 겨우겨우 사업을 지속하기 위해 낮은 이윤에 만족해야 했다. 대형 쇼핑센터의 힘 있는 지주들이 세입자들의 임대료 감면 요청을 거의 수락하지 않기 때문에 침체기가 되면 소매업자들은 더 저렴한 곳으로 옮기거나 직원을 감축해야 하는 어려운 선택에 직면한다.

기업이 살아남으려면 비용 효율적이어야 한다는 것은 이해할 수 있다. 인력 감축은 때때로 기업을 유지하기 위한 필요악일 수도 있다. 그러나 임차 상가의 경우에는 건물주가 소매업자의 임대료와 비용을 낮추려 하지 않기 때문에 어쩔 수 없이 직원 감축을 선택하게 된다. 즉, 슈퍼 지주들이 공간 독점력을 행사하는 바람에 상가 임대료의 탄력성이 떨어지면서 노동자들의 고용안정성이 희생된다. 저렴한 곳으로 이전하는 것이 실행 가능한 비용 절감법으로 보일 수 있지만, 이전에 드는 비용을 생각하면 이 역시 쉽지 않은 선택이다.

높은 실업률과 높은 상가 임대료라는 현실에서 다른 직장을 구하지 못한 해고 노동자는 자영업에 도전할 기회마저 빼앗긴다. 독특하게 형성된 쇼핑센터의 독점적 소유는 과거 토지 제도의 결과이자 고착된 부동산 시장 구조의 부산물이기 때문에 높은 상가 임대료는 압도적인 시장의 힘(예컨대 장기간에 걸친 매우 낮은 수요)이 작용하지 않는 한 경쟁법이나 다른 어떤 방식으로도 해결할 수 없다.

주택 시장에서는 시장 점유율이 거대 재벌에 집중되어 있다 보니 경쟁이 거의 눈에 띄지 않는다. 소비자들은 실제로 보금자리 구매에 필요한 돈보다 더 많이 지급했을 가능성이 크다. 소비자위원회의 지적대로 신축 주택 시장 소비자들은 주요 개발업체들의 특정 시장 행태에 따른 선택권 감소, 높은 가격 그리고 가격 비교 능력 저하로 어려움을 겪어왔는데, 이는 경쟁이 치열한 시장에서는 불가능한 일이다. 부동산 대란 이후 몇 있던 중소 개발업체들이 전멸하면서 시장 점유율 집중도가 더욱 극심해져 소비자에게 더욱 불리한 상황이 되었다.

슈퍼마켓 업계에서도 소비자들이 시장 집중의 희생양이 되었을 뿐만 아니라 신규 진입자들 역시 시장 집중으로 고초를 겪어왔다. 까르푸 사건(3장 참조) 외에도 홍콩의 독과점 슈퍼마켓 체인들은 업계 진입장벽을 낮추기 위한 시도를 무력화했다는 비난을 받고 있다.

"지미 라이Jimmy Lai의 애드마트adMart는 이 섬의 두 대형 슈퍼마켓에 의해 무너졌다. 견제받지 않는 권력은 인터넷 세계에서 이 도시를 시골 벽지로 만들 수 있다"라고 《비즈니스위크》 기사는 말한다. 2000년에 일어난 사건은 홍콩의 닷컴 사업이 가진 문제뿐만 아니라 슈퍼마켓 업계에서 과도하게 집중된 시장 권력의 폐해를 보여준다. 라이는 완벽한 계획이 있었다. 라이는 온라인 상점을 운영함으로써 벽돌과 모르타르를 멀리하고, 핵심 진입장벽인 최고급 소매 공간을 차지하기 위한 싸움을 피하려 했다. 그는 시내에 몇 개의 작은 상점을 분산하여 만들었다. 고객이 전화나 팩스, 인터넷으로 주문하면 배달 트럭이 문 앞까지 배송해주는 방식이었다.

식료품을 할인 가격에 판매함으로써 라이는 홍콩의 가장 강력한 카르텔 중 하나에 도전했다. 애드마트는 현지의 게임 규칙을 잘 아는 자수성가 기업가가 운영하는 곳이라는 점에서 까르푸와는 달랐다. 라이는 성공적인 비즈니스 혁신가라는 타이틀이 있었다. 지오다노 인터내셔널, 애플 데일리 신문, 넥스트 매거진은 그의 성공 사례 중 일부였다. 하지만 온라인 사업은 애드마트가 실패한 원인 중 하나였다. 이미 미국의 수많은 온라인 식료품 상점들이 닷컴 참사로 사라졌다. 그러나 라이가 불평했듯이 경쟁 상대들이 공급업체를 압박해 애드마트를 기피하도록 하는 바람에 어쩔 수 없이 해외 제품을 찾게 되었고, 그로 인해 사업비가 증가했다는 점이 가장 큰 문제였다.

결국 두 거대 기업은 애드마트를 넘어뜨리기 위해 상품 가격을 인하했다. 《비즈니스위크》 기사에 따르면 "애드마트는 홍콩 고객에게 전자상거래를 소개하며 나이 든 선수들에게 도전장을 내밀었지만, 다수의 애드마트 팬들이 항의했듯이, 난폭하고 불공정한 저항에 직면할 뿐이었다."[5] 홍콩에 경쟁법이 존재하지 않고 심지어 당국에 의해 독점이 장려되었기 때문에 까르푸와 마찬가지로 라이와 애드마트는 호소할 곳이 거의 없었다.

아마도 홍콩 소비자들은 장기적으로 걱정할 일이 많을 것이다. 독과점은 작은 사업이건 대규모 글로벌 체인이건 사실상 새로운 시장 참여자들이 살아남는 것을 불가능하게 만든다. 신규 진입자 없이 업계에 단 하나의 기업만 남는다면, 이런 상황에서 과연 가격 경쟁력이 있을 수 있겠는가? 왜 정부는 1997년 까르푸가 소매가격 관리에 대해 제기한 불만에 전혀 주의를 기울이지 않았는가? 2000년 까르푸가 홍콩에서 철수하기로 결정한 것은 홍콩 정부의 무능함에 대한 분노 때문이었나, 아니면 고비용 환경 때문이었나? 까르푸의 철수는 다른 기업들의 실패보다 훨씬 더 심각한 메시지를, 외국인 투자자들에게 홍콩이 적절한 사업 환경을 제공하지 못한다는 신호를 보내는데, 왜 정부는 까르푸 철수의 중요성에 그다지도 무관심한가?

까르푸가 글로벌 그룹이자 (월마트 다음으로) 세계에서 두 번째로 큰 슈퍼마켓 체인이라는 점에서 이 사건은 더욱 조사해볼 가치가 있다. 홍콩은 외국인 투자를 환영하는 국제도시라고 자부한다. 까르푸 사건은 홍콩 소비자들에게 나쁜 소식일 뿐만 아니라 세계 기업들을 환영하는 세계적인 도시로서의 홍콩의 명성에 상처를 입혔다. 최악의 경우 홍콩 내 기업 환경에 대한 외국인 투자자들의 신뢰도 하락을 초래할 수 있다.

도시가스와 전기 소비자들은 그들이 내야 할 요금보다 더 많이 지급하고 있는 반면, 사업자들은 경쟁 부재와 자유방임적인 친독점 정부 덕분에 공정한 수익보다 더 많은 돈을 착복해왔다. 소비자위원회와 학계의 조사 결과에도 불구하고 정부는 경쟁 도입에 태연하게 대처해왔다. 또 정부는 공익사업 요금 구조의 공정성을 보장하는 재정적 합의 사항을 검토하기 꺼리거나, 아니면 검토할 역량이 부족한 듯하다.

반경쟁적 인수합병을 규제하는 경쟁법이 없다면, 탐욕스러운 재벌들이 이미 많은 지분을 소유하고 있는 분야에서 경쟁 상대를 집어삼켜 시장 점유율을 늘리는 것을 막을 방법이 없다. 이런 시장 지배적 합병은 시너지 효과를 내려다 일자리 감소를 초래할 가능성이 크다. 경영 합리화 방안이 합병 기업의 운영에 효율성을 가져다주는 만큼 모든 이익은 인수자에게 돌아간다. 반면 그로 인해 경쟁이 사라지고 시장 지배력이 남용되어 인수합병은 그 자체로 사회 전체에 해롭다. 그 과정에서 많은 노동자(주로 합병되는 쪽)가 일자리를 잃고 생계를 희생당한다.

만약 당신이 PCCW의 직원이었다면 합병으로 인한 감원이 유발한 정신적 충격을 이해할 것이다. 2000년 8월 리처드 리가 홍콩텔레콤을 성공적으로 인수한 이후 합병된 회사의 직원 수는 당시 1만 6000명에서 2003년 초 약 1만 2000명으로 급감했다.[6] 일부에서는 회사가 산더미 같은 부채를 줄이고 수익성을 회복하기 위해 지난

2년간 직원을 줄였다고 했다. 다른 이들은 통신업계의 규제 완화로 PCCW의 유선전화 사업 시장 점유율이 계속 하락하고 있다는 사실을 탓했다. 경쟁사들보다 우위를 유지하기 위해 비용 절감 차원에서 직원을 해고했다는 것이다.

이유가 무엇이든 간에 감원 혜택은 PCCW에 돌아간다. 희생자는 해고된 직원들과 그들의 가족이다. 해고자 중 상당수는 중년의 전문직 종사자와 기술자로, 이들은 이전의 전화 회사에서 일생을 보냈으며 다른 일자리를 찾을 기회가 거의 없었다. 경이적인 기업 인수가 전개되면서 수천 개의 일자리가 사라졌다.

이 합병으로 PCCW는 유선 네트워크 사업에서 시장 지배력을 달성했고, 대규모 감원이 뒤따랐다. 리처드가 미국에서 닷컴 버블 붕괴로 큰 곤경에 처한 이후 PCCW를 회복시키고 회사를 위해 올바른 길을 찾고자 여러 노력을 기울인 것은 의심의 여지가 없다. 한마디로 그는 주주들을 위해 옳은 일을 한 셈이다. 하지만 그 과정에서 홍콩텔레콤을 사들이는 데 필요했던 막대한 대출금을 갚느라 직원들을 대량 해고했다. 해고된 직원들은 불행한 노동자 계급에게 아무런 안전망도 제공하지 않는 사회를 탓하는 것 말고는 다른 선택지가 없다. 노동자들은 고용주의 감원 결정에 대해 아무런 방어 수단이 없다.[7]

PCCW-홍콩텔레콤 합병은 힘 있는 가문이나 그 지배하에 있는 기업들이 그들이 원하는 경제 자산, 특히 시장 지배력에 우위가 있는 자산을 독차지할 재정적·정치적 능력을 겸비하고 있다는 사실을 새삼 일깨워준다. 정부가 친기업적인 사고방식 그리고 포괄적 경쟁 정책의 수립과 입법화를 반대하는 입장을 바꾸지 않는 한 경제 전체가 결국 하나의 큰 독점 게임이 되고 말 것이다. 한편 반경쟁적 인수합병이 계속 진행되면서 일자리는 줄어들 것이다. 산업 집중과 경제 집중이 뚜렷해지면서 중소기업이 생존할 여지는 점점 좁아지다가 아예 사라질 것이다.

산업 집중에는 불공평한 면이 또 하나 있는데, 바로 월급 생활자들 사이의 소득 격차 확대이다. 독점 기업이나 경쟁이 낮은 업종의 선도 기업은 경쟁의 부재 혹은 부족 덕분에 비정상적으로 높은 수익을 올릴 수 있다. 따라서 이들 기업은 직원을 유지하거나 경쟁사로부터 직원을 유치하기 위해 시장보다 높은 급여와 보너스를 지급할 여유가 있다. 다른 부문에서 지배적인 기업을 인수하여 기업의 규모가 커지고 수익성이 높아지면서 직원들은 점점 더 나은 보상을 받게 된다. 그 결과 여러 분야를 아우르는 재벌 기업의 종사자는 다른 회사 직원보다 더 많은 급여(상여금과 옵션 포함)를 받는다. 여담이지만 공무원들 역시 고소득 그룹에 속하는데, 그들의 고용주인 정부가 독점한 토지 덕에 비정상적인 이윤을 누리기 때문이다. 이런 현상은 소득 분배가 전반적으로 점점 더 불균등해지는 상황을 부분적으로 반영한다.

경제 집중의 결과 —

홍콩은 항상 뚜렷한 대조를 이루는 곳이었다. 가장 좋게 표현하면, 동양과 서양을 만나 문화가 교차하는 세계적인 도시다. 가장 나쁘게 표현하면, 부유한 소수가 가난한 대중을 효과적으로 지배해 애타는 불평등으로 낙인찍힌 사회다. 사회적 불만을 불러일으킨 것은 후자의 모순이며, 지금까지 이 불만은 주로 행정부를 향했다. 불만의 밑바탕에는 정부가 엘리트 집단에 혜택을 주어 발생한 경제 집중과 그 결과로 초래된 빈부 양극화 앞에서 느끼는 대중의 무력감이 깔려 있다.

이미 극심한 부의 불균형을 더욱 악화시킨 것은 1998년의 부동산 시장 붕괴로, 이는 중산층과 노동자 계급의 주머니를 털어갔다. 그들이 겪는 고통이 엘리트 계층에 의해 발생했다는 사실적인 증거가 없었기에 가난한 대다수는 사회적·경제적 재난에 대한 책임에서 벗어날 수 없는 정부를 향해 손가락질할 수밖에 없었다.

그런데 사회 다수의 원한에는 부동산 게임에서의 패배보다 더 깊은 뿌리가 있다. 그들의 불만은 경기 침체에도 가스, 전기, 대중교통, 슈퍼마켓 판매 품목과 같은 기본적인 생필품에 대해 터무니없이 높은 가격을 지급해야만 하는 상황에서도 비롯되었다. 사람들은 자신들이 열심히 일해서 번 돈의 대부분이 어떻게든 소수 권력자의 주머니로 흘러갔다는 사실을 의심하지 않는다. 사태가 너무 심각해진 나머지 사회적 불만이 사회 불안으로 번질지 아닐지는 더 이상 문제가 아니었다. 단지 시기의 문제일 따름이었다.

불만이 커지면서 평상시 조용하던 중산층을 포함한 여러 계층이 거리로 나와 친재벌 정부를 규탄하고, 강자를 보호하고 약자를 박해하는 냉혹하고 불공정한 정책들에 항의했다. 교사, 의사, 중산층, 사회복지사, 공무원, 연금수혜자, 외국인 가사도우미, 심지어 노년층까지 합세해 대규모 대중시위를 벌였다.

당시 홍콩중문대학의 아시아태평양연구소 교수였던 류자오자劉兆佳, Lau Siu-kai는 "우리 정부는 엘리트주의적이다. 홍콩 사람들 모두가 개혁이 필요하다는 것을 안다. 하지만 중소기업들은 자신들의 이익을 보호할 다른 방법이 없기 때문에 거리로 뛰쳐나가야 한다고 느낀다"라고 말했다.

세계 사회주의 웹사이트에 올라온 홍콩 정부에 대한 비판은 모든 것을 함축하고 있다. "둥젠화 행정부는 이전의 영국 식민 통치자만큼이나 독재적이고 냉담하며 홍콩 재계의 거물들에 굴종적임을 증명했다." 이 비판은 홍콩 사회의 민심을 완벽하게 반영하고 있다. 홍콩 반환 시 홍콩 정부가 "모두를 위한 탁월하고 번창한 미래"를 실현하겠다고 약속했을 때 높은 실업률 속에서 먹고살기 위해 고군분투하던 이들이 환멸감을 느낀 것은 당연한 일이었다.[8]

CNN은 당시 홍콩의 사회상을 다음과 같이 생생하게 묘사했다.

사회적으로 홍콩 정부는 더 많은 갈등과 불안을 향해 가고 있다. 실업률이 7.4%인 상황에서 빈부 격차가 벌어지고 있다. 대부분의 홍콩 중국인들은 정치적으로 인내심이 강해서인지 거리로 뛰쳐나가지 않았다. 그들의 수입은 하루 벌어 하루 먹고살 정도여서 민간과 공공 부문의 많은 조직이 감축되더라도 잘못된 통치를 상당 부분 용인한다. 그러나 최고 지도자들의 낮은 지지율을 보면 상당한 불만이 잠재되어 있음을 알 수 있다. 또 다른 사회·경제적 문제는 계급 모순의 격화다. 가난한 사람들이 경제력과 정치력을 모두 누리고 있는 부유한 재계 거물들에게 점점 더 질투에 찬 시선을 보내고 있는 가운데 홍콩 정부는 좌절한 일부 시민이 폭탄을 설치하고 정부 관리들에게 위협을 가하는 상황에 직면하고 있다. 정부가 소득 격차 해소를 위해 긴급한 조치를 취하지 않으면 사회 격동은 계속될 것 같다. 재정 적자가 엄청난데도 정부는 소득세를 높여 부자들의 반감을 사는 일은 하지 않는다. 그러나 세금망을 넓히는 것은 더 많은 중산층과 그보다 아래 계층 사람들이 프롤레타리아에 합류할 위험에 처하게 됨을 의미한다. 아시아 경제위기 이후 부동산이 침체하면서 역자산으로 괴로워하고 있는 수많은 중산층 시민들의 불만이 문제를 더욱 복잡하게 만들고 있다.[9]

경제 집중의 또 다른 부작용은 위축되는 경제다. 재벌들이 끊임없는 인수를 통해 더 많은 파이를 가져가기 때문에 권력 서클 바깥에 있는 중소기업의 몫은 별로 남아 있지 않다. 그 제한된 기회의 여지 안에서조차 중소기업은 그다지 생존율이 높지 않은데, 고비용 환경 탓에 오랫동안 어려움을 겪어왔기 때문이다. 이뿐 아니라 사업이 확장 단계에 도달하면 상대적으로 취약한 재정으로 어려움이 가중된다. 중소기업은 확장 단계에서 임대료 상승의 희생자가 되기 쉬운데, 임대료 상승은 그들의 이윤을 조금씩 갉아먹다가 결국에는 파산을 초래하기도 한다.

슈퍼마켓 체인과 경쟁하는 식료품점처럼 제품 가격 면에서 막강한 재벌과 경쟁할 수 없는 것도 중소기업이 파산하는 주요 원인이다. 중소기업이 시장에서 퇴출당하면 그만큼 노동자들의 일자리가 줄어든다. 종국에는 경제 전체가 경제 집중으로 숨이 막히고 파이가 작아진다.

막강한 경제력과 금융력을 가진 이들은 이익을 더욱 키우기 위해 자신의 권력을 정치적으로 사용하려 들 것이다. 권력층은 정치적 영향력을 행사해 공공정책을 자신들에게 유리하게 흔들면서 사회 다수의 이익을 위태롭게 할 수 있다.

《아시아위크》가 보도했듯이 슈퍼 부자들이 정부에 어떻게 정치적 영향력을 행사했는지를 보여주는 흥미로운 사건이 1998년 말에 발생했다. 그해 초 부동산 시장이 붕괴하자 개발업체들은 남은 회계연도 동안 토지 매각을 중단해달라고 정부에 탄원했다. 둥젠화는 1998년 10월 시정보고에서 홍콩부동산건설상회가 요구한 토지 매각 2년 추가 유예를 받아들이지 않고 1999년 초에 토지 매각 재개 여부를 검토하겠다고 발표했다. 이미 1997년 둥젠화의 '8만 5000호 정책'에 경악했던 일부 재벌은 둥젠화가 자신들의 요구를 완강히 거부하는 것을 참을 수 없었다. 둥젠화는 1999년 4월에 토지 매각을 재개하려 했는데, 늘어나는 재정 적자를 만회해야 했기 때문이었다. 일부 분석가들은 재정 적자가 1999년 3월에는 8억 3200만 미국 달러에 이를 것으로 추산했다.[10]

재벌들은 베이징에 있는 중앙정부에 불만을 토로했고, 둥젠화도 홍콩 개발업체들이 토지 매각이 재개되어야 하는 이유를 받아들이도록 중앙정부에 도움을 요청했다는 소문이 돌았다. 주룽지朱镕基 전 총리의 중재 노력이 없었다면 그들의 교착상태는 깨지지 않았을 것이다. 주룽지는 10월 말 광둥성의 반反밀수 및 금융 구조 조정 노력을 점검하기 위해 이동하던 중이었다. 그는 산터우에서 이틀을 보내며 리자청, 월터 궈, 리자오지, 정위퉁 등 홍콩의 거물 열 명을 차례로 만났다. 주룽지는 재벌들에게 둥젠화의 어려운 입장을 이해시키려고 노력하고, 상업적인 결정을 내릴 때 홍콩 전체의 이익을 고려해달라고 요청했다. 그는 홍콩 재벌들에게 4월 토지 매각 재개를 지지해달라고 촉구했다. 산터우에서 돌아온 리자청은 앞장서서 토지 매각 재개에 대한 기존 반대 입장을 공개적으로 뒤집었다. 산터우 회의에 참석하지 않은 홍콩부동산건설상회 회장 스탠리 호는 리자청이 홍콩부동산건설상회 회의에서 도달한 합의를 깼다며 불만을 토로했다.

홍콩부동산건설상회는 가장 주목받는 압력 단체로, 회원들은 모두 잘나가는 부동산 회사 대표들이다. 주요 회원으로는 상장 개발 업체인 청쿵홀딩스, 선훙카이 부동산, 헨더슨 랜드, 스와이어 퍼시픽, 워프/휠록 그룹, 신스제발전, 헝룽恒隆 부동산, 신허信和 부동산, 호프웰Hopewell 홀딩스, 하이산希慎 개발, 그레이트 이글, 신더信德 그룹의 최고경영자들이 있다. 현 협회장은 마카오 카지노 거물 스탠리 호로, 그의 해운그룹 신더는 홍콩에서 부동산 개발로 사업을 다각화했다.

홍콩부동산건설상회는 새로운 도시계획법 입법 과정에도 영향력을 행사했다. 새로운 도시계획법의 주요 목표 중 하나는 시민들에게 더욱 투명하고 책임성 있는 계획 시스템을 만드는 것이었다. 하지만 이는 개발업체들이 원하는 바가 아니었다. 홍콩부동산건설상회는 1999년 11월 26일 고든 시우Gordon Siu, 蕭炯柱 전 계획·환경·토지국 국장에게 보낸 '계획 신청에 관한 공개 논평'이라는 제목의 서한에서 아래의 의견을 전달했다.

제안된 개발 신청서 공지는 우려를 낳는다. 정부는 공지가 필요한 신청서를 한정하기 위해 해당 용도의 목록을 공표한다고 제시했다. 그런데 목록 작성에 적용되는 용도의 유형이나 근거에 대해 아무런 설명이 없기에 목록에 포함된 용도에 반대할 기회가 주어지지 않는다. 이러한 공지 요건은 불가피하게 개발 과정을 지연시킬 수밖에 없으며 현재 비공개적으로 올바르게 취급되고 있는 신청자의 정보를 공개하게 되므로 우리는 용도 목록이 예외적인 사례에 국한되어야 한다고 믿는다. …… 또한 개발 신청서 공지는 민간 개발 과정에서 법이 합리적으로 제공할 수 있는 수준보다 더 크게 대중의 기대를 증폭시키기에 전체 과정에 대한 대중의 좌절감을 야기할 수 있다. 반대로 개발 신청서 공지는 현재 합리적이라고 생각되는 수준을 넘어 대중의 개입과 항의를 초래할 수 있다. 따라서 우리는 전체 공지 과정을 매우 주의 깊게 다루거나 제외할 필요가 있다고 생각한다.

그 후 새 법안은 입법회에서 위원회 단계로 넘어갔다. 법안과 법안에 대한 시민 의견을 검토하기 위해 2000년 3월 초에 법안위원회가 구성되었다. 2000년 3월 21일 홍콩부동산건설상회는 19쪽 분량의 공식 의견서를 제출했는데, 이 의견서에서 '계획 신청에 대한 대중 참여(제34절)'에 관한 논평을 되풀이했다.

기존 계획 시스템은 대중의 참여를 위한 메커니즘이 불충분하다는 것이 정부의 견해다. 이 문제를 해결하기 위해 정부는 계획 연구 및 수립 단계에서 공개 협의를 제안했고, 공지가 필요한 신청서를 규정하기 위해 해당 용도 목록을 공표할 것을 제안했다.

홍콩부동산건설상회는 계획 연구 및 수립 단계에서 진행하는 공개 협의 제안을 전적으로 지지한다. 이를 통해 시민 의견이 초기 단계에서 검토될 수 있을 것이다. 그러나 홍콩부동산건설상회는 공지의 대상이 될 용도도 알지 못한 채 특정 개발 신청서를 공지하고 의견을 청취하는 것에 우려를 표한다. 이러한 공지와 의견 청취는 개발 과정을 지연시킬 수밖에 없고 현재 비공개로 취급되고 있는 신청자의 정보를 공개하게 되므로 용도 목록은 공세적 운용과 같은 예외적인 사례에 국한해야 한다.

위원회는 입법회 마지막 회기 내에 법안에 대한 검토를 완료하지 못하고, 2000년 5월 해산했다. 이후 주택·계획·토지국은 일부 복잡한 정책 현안에 대한 견해가 워낙 다양해 주요 이해관계자들과 추가 협의를 거쳐 해결할 필요가 있다고 판단했다. 그 결과 주택·계획·토지국은 (개발업체에 우호적인) 현 계획 시스템의 효율성과 유효성을 향상하는 데 초점을 둔 개정안을 제출하는 한편, 다른 개정 사항들은 차후로 미루는 편이 낫겠다고 결정했다. 사실상 주택·계획·토지국은 공적 책임과 관련한 개정 사항들은 제쳐놓았다. 개정안은 처음 제시된 새로운 법안이 희석되고 약화된 것이었다.

경제 실세들은 주요 기관의 요직을 차지한 협력자를 통해 정치적 영향력을 행사하기도 한다. 국제금융의 중심지로서 홍콩은 증권 및 선물 시장에 대한 효율적이고 공정하며 효과적인 규제에 관심이 많다. 그러나 한 사건은 기업의 이익이 공공의 이익보다 우선시되는 현실을 다시 한번 확인해준다.

2002년 하반기에 '페니 주식' 사건[11]이 터지자 당시 재무국장은 3인의 전문가 집단을 불러 규제 체계를 검토하고 개혁 권고안을 마련하도록 했다. 이들은 2003년 3월 21일 아시아 태평양 지역의 국제금융 중심지로서의 신뢰도를 유지하기 위해 중대한 개혁을 시급히 시행할 것을 촉구하는 보고서를 발표했다. 이 보고서의 중심축은 증권선물거래소의 멤버들로 구성된 상장 법인 홍콩증권거래소HKEx에서 상장 기능을 없애고, 이 기능을 증권선물위원회Securities and Futures Commission, SFC에 위임하도록 권고한 것이었다. 실제로 수익성을 추구하는 상장 회사인 홍콩증권거래소가 규제 역할을 떠맡는 현재의 구조는 전문가들로부터 "근본적으로 결함이 있다"는 비판을 받았다.[12]

홍콩증권거래소 전 회장인 찰스 리Charles Lee, 李業廣는 3월 24일 (진보 논객 데이비드 웹과의 만남에서) 전문가들의 권고를 지지하며 정부와 협력하겠다는 뜻을 밝혔는데, 돌연 나흘 만에 재무국장에게 서면으로 반대 의견을 전했다. 이에 재무국장은 전문가 집단 보고서를 1년간 보류한다고 선언하고, 이 문제에 대한 보다 폭넓은 공론화 결과가 나올 때까지 기다리겠다고 발표했다.

2003년 3월 31일 데이비드 웹은 '공익성 훼손'이라는 칼럼에서 다음과 같이 말했다. "보고서의 권고 사항을 이행하겠다는 정부의 약속이 지켜질지는 궁극적으로 홍콩의 행정장관인 둥젠화의 손에 달려 있으며, 앞으로 2주간 그의 행보를 보면 분명해질 것이다." 이어서 그는 다음과 같이 말했다. "홍콩 행정장관의 승인을 받는 회장을 포함해 현재 홍콩증권거래소 15명의 이사 중 8명을 정부가 임명하고 있다. 연차총회 이후 이는 13명 중 6명으로 줄어들 것인데, 재무국장과 협의해 증권선물위원회의 승인을 받아야 하는 홍콩증권거래소 대표이사와 선출이사 6명에게 균형이 달려 있다. 정부는 (회장을 비롯해) 6명의 이사가 누구인지 아직 발표하지 않았다. 따라서 임명될 이사가 개혁 성향인지 반개혁 성향인지는 결정 권한을 쥐고 있는 정부의 손에 달려 있다. 찰스 리를 비롯한 개혁 반대론자들이 재신임되어서는 안 되지만, 만약 재신임된다면 우리는 둥젠화 장관이 어느 진영에 섰는지 확실히 알 수 있을 것이다. 둥젠화 정부가 어떤 이사, 회장, 대표이사를 선택하는지에 따라 그가 재벌의 기득권을 옹호하는지, 아니면 금융 중심지로서 홍콩의 장기적인 이익을 옹호하는지 알 수 있다."[13]

2003년 4월 15일 홍콩증권거래소는 연차총회를 개최했고 정부가 임명한 회장과 이사진이 발표되었다. 대표적 회계법인의 컨설턴트인 새로운 인물을 뺀 나머지 다섯은 재임명되었는데, 찰스 리는 회장으로 재임명되었고, 뤄자루이羅嘉瑞 GEMGrowth Enterprise Market 전 회장은 이사로 재임명되었다. 한편 웹이 친개혁 진영에 있다고 믿은 두 명도 이사로 임명되었다. 또 다른 위안은 찰스 리, 뤄자루이, 그리고 다른 한 명의 재신임 이사는 임기가 1년인 반면 나머지 셋에게는 2년의 임기가 주어졌다는 점이다. 그럼에도 이사회는 여전히 기득권층이 장악하고 있었기에 개혁 전선에서 힘겨운 싸움이 예상되었다. 찰스 리와 뤄자루이가 홍콩의 거물들과 인맥이 두텁다는 점도 잘 알려진 사실이다.

합리적 시각으로 볼 때 정부가 개혁안을 추진하길 주저한 것은 찰스 리의 입장 선회만큼이나 수수께끼다. 전문가 집단의 보고서는, 웹의 말에 따르면 "사려 깊고, 신중하며, 거의 포괄적이고 확실히 멀리까지 도달했다". 전문가 집단이 다룬 두 가지 주요 이슈는 시장의 수준과 이해 충돌이었는데, 이는 투자업계와 일반 대중 모두에게 정말 큰 관심사였다. 연구 결과와 분석은 공정하고 객관적이었으며, 홍콩증권거래소가 현재 직면한 문제를 해결할 전문가 집단의 권고도 논리적이고 합리적이었다. 그러나 거대 기업 집단의 이익과 비교해 그러한 이슈는 중요하지 않았다. 찰스 리 회장의 지휘 아래 홍콩증권거래소가 상장 기능을 유지하는 것은 적어도 권력층에 도움이 된다. 그들이 기업분할을 할 때 상장 승인이 필요할 수도 있으니 말이다.

6
—
가능한 해결책

나만이 인생을 바꿀 수 있다. 아무도 나를 위해 해줄
수 없다.

－ 캐럴 버넷

어느 누구도 홍콩이 직면한 온갖 사회·경제적 병폐에 대한 만병통
치약이 있다고 주장하지는 못할 것이다. 그렇더라도 홍콩이 그러한
병폐로부터 회복하려면 긴급한 치료가 필요하다는 데는 논란의 여
지가 없다. 대개 홍콩의 병폐는 토지나 부동산과 관련이 있으며, 모
두 고비용 환경에서 뚜렷하게 드러난다. 개발업 재벌의 토지와 공
간 독점은 과거와 현재의 토지 제도(암묵적인 고지가 정책 포함) 때문
에 가능했으며, 고비용 환경의 근본 원인이 되었다. 공급 제한에 초
점을 맞추고 주요 기업에만 상대적으로 낮은 토지 비용의 이점을 제
공하는 과거와 현재의 토지 제도는 독점의 지속을 부추긴 책임이 있
다. 따라서 가능한 치료법은 토지 제도의 대대적 개혁, 그리고 고비
용 상황을 반전시키고 재벌의 토지와 공간 독점의 폐해를 완화할 수
있는 토지·주택 정책의 변화일 것이다.

정부는 저지가 정책을 추구함으로써 얻는 이익이 있음을 깨달아야 한다. 그중에서 가장 중요한 것은 홍콩이 주변국이나 본토 도시보다 우월한 비용 경쟁력을 되찾아 외국인 투자를 유치할 수 있다는 점이다. 또한 지가가 낮아지면 사업비가 합리적이고 적정한 수준으로 낮아져 홍콩인들의 생활비가 줄어들고 사업과 취업의 기회가 늘어날 수 있다. 정부는 비경쟁적인 기업 환경과 비정상적으로 높은 생활비와 사업비로 경제가 활력을 잃고 있다는 사실을 먼저 인정해야 한다.

세계에서 가장 자유로운 경제라는 찬사에 걸맞지 않게 홍콩은 자유시장의 목표, 즉 경쟁과 소비자의 이익을 증진하고, 모든 사업 분야에서 공평한 경쟁의 장을 유지하며, 모두에게 공정하고 공평한 기회를 제공한다는 목표를 달성하는 데 실패해왔다. 경쟁법과 법정 집행기구의 부재, 주요 경제 분야에서의 독과점 때문에 홍콩은 진정한 자유 경제의 기준에 한참 미달한다.

홍콩 사회에서 소비자는 불공정한 가격과 제품 선택 및 협상력의 부족이라는 형태로, 소기업과 창업자는 기울어진 운동장과 같은 진입장벽의 형태로, 구직자는 산업 몇 경제 집중이 초래한 고용 기회의 감소라는 형태로 사회적 불평등을 겪고 있다. 포괄적인 경쟁 정책과 소비자 보호 정책을 도입하고 관련 법률을 공포하는 것은 이에 대한 명백한 해결책이다.

토지 제도에서 비롯된 부의 심각한 불균형이 산업과 경제 집중의 근원이기에 능력 있는 자가 더 많은 세금을 부담해야 한다는 원칙에 입각해 현 조세 구조를 철저히 검토할 필요가 있다. 월급 노동자 사이의 소득 격차를 비롯해 현재의 극심한 부의 격차를 줄이려는 모든 노력은 사회 정의를 도모하기 위한 것이다. 부자에게 유리한 조세 체계는 가뜩이나 심각한 빈부 격차를 더 벌어지게 한 부분적 원인이다. 게다가 노동자 계급으로 대표되는 가난한 다수는 홍콩의 경제 발전과 맞지 않는 낡은 노동법 때문에 고용주, 특히 대기업에 대해 항상 불리한 위치에 있다. 법정 최저임금을 정하고 노동자의 단체 교섭권을 합법화하는 것은 고용주의 착취로부터 노동자를 보호하기 위해 정부가 할 수 있는 최소한의 일이다.

토지 독점이 초래한 부의 불균등한 분배에 맞서기 위하여 토론과 심도 있는 연구를 할 만한 가치가 있는 해결책이 있다. 사회 개혁가들은 이 해결책을 '토지가치세'라고 부른다. 토지가치세 개념은 적어도 100년은 되었지만, 최근 미국이나 영국 같은 서구의 사회 개혁가들 사이에서 다시금 주목받고 있다. 홍콩에 구체적으로 적용할 수 있는지와 상관없이 이 개념은 분명 설득력 있고 논리적이며, 적어도 학계와 정계에서 논의해볼 가치가 있다.

문제의 본질을 공략하기 ─

왜 홍콩은 생활비와 사업비가 가장 비싼 곳이 되었을까? 확실한 답은 사용 가능한 토지가 부족해서다. 그런데 이러한 희소성은 자연적 한계 때문이라기보다는 정부가 토지 공급을 인위적으로 제한하면서 발생했다. 홍콩의 토지 제도는 공급 제한에 초점을 맞추고 있으며, 이로 인한 인위적인 토지 부족은 고비용 구조를 확산하는 데 일조했다. 동시에 몇몇 재벌들이 토지와 공간을 독점하면서 비경쟁적 시장 구조를 초래하고, 독과점 세력이 시장 지배력을 행사하며 부동산 가격과 임대료를 인위적으로 부풀릴 수 있게 되었다. 이는 1998~2003년 경기 침체기에 부동산 가격과 임대료(특히 소매 상품과 서비스 가격에 영향을 미치는 소매점 임대료)가 하향 조정되는 데 주요한 장애물이 되었다.

돌이켜보면 토지 공급의 의도적 제한이 개발업 재벌들의 토지 독점 및 시장 지배와 맞물리면서 1990년대 초중반 부동산 거품이 형성되는 데 적어도 부분적인 원인이 되었다. 그리고 부동산 거품은 광적인 투기로 더욱 부풀어 올랐다. 부동산 가격이 1991년부터 6년 동안 5~6배까지 올랐다는 점을 염두에 둔다면, 1997년의 최고점에서 65%가 조정된 것을 두고 '급격하다'고 말하기는 어려울 것이다. 주택 가격 '하락기'와 맞물려 주택 임대료가 다소 낮아지긴 했지만, 소매점 임대료 특히 재벌이 소유한 대형 쇼핑센터의 임대료는 주택 임대료에 비해 훨씬 회복탄력성이 큰 것으로 나타났다.

이처럼 부동산 가격과 임대료는 여전히 높은 수준이며, 높은 생활비와 사업비의 원인이 된다. 따라서 홍콩의 고비용 문제의 상당 부분은 토지 독점 및 왜곡된 부동산 시장 구조에 있는 것으로 보인다.

홍콩의 고비용 문제와 그 근저에 있는 토지 독점 및 부동산 시장 구조 왜곡을 해결하기 위해 정부가 취할 수 있는 실용적이고 직접적인 방법은 적정가의 주택과 기업 혁신을 위해 토지 공급을 확충하는 저지가 정책이다.

토지 비용을 계속해서 낮은 수준으로 유지하면 적어도 재벌의 토지 및 공간 독점이 초래하는 유해한 효과를 완화하거나 부분적으로 해결할 수 있다. 인위적인 공급 제한으로 인한 높은 토지 비용은 홍콩의 높은 사업비와 생활비의 주원인이 되었고, 홍콩의 경쟁력을 회복하는 데 큰 걸림돌이 되었다. 적정가 주택 및 기업 혁신 대상 지역에 의도적으로 낮은 지가를 책정하면 전체적인 지가를 낮은 수준으로 고정하는 역할을 하게 된다. 그리고 낮아진 지가는 다시 부동산 가격과 임대료를 낮추도록 자연스레 압력을 가하게 될 것이다. 이렇게 되려면 우선 정부가 저지가 정책이 홍콩의 사회·경제적 병폐를 치유하는 적절한 처방이라는 점을 자발적으로 받아들여야 한다.

HOS 주택 공급 중단은 정부와 개발업 재벌에게 좋은 방안일 수 있지만, 주거 수요를 충족할 수단이 제한된 저소득층에게는 나쁜 방안이다. 이 조치는 2000년대 초 공공 지출을 줄이고 부동산 시장 개입을 억제하려는 정부의 목표에 의심의 여지 없이 잘 부응했다. 게다가 이 조치로 경쟁이 줄어들고 시장 지배력을 더 많이 확보할 수 있었기에 개발업체들도 마다할 이유가 없었다. 그런데 생활 여건을 개선하고 싶지만 민간주택 시장에서 주택을 구매하거나 임대할 여유가 없는 비특권층은 어떠한가? 홍콩처럼 부유한 정부를 둔 사회에서 누구라도 합리적인 가격으로 주택을 확보할 권리를 주장할 수 있어야만 공정한 사회라고 할 수 있을 것이다.

시민당Citizens Party(이익단체)이 정부에 제출한 '홍콩 공공주택의 새 방향'에서 지적한 바와 같이 주택의 수요와 공급을 시장에 맡기는 동안 정부는 토지가 주택 공급의 방해 요소가 되지 않도록 보장해야 한다. 시장의 힘이 주로 중산층이나 고소득층에게 유리하게 작동하는 한계가 있더라도 민간주택 시장에서 시장의 힘이 발휘되도록 해야 한다. 그렇더라도 정부는 저소득층의 주택 수요를 소홀히 해서는 안 된다.[1]

주택·계획·토지국 전 국장은 2003년 정책 과제에서 "주거개발용 토지가 적기에 공급될 수 있도록 종합적인 모니터링 메커니즘과 조기 경보 시스템을 마련하겠다"라고 약속했지만 그는 적정가 주택 공급을 목적으로 하는 어떠한 토지 배분 계획도 언급하지 않았다.

정부가 더 이상 보조금 수혜 가정의 개발업체가 되고 싶지 않다는 점은 이해할 수 있지만, 그렇다고 HOS 주택에 의존해 주택 수요를 해결하던 가난한 사회계층을 방치할 수는 없다. 정부의 빈자리를 민간 개발업체들이 대신하도록 하면 어떨까? 정부는 특정 목적을 위해 토지를 배분하고, 나머지는 개발업체들이 수행하면 된다. 이러한 유형의 주택이 적정 가격을 유지할 수 있도록 매매 가격이나 임대료를 제한하는 특별 조항(또는 시장가격이나 임대료 대비 할인율을 명시하는 조항)을 매매 조건에 기재할 수 있다(계약서 내용은 민간 참여 계획Private Sector Participation Scheme과 비슷할 것이다).

유연성을 높이기 위해 개발업체들이 임대 목적으로 아파트를 보유하는 것을 허용할 수도 있다. 정부는 HOS 때 했던 것처럼 임대 아파트 신청자의 소득자격을 심사하는 역할을 계속할 수 있다. 이는 공공주택에서 민간시장으로의 수요 이동으로 개발업체들이 시장 지배력을 더욱 확장할 수 있는 상황을 막을 뿐만 아니라 샌드위치 계층과 저소득층의 기본적인 사회권, 즉 적정한 가격이나 임대료로 준수한 거주지를 확보할 권리를 지켜낸다.

적정가 주택 외에도 정부의 장기 토지 배분 계획은 경제 구조 조정을 지향해야 한다. 산업 혁신에서 발생하는 토지 수요를 감안해 토지 배분을 고려하는 것이 합당하다. 이때 정부 당국은 어느 정도의 열린 마음과 유연성을 보여야 한다. 이러한 접근 방식은 신규 토지 사용뿐만 아니라 기존의 토지 용도를 전환하는 데도 적용되어야 한다.

경제학자 스티븐 청Steven Cheung Ng-sheong, 張五常은 중국 본토 제품과 외국산 제품의 무역 전시를 촉진하기 위해 산업 지역의 버려진 공장을 무역 전시장으로 개조하도록 권고했다. 전시 제품은 가구, 기성복, 전기제품, 조명에서 장난감, 가정용품에 이르기까지 다양하다. 이 아이디어는 해외 무역업자들이 상품을 전시하는 것은 물론 전시회에 선보인 중국 제품을 구매하도록 유도하고, 동시에 본토 기업들이 자신의 제품을 전시하고 전시회를 통해 해외 시장을 개척할 수 있도록 하자는 취지였다. 이러한 전시회는 도매업과 소매업 활동 모두를 촉진할 수 있을 것이다.

청의 제안에서 한 가지 문제는 공장들이 개인 소유이고 임대 계약 변경은 소유자가 자발적으로 추진해야 한다는 점이다. 공장이 층별로 소유자가 다를 경우 임대 계약 변경은 훨씬 더 복잡해진다. 그러나 세계 무역업자들은 물론 중국 본토 무역업자들을 홍콩에서 열리는 무역 박람회에 유치하려는 그의 아이디어는 굉장히 매력적이었기에 주택·계획·토지국은 이 같은 목적으로 토지를 할당하는 문제를 진지하게 고민하기도 했다. 그런데 청의 제안을 실행하기 위해서는 한 가지 전제조건이 더 있다. 바로 경쟁력 있는 토지 비용이다. 홍콩은 상하이라는 힘든 경쟁 상대와 만나게 될 텐데, 상하이는 지가와 인건비가 더 저렴하다.

면밀한 연구 끝에 청의 구상이 실행 가능하다고 판명되면 정부의 경직성과 관료주의적 적폐가 이를 방해하지 않도록 해야 한다. 용도에 맞게 구역을 지정하고 접근 가능한 부지를 상당히 저렴한 비용으로 제공해야 한다. 토지 비용이 매우 낮아야 무역 전시관 임대료가 상하이에 비해 충분히 경쟁력 있는 수준으로 책정될 수 있다. 무역 활동에서 얻을 장기적인 경제적·사회적 편익과 승수효과는 단기적인 토지 수익 손실을 상쇄하기에 충분할 것이다. 무엇보다 홍콩이 세계의 공장인 중국을 상대로 우수한 인프라 시설을 갖춘 전시관을 제공하는 것보다 더 잘할 수 있는 일이 무엇이겠는가? 기업이 홍콩으로 유입되기 시작하면서 일자리도 늘어날 것이다. 임대료가 저렴한 무역 전시관은 지역 예술가, 디자이너처럼 자기 작품을 전시할 공간이 필요한 자영업자들에게도 환영받을 것이다. 다만 개발업 재벌들이 값싼 토지를 사들이는 것을 막기 위해 새로운 토지 양도 계약서에는 가격이나 임대료 상한 조항을 명시해야 한다.

(적정가 주택이 아닌) 민간 주거용 및 상업용·산업용(경제 구조 조정과 관련한 수요 제외) 토지 공급과 관련해 따라야 할 기본 원칙은 토지를 계속 충분히 공급하면서 가능한 한 많은 경쟁을 허용하는 것이다. 이때 앞으로 더 이상 토지 공급 부족이 발생하지 않을 거라는 분명한 메시지를 시장에 주어야 한다. 시장의 힘이 민간 주거용 및 상업용 토지 시장을 장악할 수 있게 하려면 공공토지 경매를 조속히 재개해야 한다. 또한 규모가 작고 자본이 부족한 사업자들이 경매에 적극적으로 참여할 수 있도록 정부는 작은 부지를 경매에 부치고, 토지 프리미엄 분납도 고려할 수 있다.

소비자들은 민간주택 시장에서 유용한 정보를 확인할 수 없어서 제대로 된 정보 없이 주택 구매 결정을 내리곤 한다. 주택국은 시장

투명성을 높이기 위해 인구 증가, 인구 변화 및 소득 분배에 대한 연간 예상치와 이에 더해 주택 수요와 관련한 모든 정보를 공개하고, 계획국과 토지국은 정기적으로 토지 처분 장기 계획을 발표할 수 있다. 대개의 경우 주택 구매가 평생 가장 큰 투자인 점을 고려하면, 시민들이 정보에 입각해 결정을 내릴 수 있도록 관련 부처가 추계치와 정보를 공개하는 것은 분명 바람직하다. 정보를 가진 소비자는 가격을 예의주시하므로 착취의 대상이 될 가능성이 낮다.

토지 및 부동산 시장 구조가 왜곡된 데에는 임대 계약 변경 제도와 막대한 농지, 공익사업·공공서비스 부지 비축을 통한 재벌들의 토지 비용 우위가 중요한 요인으로 작용했다. 임대 계약 변경 제도는 토지 소유주가 임대 계약 변경을 신청할 수 있는 유연한 제도일지는 몰라도, 변경 프리미엄 평가 내역이 절대 공개되지 않는다는 점에서 공공 책임에 대한 의문이 제기된다. 변경 프리미엄은 정부의 토지 수입에서 큰 부분을 차지하기 때문에 매우 중요하다. 정부는 적어도 변경 프리미엄이 어떻게 계산되는지 시민들에게 알려야 한다. 이뿐 아니라 공공시설이나 공공버스 회사의 토지 자산은 애초 공공의 목적으로 제공한 것이므로 사회적 공정성 측면에서 검토해야 하며, 사적 목적으로 마음대로 사용해서는 안 된다. 자산 수탈을 방지하기 위해 정부는 앞으로 토지 제공을 위한 임대 계약에 토지 환수 조항을 삽입하는 것을 고려할 수 있다.

토지 독점은 결코 새로운 사회·경제적 문제가 아니다. 1909년

하원 연설에서 윈스턴 처칠은 토지 독점의 폐해를 분명하게 지적했다.

토지 독점은 유일한 독점은 아니지만 단연코 가장 큰 독점이다. 토지 독점은 영구적인 독점이며, 다른 모든 독점의 모체다. 토지 가격의 상승은 불로소득의 유일한 형태가 아니라 불로소득 증가의 주된 형태다. 이는 단순히 대중에게 유익하지 않을 뿐만 아니라 대중에게 피해를 끼치는 과정에서 파생된다.

토지는 인간 존재의 필요조건이자 모든 부의 원천으로, 그 양이 엄격히 제한되고 지리적 위치에 고정되어 있다. 그래서 토지는 다른 모든 유형의 재산과는 다르다. …… 다른 형태의 번영과 임금 인상이 모든 면에서 땅에서 발생하는 불로소득과 다를 바 없다고 주장하는 토지 독점가들의 노력을 지켜보는 것만큼 재미있는 일도 없다. 그들은 도시의 인구 증가 덕에 의사나 변호사의 이익이 증가했다고 이야기한다. …… 그들은 도시의 인구 증가 덕에 주가가 상승하고 심지어 예술품 판매 이익까지 증가했다고 이야기한다. ……

만약 주가 상승 덕에 운 좋은 사람들이 자신들이 기대하거나 마땅히 받아야 할 것보다 훨씬 더 많은 이익을 누린다 해도 그 이익은 사회가 필요로 하는 땅을 주지 않아서 얻은 것이 아니다. 반대로 그 이익은 기업에 자본을 제공해서 얻은 것이다. …… 의사나 변호사가 수입이 더 좋다면, 그것은 의사가 더 많은 환자를 치료하기 때문이고, 변호사가 더 많은 소송을 담당하고 더 중요한 소송에 참여하기 때문이다. 모든 단계에서 의사나 변호사는 수수료에 대한 대가로 서비스를 제공하고 있다.

이러한 건강한 과정들을 우연히 대도시 외곽에 있는 토지를 소유하게 된 지주가 누리는 풍요와 비교해보라. 지주들은 사람들이 분주하게 도시를 더 크고, 더 부유하고, 더 편리하고, 더 유명하게 만드는 동안 가만히 앉아서 아무것도 하지 않는다.

도로가 건설되고, 거리가 조성되고, 서비스가 개선되고, 전등이 밤을 낮으로 바꾸며, 100마일 떨어진 산속 저수지에서 물을 끌어온다. 이때 지주는 가만히 앉아서 아무것도 하지 않는다. 이 모든 발전은 다른 사람들과 납세자들의 노동과 비용 부담으로 이루어진다. 토지 독점자는 여기에 무엇 하나 기여한 바가 없는데도 모든 발전은 그의 토지 가치를 상승시킨다. 지주는 사회에 아무런 봉사도 하지 않고, 공공 복지에 아무런 기여도 하지 않으며, 자신의 풍요가 파생되는 과정에 아무런 기여도 하지 않는다. …… 그리고 토지 독점자는 가만히 앉아서 자신의 재산이 때로는 몇 곱절씩 늘어나는 것을 흐뭇하게 지켜본다!

이러한 과정을 조금 더 따라가 보자. 도시 인구는 계속해서 증가하고, 빈곤층 거주 지역의 혼잡은 극심해지며, 임대료는 상승하고, 수천 가구가 공동주택으로 몰려든다. 마침내 땅은 팔기에 적당하게 무르익는다. 즉, 토지를 팔지 않고 버티기에는 가격이 너무 유혹적이다. 토지는 야드나 인치 단위로 농업 가치의 10배, 20배, 심지어 50배로 팔린다.

이 땅의 인구가 많아질수록 오랜 거부로 대중이 입은 상처는 더 커질 것이다. 모두에게 더 많은 불편을 끼칠수록, 경제력과 활동에서 손실이 커질수록 토지 매매가 성사되었을 때 지주의 이익은 더 커질 것이다. …… 여기서 주안점은 독점이다. 독점이 우세한 곳에서는 사회에 끼치는 피해가 클수록 독점가에게 주어지는 보상이 더 커진다. 이러한 사악한 과정은 모든 산업 활동에 충격을 준다. ……

어디를 보든 어떤 예를 고르든 간에 어떤 형태의 기업이든 어떤 단계의 물질적 진보이든 토지 독점자가 자신을 위해 크림을 걷어간 뒤에야 비로소 가능해진다는 사실을 알게 될 것이다. 그리고 토지를 최선의 용도로 사용하고자 하는 사람이나 공공기관은 토지를 열등한 용도로 사용하거나 때로는 아예 방치하는 사람에게 토지 가치에 대한 부담금을 사전에 지급해야만 한다. 모든 진보의 열매가 땅값으로 바뀌고, 토지 소유주는 다른 모든 형태의 부와 산업에 통행료를 부과할 수 있다. 사회가 애써 획득한 모든 혜택의 일부 또는 전부가 토지 가치를 증가시키고, 토지 가치는 자동으로 지주의 주머니에 들어가는 것을 보게 된다. 임금이 오르면 임대료가 오를 수 있는데, 노동자들이 조금 더 낼 여유가 생기기 때문이다. 새로운 철도나 새로운 전차의 개통, 요금 인하, 새로운 발명, 기타 공공서비스가 어느 특정 지역의 노동자들에게 혜택을 주면 노동자들은 더 쾌적한 삶을 영위할 수 있게 되고, 토지 소유자는 노동자들이 특정 지역에 거주하는 특권에 대해 더 많이 요구할 수 있게 된다. ……

모든 것이 땅으로 돌아가고, 토지 소유자는 거의 모든 공적·사적 이익을 흡수한다. 그 혜택이 아무리 중요하거나 사소하더라도.

이 연설의 놀라운 점은 지주가 단지 수년간 필지(대체로 농업용) 하나를 보유하다가 토지에 귀속되는 모든 공적 이윤을 수확하는 것에 대한 설명이 홍콩 개발업체가 농지 하나를 소유하고 있다가 기회가 무르익을 때(예컨대 새로운 철도가 운행하거나 신도시가 들어섰을 때) 수익이 나는 주거용으로 개발해 이윤을 획득하는 과정과 너무도 유사하다는 것이다. 안타까운 점은 오래전에도 바람직하지 않다고 여겨졌던 일이 오늘날에도 여전히 진행되고, 많은 사회 문제를 일으키고 있다는 사실이다.

연설 말미에서 처칠은 이러한 잘못이 토지 소유자 개인에게 있는 것이 아니라고 강조했다. 오히려 비난받아야 할 것은 제도다. 처칠은 "나쁜 것은 사람이 아니다. 나쁜 것은 법이다. 법이 허용하고 사람이 범하는 일에 대해 비난할 대상은 사람이 아니다. 법을 개혁하고 관행을 바로잡기 위해 노력하지 않는다면 비난받을 대상은 국가다"라고 말했다. 현재 홍콩의 상황에서 토지와 조세 제도가 복합적으로 초래한 문제를 시정하기 위해 개선책을 강구하지 않는다면 비난받아야 할 대상은 개발업 재벌보다는 오히려 정부다.

반독점과 소비자 보호 ──

경쟁법을 제정하고 집행하는 나라가 늘어나고 있는 데서 알 수 있듯이 경쟁 정책은 경제 발전을 촉진하는 수단으로서 점점 더 인정받고 있다. 경쟁법과 경쟁 정책의 초점은 가격 담합이나 시장 점유 카르텔을 통해, 거대 기업이 자행하는 폭력을 통해, 그리고 반경쟁적 인수합병을 통해 기업이 시장 지배적인 행태를 보이는 경우 이를 규제하는 데 있다. 또 경쟁법과 경쟁 정책의 주요 목적은 소비자의 수요에 반응하는 시장을 창출하는 수단으로서, 그리고 효율적 자원 배분과 생산의 수단으로서 경쟁을 촉진하는 것이다. 그 결과는 최상의 선택, 최저 가격 및 충분한 공급이 될 것이다. 기업 간 경쟁은 경제 전체의 경쟁력 향상으로 이어져 놀라운 성장과 발전을 이끈다.

다양한 경제 분야에서 홍콩의 독과점과 산업 집중에 대한 증거는 이미 앞에서 자세히 다뤘다. 홍콩 정부는 포괄적 경쟁법의 도입을 거부한 반면, 다른 APEC 회원국들은 보다 적극적으로 나서고 있다. 태국과 인도네시아는 각각 1999년과 2000년에 포괄적 경쟁법을 채택했고, 중국은 도입을 검토 중이다. 대만, 한국, 멕시코 등 다른 APEC 회원국들은 오랫동안 경쟁법을 시행해왔다. 싱가포르는 별도의 포괄적 경쟁법은 없지만 통신, 전력, 가스 산업을 규제하는 법률에 경쟁 조항을 추가했다. APEC 회원국 중 홍콩은 1인당 GDP가 미국과 일본에 이어 3위다. 그러나 홍콩은 경쟁 문제에 있어서 여전히 국제 수준에 못 미친다.

경쟁 정책과 규제 완화에 관한 2002 APEC 워크숍에 제출된 보고서에서 개최국 멕시코는 독점의 부정적 영향 세 가지를 제시했다.

한편으로 독점은 생산을 줄이고 가격을 높임으로써 과도한 임대료 수입을 누릴 수 있게 하며, 따라서 소비자에게서 생산자로 소득을 이전하는 효과를 낸다. 다른 한편으로 이러한 자원 배분의 왜곡은 최종적으로 국민 사이에서 분배 가능한 제품의 감소(사회적 순후생 손실)를 가져온다. 세 번째 부정적 효과는 독점이 창출하는 초과 지대를 획득하려는 동기에서 비롯된다. 회사의 관리자, 노동자 및 공급업체는 경쟁 조건하에서 향유할 수 있는 것보다 더 높은 급여와 노동 조건을 확보하려고 애쓴다. 이런 상황은 기업의 고비용 생산과 순후생 손실이라는 바람직하지 않은 결과로 이어진다.

또한 이 보고서는 시장이 카르텔을 형성할 때 발생하는 비효율성과 왜곡이 독점 시장에서 발생하는 것과 동일하다고 이야기한다.

카르텔은 경쟁자들이 가격을 고정하고, 생산을 제한하며, 시장을 분할하거나 입찰을 조작하려는 수평적 합의에 참여할 때 존재한다. 수평적 합의가 경제에 해를 끼치고 경제 발전에 부정적 영향을 미친다는 것은 널리 알려진 사실이다. 경쟁법을 시행하고 있는 멕시코에서는 수평적 합의 자체가 금지되어 있다.

보고서는 더 나아가 경쟁 정책이 역동성의 맥락에서 어떻게 경제 발전을 촉진하는지 설명한다. 이 분석 프로세스는 경쟁 정책이 수입, 비용, 수익성, 위험이라는 네 가지 투자 결정 요인에 어떤 영향을 주는지 분석하는 데 유용하다. 경쟁 정책은 새로운 경쟁자들의 시장 접근을 용이하게 하여 생산적인 기반 시설과 소득 창출을 가능하게 한다. 반경쟁 관행을 방지하고 진입장벽을 무너뜨림으로써 경쟁 정책은 신규 진입자들이 정상적인 사업 환경에서 수익을 창출할 수 있게 한다. 또한 경쟁 정책은 투입물과 자본재의 가격을 낮춤으로써 투자를 촉진한다. 소득이 늘고 비용이 줄면 자연스럽게 수익성이 증가한다. 경쟁 정책의 또 다른 핵심 기능은 투자자들을 위한 게임 규칙의 투명성을 향상시키는 것으로, 이는 투자 위험을 줄이는 데 도움이 된다. 한마디로 경쟁은 경제 활력의 연료로 작용한다. 경쟁이 결여된 독점 시장에서 독점자는 경쟁 상대가 없기 때문에 소비자를 만족시킬 동기가 없으며, 그 결과 지속적인 개선과 혁신이 일어나지 않는다. 멕시코는 최종 결론으로 경쟁법 시행 경험에 비추어 경쟁이 경제 발전을 촉진하는 강력한 도구임을 입증했다.[2]

2001년 10월 제네바에서 열린 유엔무역개발회의UNCTAD 전문가 회의에서 경쟁법 채택만으로는 충분치 않다는 점이 지적되었다. 경쟁이 실제로 작동할 수 있도록 경쟁법을 적절하게 집행할 수 있어야 한다는 것이다. 불만 사항을 조사할 재원이 부족한 당국과, 구제금융 제공 결정을 반대하는 데 정치적 영향력을 행사할 수 있는 대기업 사례도 거론되었다. 또한 전문가 회의는 개발도상국 소비자들이 시장 왜곡과 정보 비대칭으로 가장 큰 피해를 입었다고 보았다. 그러므로 소비자 보호법안을 채택할 필요가 있다. 동시에 소비자 교육도 필요한데, 특히 저소득층 소비자들에게 그들의 권리와 의무를 알려줄 필요가 있다. 경쟁법과 소비자 보호는 같은 목표, 즉 소비자 이익의 방어라는 목표를 공유하지만, 둘은 상호 보완적이다. 효과적인 경쟁 정책은 간접적으로 소비자에게 이익을 줄 수 있지만, 소비자가 당면한 문제를 처리하기 위해서는 소비자 보호법이 필요하다. 예컨대 소비자는 잘못된 표현과 오해의 소지가 있는 광고뿐만 아니라 도량형, 품질 기준 등을 속이는 비양심적 판매자들의 손쉬운 먹잇감이다.

홍콩은 개발도상국 못지않게 소비자 보호법을 채택해야 할 필요가 있다. 일례로 부동산 시장에서 소비자들은 오랫동안 소비자 보호 부족에 시달려왔다. 한 가지 중요한 문제는 다양한 문서에 사용되는 혼란스러운 측정 용어와 그 용어의 다양한 해석이다. 가령 일부 개발업체는 판매용 브로슈어에 아파트의 '판매 가능한 바닥면적'

과 '총바닥면적'을 모두 기재하는 반면, 어떤 개발업체들은 '총바닥면적'만 기재한다. 아파트 단가가 '총바닥면적'에 근거하고 있음에도 법적 구속력이 있는 매매 계약서에는 '판매 가능한 바닥면적'만 언급되어 있다. 홍콩측량사학회는 '판매 가능한 바닥면적'만을 업계 유일의 표준 측정치로 정의하고 있다. 그런데 토지 프리미엄의 기초가 되고 공공토지 경매나 입찰을 위한 매매 계약서에 정의된 '건축 가능한 총바닥면적'은 아파트 판매 브로슈어에 기재된 '총바닥면적'과 일치하지 않는다(즉, 후자가 훨씬 부풀려진 수치다).

판매 브로슈어에 기재된 '총바닥면적'은 발코니 창 공간을 제외하거나 포함한다. 판매 브로슈어에 기재된 '총바닥면적'에는 보통 아파트 외벽 네 개로 둘러싸인 내부 면적에 가구별로 배분된 공동 구역(경우에 따라 클럽하우스와 주차장 포함)이 포함된다. 공동 구역을 배분하는 경우에도 한 개발업체는 이 규칙을 따르고 다른 개발업체는 저 규칙을 따른다. 경우에 따라서 아파트 구매자는 매매 가격의 기초인 '총바닥면적'의 70%만 사용할 수 있기도 하다. 부정행위를 막기 위해 정부가 분양 아파트 측정 기준을 표준화해야 한다는 목소리가 곧잘 나왔지만, 현재까지 아무것도 구체적으로 실행되지 않고 있다. 게다가 신축 아파트 구매 시 계약 철회 가능 기간도 없다. 아파트 구매자들은 평생 모은 수입의 대부분을 지출하는 투자에 대해 어떤 종류의 건축물 보증도 받지 못하고 있다.

유엔무역개발회의 전문가 회의는 적절한 경쟁과 소비자 보호 정책이 특히 개발도상국의 경쟁력과 발전에 중대한 기여를 할 수 있다는 점에 주목했다. 또한 소비자들이 오해의 소지가 있는 광고나 기준에 미달하는 상품과 서비스 판매와 같은 모든 종류의 불공정하고 사기적인 사업 관행에 쉽게 현혹될 수 있다는 점에서 시장 실패가 소비자들에게 큰 어려움을 준다고 지적했다. 민영화와 규제 완화가 소비자의 이익을 거의 고려하지 않은 채 이루어지고, 소비자 보호를 위한 법적·제도적 틀이 없는 상태에서 이루어지기도 했다.

전문가들은 정부가 지속적인 소비를 보장하기 위해 1999년에 확장된 '소비자 보호에 관한 유엔 지침'을 이행하는 데 필요한 조치를 취할 것을 제안했다. 정부는 경쟁적인 시장, 소비자 복지, 경쟁력과 발전을 촉진할 목적으로 경쟁법과 소비자 보호 정책을 강화하고 유지해야 한다. 또한 전문가들은 소비자의 이익이 정부의 모든 의사결정에서 충분히 고려되어야 하고, 이와 관련한 구체적인 창구와 체계가 있어야 한다고 제안했다. 특히 소비자에 대한 정보 제공과 교육 프로그램의 필요성을 강조했다. 기업들은 관련 법령과 규제를 준수하고, '제한적인 사업 관행 통제를 위한 유엔 형평 원칙 및 규칙 UN Set of Multilaterally Agreed Equitable Principles and Rules for the Control of Restrictive Business Practices'을 준수하도록 권고받았다. 소비자 단체들은 정부, 기업, 국제기구 및 학계와 협력해 지역 내 소비자를 위한 훈련과 정보 프로그램을 개발하도록 요청받았다.[3]

1인당 GDP로 보면 세계 무대에서 선진 경제인 홍콩은 소비자가 고압적인 재벌과의 관계에서 취약한 위치에 놓여 있다는 점을 고려할 때 포괄적인 경쟁과 소비자 보호를 위한 법과 정책의 도입을 더 이상 미룰 이유가 없다. 전통적으로 경쟁법은 다음 세 가지 쟁점을 다룬다. ① 독과점 또는 지배력의 남용, ② 제한적인 무역 관행과 반경쟁적 합의, ③ 반경쟁적 인수합병.[4] 경쟁법의 수용은 당연히 홍콩의 필요와 염원 그리고 사회적·경제적·문화적·법적 조건에 따라 결정될 것이다.

경쟁법 집행을 위해 유럽연합 집행위원회와 유사한 권한을 가진 집행기관을 두는 것도 한 가지 선택지일 수 있다. 유럽연합 집행위원회와 마찬가지로 당국은 경쟁법 위반 혐의를 조사할 수 있는 상당한 권한을 갖게 된다. 조사 대상자들의 권리는 그들의 영업 비밀 유지와 마찬가지로 보장될 것이다. 당국의 관리와 규제가 판결과 처벌을 수반하지 않는다면 경쟁 정책은 그다지 효과적이지 못하다. 따라서 당국은 반경쟁 행위로 유죄 판결을 받은 기업에 대해 반경쟁 행위를 금지하고 제재를 가하며 과징금을 부과할 수 있는 상당한 권한을 부여받아야 한다.[5]

앞서 제안한 경쟁 집행기관이 절대 권력을 행사하지 못하도록 조사 기능과 판결 기능을 분리하는 편이 바람직하다. 집행기관은 공익사업 부문을 관할하는 규제기관, 가령 통신청과 업무가 직접적으로 중복될 것이다. 이상적으로 보면, 공익사업 규제기관은 요금 및 성능 표준 설정에 집중하고, 경쟁 집행기관은 지배력의 남용과 반경쟁 관행을 다뤄야 한다. 어떤 경우든 경쟁 집행기관은 경쟁 문제에서 우선권을 가져야 한다. 공익사업 규제기관은 해당 산업의 기업들과 더 밀접하게 연결되어 있어서 완전히 객관적인 판단을 내리지 못할 수 있기 때문이다.

홍콩의 공익사업(전력 및 가스) 독점에 관해서는 상업 활동으로부터 인프라를 분리하는 유럽연합 집행위원회의 접근법을 참고할 수 있다. 유럽연합 집행위원회가 보기에 독점은 운송, 에너지, 통신과 같은 네트워크 산업에서 형성되었다. 이러한 부문에서 인프라와 이러한 인프라를 통해 제공하는 서비스를 구분해야 한다. 투자 비용과 경제적 효율성 때문에 제2의 경쟁적 인프라를 구축하는 것은 어렵더라도 제공하는 서비스와 관련해 경쟁적 조건을 마련하는 것은 가능할 뿐 아니라 바람직하다. 그래서 유럽연합 집행위원회는 상업 활동에서 인프라를 분리하는 개념을 발전시켰다. 인프라(예컨대 전화망이나 전력망)와 관련해서는 독점 소유권이 지속될 수 있지만, 독점 기업은 자신들의 망에서 제공하는 서비스와 관련해 자신들과 경쟁하고자 하는 기업에 인프라 접근 권한을 부여해야 한다. 이것이 유럽연합 자유화 지침의 바탕이 되는 일반 원칙이다. 유럽연합은 통신, 운송, 우편, 가스, 전력 등의 시장을 개방하기 위해 지침을 도입했다.[6]

유엔무역개발회의 사무국은 2001년 8월 20일 작성한 보고서에서 소비자 보호 정책은 경쟁으로 얻은 효율성과 혁신의 편익을 생산자가 기만적인 행위나 불공정한 관행을 통해 편취하는 대신 소비자와 공유하도록 보장하기 위해 노력한다고 명시했다. 보고서는 "호도하거나 기만적인 행위를 금지하는 법의 효과적 시행은 경쟁에 도움이 된다. 또 강력한 소비자 보호 시스템은 경영 태만을 없애고 품질과 가격 면에서 회사를 더 효율적이고 경쟁력 있게 만든다"라고 덧붙였다. 경쟁 정책과 소비자 보호 정책의 목표는 본질적으로 동일하다. 다만 전자는 시장에서 소비자의 이익을 증진하려고 노력하기 때문에 보다 능동적이고, 후자는 각종 폐단을 시정하기 때문에 사후 대응적인 접근법이다. 홍콩이 경제적 성과 측면에서 대부분 개발도상국보다 앞서긴 했지만, 개발도상국 소비자들만큼이나 홍콩 소비자들에게 효과적인 소비자 보호법과 정책이 긴급하게 필요하다는 것은 분명한 사실이다.

유엔무역개발회의 전문가들이 지적했듯이 소비자 보호 입법 과정만큼 소비자 교육이 중요하다. 이는 소비자위원회가 보유한 조직과 자원, 홍콩의 경쟁 정책 자문단(정부를 대표), 그리고 유엔무역개발회의와 APEC 경쟁 정책 및 규제 완화 그룹 같은 국제기구와 연계하면 잘 수행할 수 있다. 특별한 주의가 필요한 분야로는 부동산, 슈퍼마켓, 프랜차이즈 버스 및 다른 대중교통 수단이 있다. 권한을 부여받은 소비자 대표 기구는 지배력 남용과 담합을 비롯한 반경쟁적 관행을 경쟁 집행기관에 통보할 수 있다. 그들은 또한 경쟁법의 효과적 시행을 보장하기 위해 기업에 대해 균형을 잡아주는 역할도

할 것이다.

정책 이슈에 대한 협의 과정에 소비자도 참여시킬 필요가 있다. 홍콩의 대다수 소비자는 경쟁 정책과 법의 중요성 및 타당성을 잘 알지 못한다. 소비자위원회의 교육과 홍보가 여기서 중요한 역할을 감당할 수 있다. 불행히도 재벌들은 더 탄탄한 조직과 자금력을 앞세워 그들의 이익에 직접 영향을 미치는 경쟁법과 정책의 법적 틀에 강력하게 저항할 것이다. 따라서 강력하고 활기찬 소비자 운동은 성공적인 입법으로 가는 길에서 중요한 첫걸음이다. 소비자 운동이 없으면 사회적 불평등과 소수에 의한 경제력 집중이 비효율적인 시장과 공존하면서 궁극적으로 홍콩의 장기적인 경제 전망을 해칠 것이다.

극심한 빈부 격차에 맞서기 ―

빈곤 퇴치와 사회적 평등을 추구하는 것은 자유 경제의 궁극적 이념이다. 핀란드는 이러한 목표를 위해 투쟁해 크게 성공한 나라다. 유엔 통계에 따르면, 핀란드는 계급과 성에 있어서 세계에서 가장 평등한 사회다. 헬싱키 대학의 힐카 피에틸라Hilkka Pietilä에 따르면 핀란드에서는 눈에 띄는 빈곤이 거의 존재하지 않는다. 아래는 핀란드의 이야기로,《예스YES》매거진 2002년 겨울호에 실린 기사에서 발췌한 내용이다.

국가가 먼저 부유해진 뒤에야 국민에게 복지를 제공할 수 있다
는 것이 통상적인 믿음이다. 북유럽 사회의 역사는 다른 이야기를
들려준다. 이곳에서 부는 사람들을 위한 복지를 제공함으로써 만
들어졌다.

미국에서 '복지 대상'은 굴욕적인 것으로, 복지 혜택은 보통 수
혜자와 어떤 것 또는 다른 사람과의 관계에 달려 있다. 핀란드의
시스템이 근본적으로 다른 점은 핀란드의 복지 혜택과 서비스는
이 나라에 사는 모든 이가 개별적으로 누릴 수 있는 권리라는 점
이다. ......

1900년대 초 핀란드의 사회적 진보는 여성에게 힘을 실어주고
자립 능력을 강화하는 것이 가난을 근절하는 길임을 입증해준다.
전체 국민을 위한 자립적이고 지속 가능한 복지를 구축하는 것이
아래로부터의 사회 정책이다. 이러한 발전은 제2차 세계대전 이
후에 복지 제도를 만들 수 있는 길을 닦았다. 핀란드는 1940년대
와 1950년대에 부유한 나라가 아니었다. ......

핀란드는 가난했지만 세계에서 가장 관대한 사회복지 제도를
만들기 시작했다. 가난을 뿌리 뽑는 동시에 경제를 발전시키는 것
이 목적이었다. 두 목적은 서로를 도왔다. 증진된 복지는 건강하
고 잘 훈련된 노동력을 제공했으며, 경제 발전은 사회적 혜택으로

사람들에게 재분배되었다.

핀란드 경제가 성장함에 따라 복지 제도가 발전했고, 오늘날 모든 핀란드인은 최저임금이나 실업수당, 양육수당, 44주의 육아휴직, 연금, 대학까지의 무상 교육, 공립학교에서의 무상급식, 보조금 지원이 많은 공중보건 서비스, 미취학 아동과 노인을 위한 돌봄 서비스를 누릴 권리가 있다.

정부는 또한 우수한 대중교통, 전국 10개 도시의 무료 대학, 양질의 공립 초·중등학교와 직업 훈련, 성인 교육 시스템, 전국의 우수한 공공도서관, 모든 도시에서 높은 보조금을 받는 연극, 음악, 미술 등을 제공한다. 핀란드의 복지 제도는 평생 사회보험으로, 무슨 일이 일어나더라도 자녀는 교육에서 배제되지 않고, 친척이나 자선단체의 자비에 내맡겨지지 않는다. 또 질병이나 사고, 실업, 파산을 당해도 아무도 버려지지 않으며, 모두가 연금과 보살핌을 받는다. 눈에 띄는 가난과 불행은 거의 존재하지 않는다.[7]

이 정도면 지상낙원이 아닐까? 대다수 홍콩 사람이 언젠가 자신도 핀란드 국민이 누리는 것과 같은 복지 혜택을 누리게 되길 꿈꾸지 않을까? 핀란드의 이야기가 달콤하게 들릴지 모르지만, 물론 이 세상에 공짜 점심은 없다. 핀란드는 주로 급여와 임금에 대한 높은 누진세를 통해 복지 제도에 필요한 자금을 조달해왔다. 세금은 가장 많이 버는 사람의 경우 급여와 임금의 50~60%까지 낸다. 그러나 핀란드 국민은 사회적으로 책임감 있는 방식으로 이러한 조세 제도를 기쁘게 받아들였다.

홍콩의 경제적 진보는 낮은 세율의 단순한 조세 구조 덕분이며, 따라서 이러한 조세 구조는 그대로 유지되어야 한다는 주장이 곧잘 제기되어왔다. 홍콩의 경제 발전 초기에는 이러한 전제가 타당했지만, 홍콩이 그동안 이룩한 성공은 현 상태를 유지하자는 논리에 다른 시각을 제공한다. 1인당 GDP를 기준으로 할 때 홍콩은 부유한 곳이지만, 놀랄 만큼 많은 인구가 여전히 빈곤선 아래에서 살고 있다. 홍콩이 지난 수십 년간 급속한 경제 성장을 이루면서 소득 격차가 우려할 만큼 양극화됐다는 사실도 여실히 드러났다.

홍콩조세연구소에 따르면 홍콩의 (기업 소득과 개인 소득에 대한) 직접세제는 비례세율(기업과 개인에 대한 표준 과세율은 각각 16.5%와 15%)과 누진세율의 조합을 채택하고 있는데, 이는 여타 조세 관할권에 비해 낮은 수준으로 평가된다. 오랫동안 갈채받은 낮은 금리와 단순한 조세 구조는 분명 홍콩의 성공 스토리에 기여했지만, 부의 불균형이 악화되는 간접적 원인이 되기도 했다.

이를 해결하기 위해서는 현재의 조세 구조와 그 바탕에 깔린 원칙과 철학을 과감하게 재정비해야만 한다. 홍콩 사람들은 평등하고 가난과 빈곤이 없는 핀란드 같은 사회를 바라는가? 그렇다면 가장 중요하게 들여다봐야 할 분야가 현재의 조세 제도다. 임금에 대한 높은 누진세율과 상위 소득계층을 대상으로 하는 부유세, 자본이득세, 배당세 등과 같은 세금의 도입을 변화를 위한 의제에 올릴 수 있겠다. 높은 누진세란 소득이 증가함에 따라 '마지막' 달러는 점점 더 높은 한계세율을 적용받게 된다는 뜻이다. 즉, 소득에 따라 평균 세율이 상승하여 과세 대상 소득이 많은 납세자는 저소득층보다 자신의 소득에서 더 많은 비율을 세금으로 납부한다.

부자를 겨냥한 세금, 특히 부유세가 설득력 있는 이유는 형평성이다. 세금은 과세 능력에 따라 부과해야 한다. 개인이나 가구의 순자산이나 과세 능력을 측정할 때 소득만이 적절한 척도인 것은 아니다. 부의 소유는 과세 능력을 강화하고, 그 이상의 소득을 창출한다. 부는 가구에 더 많은 세금을 낼 수 있는 능력을 부여한다. 따라서 형평성을 위해서는 소득뿐 아니라 현재의 부에 세금을 부과하는 것이 공평하다. 부유세를 부과하는 나라로는 오스트리아, 덴마크, 핀란드, 독일, 룩셈부르크, 네덜란드, 노르웨이, 스웨덴, 스위스 등이 있다. 모든 경우에 부유세는 개인 소득세와 함께 관리된다.[8] 미국이나 캐나다 같은 대부분 선진국은 자본이득세를 부과한다. 현 조세 제도에 대한 개편의 효과는 재분배에 있다. 이 같은 개편은 소득과 부의 불평등한 분배를 개선하는 데 도움이 되고, 따라서 더욱 평등하고 공정한 사회를 앞당긴다. 또한 이는 홍콩의 현 경제 발전 단계에 적합하다. 결국 사회에서 가장 많은 부를 가져간 이들이 세금으로 가장 많이 돌려주는 것이 공정한 처사다.

보다 평등한 사회를 촉진하기 위해서는 공평한 세제에 이어 홍콩 노동자들의 복지와 권리가 중요하다. 정부가 홍콩노동조합연맹 Hong Kong Confederation of Trade Unions, HKCTU의 요구에 동의하길 꺼리더라도 단체교섭권과 최저임금을 위한 투쟁은 계속되어야 한다. 이러한 권리는 자유 경제에서 기본적 인권이기 때문이다.

오랫동안 사회 개혁가들은 토지 독점이 야기한 불균등한 부의 분배를 시정하는 데 '토지가치세'라고 불리는 독특한 세금 제도가 가장 적합하다고 믿어왔다. 미국의 개혁가인 헨리 조지는 100여 년 전에 토지가치세 개념을 정립했다. 이는 재정을 효율적으로 확보하고 부를 공평하게 분배하기 위해 조세 부담을 노동과 자본에서 토지로 옮기자는 개념이다. 이런 제도가 홍콩에 실현 가능한지는 논의의 대상일 것이다. 그럼에도 그 개념 자체는 유효해 보이며, 심층적으로 연구해볼 가치가 있다. 토지가치세는 정부의 재정 정책과 조세 구조의 전면 개혁을 수반하기 때문에 토지가치세의 적용에는 난관이 예상된다.

조지스트 패러다임은 다음과 같은 전제에 근거하고 있다. 역사적으로 토지나 천연자원의 독점적 소유는 막대한 재산의 토대가 되었다. 부의 생산에는 노동, 자본, 토지의 세 요소가 필요하다. 노동, 자본, 토지 각각에 대한 경제적 대가는 임금, 이자, 지대다. 임금과 이자는 인간의 노력에 기인한다. 노동자는 당연히 임금을 받을 자격이 있고, 자본 소유자는 자신의 자본 사용 대가로 이자를 받을 권리가 있다. 그러나 토지 소유자가 땅이나 그 가치를 창조하지 않았다는 점에서 토지는 다른 두 생산 요소와는 다르다. 토지 가치는 고유의 비옥도나 광물, 인구와 관련한 위치, 그리고 도로, 학교, 기타 공공·상업 시설 및 서비스와의 접근성에 달려 있다.

어떤 부지든 토지 가치는 토지 소유자 개인이 아니라 사회에 의해 대부분 만들어지기 때문에 그 토지의 임대 가치는 그 가치를 창출한 사회에 귀속되어야 한다. 이처럼 사회가 토지의 시장 가치에 부과하는 세금은 토지를 최고 최선으로 이용하도록 자극하고 생산적인 고용을 촉진할 것이다. 이러한 세금은 생산 동기를 감소시키기보다는 증대한다. 토지가치세는 투기 수익을 위해 토지를 비축하는 것을 막고, 소유주가 토지를 효율적으로 이용하거나 더 효율적으로 이용하려는 사람에게 팔도록 유도하기 때문에 시장의 토지 공급이 증가한다. 토지 가치에 세 부담을 늘려 시장 내 토지 공급이 늘어나면 지가가 떨어져 더욱 저렴해질 것이다.

모두를 위한 사회정의와 경제적 형평성을 추구하는 미국의 활동가 단체 커먼 그라운드Common Ground는 지방 정부들이 조지스트 패러다임에 따라 조세 제도를 개편하길 촉구하는 공개서한을 미국의 시장들에게 보냈다.[9]

우리는 조사를 통해, 공공재정을 확보하는 방식이 어떻게 경제적·사회적 성과를 이끌어내는지에 대해 다소 놀라운 결론을 얻었다. 도시가 가장 많이 제공해야 하는 것은 장소location다. 도시는 있어야 할 곳에 있는데, 과거에 그 장소가 유리했기 때문이다(훌륭한 항구, 항해가 가능한 강, 풍부한 농지, 온화한 날씨, 자연 무역로의 교차로). 증가하는 인구가 같은 지역에 살게 되면서 장소는 교환 가치를 갖게 된다. 실제로 모든 장소는 시장에서 매년 임대 가치가 형성된다. 이러한 임대 가치는 사람들이 특정 장소에 대한 지배권의 대가로 지급하는 것으로, 그들이 생산한 것에서 기꺼이 포기하고자 하는 부분이다.

잘 관찰해보면 장소에 기초한 임대 가치location rental value는 개인이 그곳에서 무엇을 하든 상관없이 증가하거나 감소한다는 것을 알 수 있다. 장소 임대 가치는 공공투자와 민간투자의 총합으로 창출된다. 따라서 정부는 공공재와 서비스 비용을 충당하기 위해 장소 임대 가치를 완벽하게 포착해야 한다. ……

장소 임대 가치에 대한 실효세율이 낮은 도시는 높은 수준으로 토지 비축과 투기를 겪게 될 뿐만 아니라 토지 시장에서 지가가 급격하게 상승할 것이다. 그런 뒤 기업들이 투기적인 토지 시장이 촉발한 높은 사업비를 더 이상 감당할 수 없게 되면 도시는 무너질 것이다. 합리적인 공공정책으로 문제의 핵심을 공략할 수 있음에도 이상하게도 우리는 이러한 역학관계를 시장경제와 경기순환의 불행한 결과로 받아들이게 되었다.

우리의 임무는 우리의 시장들mayors에게 객관적이고 심도 있는 분석을 제공하는 것으로, 당신이 앞장서서 장소 임대 가치를 공공

재정의 우선 원천으로 삼고 생산적 활동에 부과하던 세 부담을 없애 도시의 경제적 건전성을 가로막는 가장 심각한 장애물 중 하나를 제거할 것을 촉구한다. 장소 임대 가치에 과세(즉 징수)하면 재정수입이 창출되고, 토지 투기가 억제되며, 시장market이 요구하는 '최고 최선의 이용'에 맞게 부지를 개선하도록 토지 소유주에게 압력을 가한다. 토지 소유주가 주택이나 업무용 건물, 상점에 투자해 토지를 최고 최선의 이용을 위해 개량할 때 시 차원에서 할 수 있는 최선은 이러한 자산에 대해 세금을 면제해주는 것이다. 시가 부동산의 개량에 대해 세금을 면제해주면 이 영리한 정책은 모든 부동산 소유주에게로 확대된다. 마찬가지 논리가 노동자의 임금과 물품 판매에 부과되던 세금에도 적용된다. 임금과 판매 수입에 대한 과세는 매우 낮은 수준에서 시작되었는데, 시간이 흐르면서 재정수입 부족에 대응해 점차 증가했다. 장기적으로 이러한 조치는 사람들과 기업들을 세금이 적은(혹은 없는) 지역으로 몰아냈다.

모든 도시와 마을이 우리가 설명한 조치들로 혜택을 볼 것이다. 더 중요한 것은 일하고 생산하며 우리 사회의 경제적·사회적 건전성에 기여하는 이들이 그에 걸맞은 보상을 받게 된다는 점이다. 우리 사회에서 가장 바람직하고 잠재적으로 수익성 있는 장소에 대한 이용을 통제하던 이들은 마침내 그 특권에 대한 대가를 치를 것이다.[10]

영국에서는 토지가치세 채택을 촉진하고 토지가치세의 경제적 이익에 대한 이해를 높이기 위해 토지가치세 캠페인Land Value Taxation Campaign이라는 비정부 기구가 결성되었다. 이 기구는 토지를 어떻게 평가해야 하는지에 대한 지침을 제공했다. 지침에 따르면, 영국의 모든 부지 가치는 정기적으로 평가되고, 토지가치세는 평가된 가치에 비례해 부과된다. 과세 목적의 '토지'는 부지만을 의미하며, 개량 사항은 모두 제외된다. 그러나 모든 인접 부동산이 평가 시점과 같이 개발되었다고 가정한다. 다른 사항들이 같다면, 연이은 주택들 사이에 있는 빈터는 인접 부지와 동일한 가치로 평가받는다. 토지 가치는 도시계획이 정한 범위 내에서 토지의 최적 이용에 부합하게, 시장 증거에 기초해 평가된다. 만약 용도에 대한 현재의 도시계획 제한이 변경되면 부지는 재평가된다.

이러한 세금이 낳는 가장 중요한 경제적 이익 중 하나는 노동과 자본에 세금을 부과함으로써 기업과 효율성에 불이익을 주던 기존 방식에서 벗어날 수 있다는 점이다. 노동과 자본에 대한 과세는 생산적 활동을 억제하기 때문이다. 토지 가치에 대한 세금은 현 시장 가치에 근거한, 토지의 배타적 점유에 대한 대가다. 장기적으로 볼 때 공공재정 확대에 대한 이 근본적으로 새로운 접근 방식은 창업과 고용을 자극해 비용이 많이 드는 정부의 복지에 대한 수요를 감소시킬 것이다.

토지가치세 캠페인은 다음과 같은 이유로 토지가치세를 부과하는 것이 타당하다고 강조한다.

실제로 토지는 생활, 작업, 여가 공간에 대한 지역사회의 경쟁적인 필요로 인해 희소가치를 획득한다. 따라서 토지 가치는 개인의 노력에 아무런 빚도 지지 않으며, 크게 보아 사회 전체의 노력 덕분에 발생한다. 토지 가치는 정당하고 유일하게 사회에 귀속된다. …… 입지상의 이점, 비옥도 또는 천연자원의 차이 때문에 어떤 장소는 다른 곳보다 더욱 가치 있다. 이러한 특성들에 접근하려는 수요는 토지에 임대 가치를 부여한다. 따라서 이러한 가치에 부과하는 토지가치세의 부담은 타당하다.[11]

토지가치세가 합리적이고 타당해 보이기는 하지만, 정치적·현실적 상황에서 실현에는 큰 어려움이 수반될 것으로 보인다. 앞서 언급한 활동가 단체들이 그들 국가에서 중요한 청중을 끌어들이려면 훨씬 더 많은 토론과 홍보가 필요할 것이다. 홍콩 사회에 같은 메시지를 전달하려는 시도는 훨씬 더 큰 회의와 저항에 부딪힐 것이다. 그럼에도 보다 깨어 있는 사람들 사이에서는 사회의 유익을 위해 더욱 들여다볼 가치가 있는 주제임이 분명하다.

토지는 홍콩의 지배 계급을 부유하게 만드는 요인으로 작용했다. 토지와 공간 독점 및 다른 형태의 경제 자산에 기대어 번영하는 지배 계급의 존재 자체가 자유 경제의 이상과 모순된다. 아이러니하게도 홍콩은 자유 경제에 속한다고 믿고 있다. 자유 경제는 사람들이 자신의 가치를 증명할 기회를 가지며, 상류 사회로 이동할 자유를 누리는 곳이다. 반면 경제 집중의 초석인 독과점, 특히 토지 및 공간 독점은 경제가 자유롭고 효과적으로 운영되지 못하도록 막는다. 홍콩이 국제사회가 인정하는 진정한 자유 경제를 이루려면, 체제를 개혁하는 일이 불가피할 뿐만 아니라 홍콩 사회의 사고방식에 대한 개혁도 반드시 필요하다. 현재의 사회·경제 구조에 대한 변화는 전적으로 사회적 합의에 달려 있다. 사람들이 사회적 관점이 아니라 사리사욕 측면에서 문제에 접근한다면 합의는 결코 달성되지 못할 것이다. 어떤 개혁이든 성공적으로 추진하려면 공직자와 사회 구성원의 정직하고 양심적이며 사회적으로 책임 있는 자세, 즉 사회의 안녕과 평등, 공정성을 지향하는 자세가 반드시 뒷받침되어야 한다.

토지특권,
홍콩을 무너뜨리다!

조성찬(하나누리 동북아연구원 원장)

들어가며

2018년 1월, 우연한 기회로 한 달이라는 짧은 기간에 홍콩을 두 차례 방문했다. 고려대학교 한민족평화리더십학교 프로그램에서 강의와 답사 인솔을 요청받아 학생들을 데리고 홍콩을 방문하게 된 것이다. 첫 번째 방문에서는 사전 답사차 먼저 코스를 돌아보았고, 두 번째 방문에서는 학생들을 데리고 현장을 돌아보았다. 이 프로그램의 목적은 한국 사회의 '갈등'을 인문학적 관점에서 이해하고, 체제 변화의 갈등을 경험한 국외 현장을 답사하며 한민족 평화 프로세스에 대해 생각해보는 것이었다. 홍콩은 여러 방문지 가운데 하나였다.

필자는 중국인민대학교에서 2010년 토지 정책 분야로 박사학위를 취득했는데, 학위 논문의 사례연구 중 하나로 홍콩의 토지 정책을 다뤘던 터라 홍콩 방문에 무척이나 설렜다. 게다가 중국과 홍콩의 일국양제 시스템이 한반도 평화 체제에 주는 시사점이 컸기에 홍콩은 학술 여행지로서 최적의 도시였다. 그런데 홍콩과 마카오, 그리고 홍콩과 연결된 선전시 답사는 많은 공부거리를 안겨주었지만, 정작 홍콩의 경제는 실망스러운 지점이 많았다. 무질서한 도시 분위기, 노후한 건물, 너무 비싼 임대료, 그 이면에 있는 지나치게 화려한 거리와 네온사인. 나중에 홍콩이 서울보다 인구 밀도가 크게 낮다는 사실을 알고는 한 번 더 놀랐다. 홍콩을 여행한 독자라면 어떤 느낌인지 이해가 갈 것이다. 물론 일회성 여행지로는 손색이 없다!

홍콩 답사를 다녀온 뒤로 '홍콩의 모습이 왜 불편했을까'라는 질문이 마음 한편에 자리했지만 뚜렷한 해답을 찾지는 못했다. 그러던 중 2019년 6월 초부터 홍콩에서 범죄인 송환법 반대 운동이 청년층을 중심으로 전개되면서 홍콩의 정치와 경제는 파국을 맞았다. 이때 2014년 행정장관 직선제를 요구했던 우산 혁명을 비롯해 그간 홍콩에서 발생한 민중운동의 원인을 분석하는 글들이 나오기 시작했다. 거칠게 요약하면, 표면적으로는 중국 정부가 약속했던 행정장관 직선제를 거부한 데 따른 불만이 표출된 것이지만, 그 이면에는 각종 경제적 불평등이 누적되어 있었다는 이야기다. 그러나 경제적 불평등의 구조적 원인에 대해 속 시원하게 설명해주는 글은 접하지 못했다.

그러다가 홍콩의 진보적인 연구자 그룹 라우산流傘의 활동가 브라이언 응Brian Ng이 앨리스 푼과 진행한 인터뷰를 번역한 기사를 접하게 되었다.* 한국의 사회운동단체인 플랫폼C 소속 홍명교 활동가가 번역해《프레시안》에 투고한 기사였다. 필자는 이 칼럼을 통해 홍콩 민중운동의 원인이 경제적 불평등에 기초하고 있으며, 토지 문제가 그 핵심에 자리하고 있다는 사실을 알게 되었다. 거기에 더해 앨리스 푼의 저서《홍콩의 토지와 지배 계급》을 만나는 행운까지 얻었다. 푼이 인터뷰에서 헨리 조지를 언급한 터라 20년 넘게 한국의 조지스트로 활동해온 필자는 이 책에 큰 관심을 갖게 되었다. 시간이 녹록지 않은 상황이었지만 번역을 결심했고, 2020년 초 생각비행 출판사 손성실 대표와 의기투합한 후 저자와 페이스북을 통해 소통하면서 번역을 진행했다. 번역은 2021년 4월 말이 되어서야 마무리할 수 있었다. 번역 대본은《Land and the Ruling Class in Hong Kong》(제2판, Enrich Professional Publishing, 2011)을 사용했다. 이 지면을 빌려 귀한 협력을 해주신 손성실 대표와 편집부에 감사드린다.

저자 소개에도 나와 있듯이 푼은 이 책을 영어로 쓰고 2005년 캐나다에서 자비로 출판했다. 마치 헨리 조지가《진보와 빈곤》을 자비로 출판했던 것과 유사하다. 이 책은 캐나다에서 큰 반향을 얻은

---

* 〈홍콩 불안의 근원, 부동산 헤게모니를 들여다보다〉,《프레시안》, 2019. 11. 25.

뒤 2010년 중문판을 출판해 홍콩에서 베스트셀러가 되었고, 그 영향으로 2011년 영문판을 다시 출간하게 되었다. 푼은 저자 소개에서 연구자로서의 이력을 밝히지 않았다. 하지만 홍콩에서 태어나고 자라 1980년대에 선흥카이 부동산 그룹의 설립자인 궈더성의 개인 비서로 일하고, 케리 부동산 그룹Kerry Properties Group에서 계획 및 개발 매니저로 일했으며, 온라인 비즈니스 저널리스트로 활동했다는 사실은 저자가 이 책을 쓰기에 충분한 자격을 갖췄음을 보여준다. 캐나다 국적을 취득한 푼은 은퇴 후 현재 캐나다에서 중국을 배경으로 한 역사 소설을 쓰고 있다. 그래서인지 이 책 곳곳에서 소설적인 필치가 엿보인다. 때로는 웅변적이기까지 하다.

이 책에서 푼은 홍콩의 토지 지배 계급이 어떻게 홍콩 경제를 주무르게 되었는지 충분하게 설명한다. 그럼에도 필자가 해제라는 형식으로 글을 덧붙이는 이유는 저자가 홍콩의 토지 제도에 대해 충분히 설명하지 못한 지점, 그리고 해결책에 대한 조금은 다른 관점을 소개함으로써 보다 정확한 이해를 돕기 위해서다. 그래야 중국과 홍콩의 토지 정책을 연구한 필자도 조금이나마 학문적 기여를 할 수 있지 않겠나 하는, 일종의 어부지리 전략이다. 해제에서 소개하는 홍콩 토지 제도에 관한 내용은 서울대학교 아시아연구소 저널에 실린 글을 다듬은 필자의 단행본 《북한 토지개혁을 위한 공공토지임대론》(한울, 2019) 12장의 일부를 재구성했다. 아울러 이 책에 있을 수 있는 번역상의 오류는 모두 필자의 책임임을 밝힌다.

저자가 제시한 홍콩 경제의 구조적 진단

일반 시민들이 일상을 영위하기에 홍콩의 경제 구조는 너무 버겁다. 한국 언론에 소개된 몇 가지 통계를 살펴보자. 홍콩 정부가 발표한 저소득층 주거환경에 관한 통계에 따르면, 조사 대상의 중간에 해당하는 '중앙치' 주택 면적은 겨우 10제곱미터로, 월 임대료는 한화로 약 61만 5000원이었다.* 다른 통계를 보면, 홍콩 시민들은 월 2만 홍콩달러(약 300만 원)가 넘는 임대료를 부담하는데, 이는 가구당 평균 소득의 70%에 달한다.** 주택 구매도 쉽지 않다. 주택 가격은 지역마다 천차만별인데, 2019년 1월 즈음 신제 지역 췬완에 위치한 시티워크嵐新天地 2기 아파트의 경우 건축면적 102제곱미터(전용면적 77제곱미터) 주택이 17억 7000만 원이었다. 홍콩은 이미 평당 1억 원이 넘는 아파트가 즐비하다. 주택 가격만 비싼 게 아니라 생필품 가격도 비싸다. 공익사업과 공공서비스 가격도 만만치 않다. 이러한 맥락에서 저자는 그 증상과 원인, 대책을 살펴보았다. 우선 저자가 4장에서 한 단락으로 전체 구조를 제시한 글이 인상적이어서 그대로 옮겨본다.

부동산 부문과 적어도 하나의 독점 부문 또는 경쟁 결여 부문을

- 〈홍콩, 10m²에 2.3명 거주 '극소주택' 사회문제화〉, 《연합뉴스》, 2018. 01. 23.
- 〈홍콩 불안의 근원, 부동산 헤게모니를 들여다보다〉, 《프레시안》, 2019. 11. 25.

오가면서 홍콩의 경제 영주들은 세계에서 가장 부유한 이들에 맞먹는 부를 쌓을 수 있었다. 이는 본질적으로 불공평한 토지 제도와 개발업체에 우호적인 토지·주택 정책, 경쟁 규정의 부재, 그리고 친기업 정부 덕분이다. 다시 말해 토지 제도와 비경쟁적 기업환경의 결합은, 정부가 배후에서 감독 역할을 하면서, 추악한 괴물로 자라가는 소수의 경제적 거물들을 만들어냈다.

이를 조금 더 구체적으로 풀어 쓰자면, 소수의 부동산 재벌이 역사적으로 형성된 토지 독점을 통해 홍콩 경제를 지배하게 되면서 여러 부문에서 경쟁이 부족해지고 부의 과도한 집중과 빈부 격차가 발생했다. 그 결과 토지 및 부동산 가격의 고공행진, 임대료 상승, 생필품 가격 상승, 공익사업·공공서비스 요금 상승, 중소기업 퇴출, 진입장벽으로 인한 창업 기회 박탈, 실업 등의 문제가 발생해 결국 홍콩 경제의 경쟁력 저하로 이어졌다. 저자는 토지 제도, 산업 집중, 그리고 엄청난 부의 불균형이 많은 사회·경제적 병폐를 야기했다고 진단하고, 홍콩을 치료하기 위한 몇 가지 해결책을 제안한다. 이러한 구조를 본서가 제시한 내용에 기초해 구체적으로 정리해보면 홍콩 경제의 문제를 입체적으로 파악할 수 있다.

홍콩 경제 진단

구분	분야	내용
증상		• 높은 땅값 • 높은 주택 및 상가 임대료 • 투기 수요에 따른 주기적인 부동산 거품 형성 및 붕괴 • 슈퍼마켓 생필품 가격 상승 • 공익사업(전기, 가스, 버스, 페리, 통신) 요금 상승 • 중산층 붕괴, 중소기업 퇴출 • 일자리와 창업 기회 위축 • 가계부채와 실업 • 저임금, 빈부 격차 심화 • 결과적으로 도시경쟁력 저하
원인	역사	• 영국 식민 정부 시기부터 추진된 토지 제도의 왜곡
	정책	• 고지가 정책: 토지 프리미엄을 통한 막대한 토지 매각 수익에 의존 • 1984년 중·영 공동선언에서 연간 50헥타르로 토지 공급 제한 • 9개 항 계획을 통해 개발용지 경매 일시 중단 및 HOS 공공주택 공급 중단 • 경쟁법 및 소비자 보호법 부재로 산업 및 경제 집중과 낮은 경쟁력
	경제	• 소수 재벌의 토지 독점, 주택 시장 독점: 토지은행, 공익사업·공공서비스 기업 인수합병, 임대 계약 변경 제도, A/B 문서, 신청 목록 제도 등을 활용해 저렴한 토지 비축 • 부동산 독점을 기초로 금융 권력 획득. 반경쟁적 인수합병을 통해 슈퍼마켓, 공익사업·공공서비스 부문 등 다른 경제 부문에 대한 지배구조 확장 • 경기 침체기에는 부동산 판매 수입 대신 안정적인 임대료와 관리비 수입 향유. 호황기에는 초과 임대료 요구 • 중국 본토로부터의 투기적 자금 유입 및 부동산 매수
	정치	• 홍콩 정부와 재벌 간 정경유착 • 재벌의 정치 참여 강화 및 입법회 지배 • 중국 본토의 홍콩 지배 전략: 일국양제의 실질적 폐기 • 행정장관 직접 선거권 부재로 시민들의 정책 욕구 전달 체계 마비

구분	분야	내용
원인	구조화	• 정치-경제의 악순환 구조 형성. 소수 재벌이 정치를 장악해 자신들에게 유리한 정책 추진 및 개혁에 저항
대책	정책	• 토지 공급 확대로 저지가 도모: 공공토지 경매 조속 재개, 토지 프리미엄 분납 • 민간이 HOS 공공주택 공급 확대 담당 • 토지 공급 계획, 주택 공급 계획에 대한 중요 정보를 시민에게 제공 • 변경 프리미엄 평가 내역을 시민에게 공개 • 공익사업·공공서비스 부지 연장 계약서에 공공성 강화 조항 추가 • 경쟁법과 소비자 보호법 제정 및 경쟁 감독기구 설치로 소비자 보호 • 가스, 전기, 통신 등 공익사업 인프라를 개방해 경쟁 구조 확립 • 낮은 직접세(기업소득세, 개인소득세) 강화, 부유세 부과로 부의 불균형 완화(핀란드식 누진세 구조 참고) • 헨리 조지가 제시한 토지가치세의 효과성 대중 확산 및 적용 방안 검토
	운동	• 소비자 교육 및 운동 • 행정장관 직선제 등을 요구하는 민중운동 전개

출처: 역자 직접 작성

위의 표에서 보듯이 저자는 홍콩의 사회·경제적 병폐가 왜 발생했는지 깊이 있게 분석했으며, 그 해결책으로 막연하게 원칙과 방향성만 제시한 것이 아니라 구체적인 대책을 제시했다. 본서가 갖는 의미를 크게 다섯 가지 차원에서 정리할 수 있다.

첫째, 저자는 비판적 도구로 완전 경쟁 시장의 기본 원리와 소비자의 효용 극대화라는 자유주의 경제학 원리를 원용했다. 이러한 분석법은 자유로운 시장경제라고 평가받는 홍콩의 경제를 완전 경쟁 시장의 기본 원리로 비판했다는 점에서 상당히 역설적이다.

둘째, 토지를 중심으로 하는 경제 분석 모델을 제시했다. 한국의 부동산 문제를 다룬 글들을 보면 일부 변수들 간의 인과관계를 설명하는 정도에 그치는 경우가 많은데, 푼의 분석법은 토지 문제가 경제의 중심에서 어떻게 구조적인 문제를 초래했는지 보여준다. 특히 토지를 독점한 재벌 기업들이 어떻게 다른 부문으로 지배력을 확장해갔는지에 대한 설명은 연구자에게 중요한 통찰력을 제공해준다.

셋째, 토지가 하나의 도시 공간에서 어떻게 독점 및 지배구조를 형성하고 일상 영역에 침투하는지를 실증적으로 분석했다. 이 책이 중국어와 영어로 발간되어 베스트셀러가 될 수 있었던 이유는 바로 이 책의 주요 독자인 시민들이 공감할 수 있었기 때문이다. 사실 홍콩을 두 번 방문한 필자도 토지 문제가 슈퍼마켓이나 공공버스와 연결될 거라고는 상상도 못 했다. 그만큼 저자의 분석은 학문적 틀을 넘어서서 대중을 각성시킬 수 있는 '일상성'이라는 영향력을 갖는다.

넷째, 본서는 왜 2014년의 우산 혁명과 2019년의 민중운동이 전개될 수밖에 없었는지를 설명해준다. 만약 홍콩 행정부가 저자가 제시한 정책을 진지하게 검토하고 적용했더라면 민중운동은 전개되지 않았을 것이다. 그런데 그러한 노력이 보이지 않자 홍콩 시민들은 최종적으로 자신들의 정책 욕구를 반영하기 위해 행정장관 직선제를 요구했다. 심지어 독립을 요구하는 목소리도 커졌다. 저자는 4장 마지막에서 이를 예견했다. 범죄인 송환법 거부 이슈는 저자가 말한 '희미한 불꽃'이었다.

마지막으로, 북한 및 한국의 토지 제도에 주는 시사점이 분명하다. 필자가 본서를 번역한 처음 의도는 북한이 향후 토지 및 부동산 제도를 개혁해 나가는 데 홍콩 사례가 중요한 반면교사가 되면 좋겠다는 것이었다. 북한의 경제특구 토지 제도는 대체로 중국의 제도를 많이 참고했는데, 흥미롭게도 중국은 개혁개방을 추진하면서 홍콩의 토지 및 부동산 제도에 큰 영향을 받았다. 즉, 홍콩의 토지 및 부동산 제도가 북한에까지 영향을 준 것이다. 따라서 북한이 경제특구 외에 일반 도시까지 토지 사용권을 민간에 개방해 발전 전략을 취하면 홍콩처럼 부동산 투기의 함정에 빠지기 쉬우므로 이러한 오류를 극복하자는 취지였다. 그런데 번역을 진행하면서 자꾸 한국이 떠올랐다. 토지 소유권 제도는 다르지만 나타나는 양상은 비슷하기 때문이다. 역시 토지 문제의 본질은 소유권보다는 지대, 즉 토지 사용료가 누구에게 귀속되느냐의 문제다. 이러한 통찰은 향후 남과 북의 통일 방안 논의에 중요한 시사점을 제공해줄 수 있을 것이다.

홍콩 토지 제도 진단에 대한 필자의 관점

앨리스 푼은 본서를 통해 토지 문제가 어떻게 사회·경제적 불평등과 구조적 문제를 초래했는지 훌륭하게 설명했다. 다만 핵심 원인의 분석과 대책에 있어서 생각이 조금 다른 부분이 있다.

저자는 기본적으로 토지 공급량이 1년에 50헥타르로 제한되어 있고, 정부가 공공토지 매각 및 임대 계약 변경을 통해 얻는 토지 프리미엄(일시납 토지 사용료) 수익에 과도하게 의존하는 고지가 정책이 핵심 원인이라고 보았다. 그리고 토지 공급을 확대해 저지가를 유지하면 서민들의 주거비 부담과 생필품 및 공공서비스 비용 등이 절감될 것으로 보았다. 또한 토지 매각 수익에 대한 과도한 의존에서 벗어나 기업소득세와 개인소득세 같은 직접세를 강화하고 부유세를 도입해 부의 불균형 문제를 시정하자고 제안했다. 정작 저자가 크게 공감한 헨리 조지의 토지가치세는 실제 적용에 난관이 클 것으로 보았다.

　문제를 인식하고 대안을 모색하는 과정에서 제도와 정책만 바라보면 자칫 오류에 빠질 수 있으므로 이론적 토대와 기본 원리를 튼튼히 할 필요가 있다. 이러한 전제에서 필자가《북한 토지개혁을 위한 공공토지임대론》에서 다룬 이론적 토대, 홍콩의 토지 제도 사례 분석 및 공공토지임대제의 기본 원리를 살펴봄으로써 필자가 저자와 어느 지점에서 견해를 달리하는지 설명하고자 한다.

　저자도 책에서 여러 차례 강조하듯이 토지는 가장 소중한 공동의 천연자원이다. 최근 학계에서는 이러한 자원을 커먼스commons라고 부른다. 이 용어는 '공유지의 비극The tragedy of the commons'으로 유명한 미국의 생태학자 하딘Garrett Hardin의 이론에서 나온 개념이다. 하딘은 추가 공급이 제한된 공유지는 남용하는 경우 반드시 비극적 상황에 처하게 된다고 주장했다. 그것이 바로 공유지의 비극이다. 그런데 대부분은 하딘이 공유지의 비극을 해결하기 위해 공유지를 사유화하는 방안을 제시했다고 알고 있다. 이를 바탕으로 한 공유 자원의 사유화 담론은 오늘날 막강한 힘을 발휘하고 있다. 그런데 이는 연구자들이 자기에게 유리한 이론적 근거만 취사 선택해 해석한 것에 불과하다. 논문에서 하딘은 사유화 말고도 공유 상태를 유지하면서 경매 등 시장 방식을 통해 공유 토지의 사용권을 개인에게 분배하는 방안도 함께 제시했기 때문이다. *

공동의 천연자원인 토지를 잘 활용하는 것은 공동체의 유지에 필수적이다. 그런데 토지는 인간이 만들지 않은 공동의 자원이라는 점에서 현세대 및 미래 세대의 모든 구성원에게 평등한 사용권(접근권)을 부여하는 것이 중요하다. 따라서 토지 제도의 기본 원리는 공급이 한정된 토지를 가장 효율적으로 사용하되 구성원의 평등한 권리를 보장할 수 있어야 한다는 것으로 집약된다. 이러한 점에서 헨리 조지가《진보와 빈곤》에서 제시한 관점은 설득력이 있다.

> 빈곤을 타파하고 임금이 정의가 요구하는 수준, 즉 노동자가 벌어들이는 전부가 되도록 하려면 토지의 사적 소유를 공동 소유로 바꾸어야 한다. 그 밖의 어떠한 방법도 악의 원인에 도움을 줄 뿐이며 다른 어떤 방법에도 희망이 없다. **

---

* Garrett Hardin, 'The Tragedy of the Commons', *Science*, New Series, Vol. 162, No. 3859, 1968, pp. 1244~1245.
** 헨리 조지, 김윤상 옮김,《진보와 빈곤》, 비봉출판사, 1997, 313~314쪽.

우리는 일거에 토지의 사적 소유권을 철폐하고 토지의 공유를 선언한 후 토지개량물에 대한 사적 권리를 완전히 보호한다는 조건하에 각 필지를 최고 가격 청약자에게 임대한다면, 정의의 법칙도 만족시키고 경제성도 충족시킬 수 있다. (중략) 토지를 가장 잘 이용할 수 있는 사람에게 사용권을 주어 최대의 생산을 확보할 수 있다. [•]

이러한 헨리 조지의 처방을 필자는 '공공토지임대제public land leasing system'라고 부른다. 헨리 조지는 토지 사유제 사회의 구조적 모순을 해결하기 위한 해결책으로 공공토지임대제를 주장했다. 그런데 이미 토지 사유제가 완성된 사회에서 토지 소유권을 공동의 소유로 되돌리는 것은 지나친 방식이어서 토지 소유권은 그대로 두고 가장 핵심인 지대(토지 사용료)를 세금으로 환수하자고 주장한 것이다. 이러한 조세적 처방을 앨리스 푼은 '토지가치세'라고 부르며, 한국의 조지스트들은 '지대조세제'라고도 한다. 한국 사회에서 헨리 조지의 조세적 접근법은 노무현 정부 시절인 2005년 종합부동산세로 도입되었으며, 최근에는 그 한계를 극복하기 위해 '기본소득형 국토보유세'로 발전해오고 있다. [••]

[•] 헨리 조지, 《진보와 빈곤》, 390쪽.
[••] 전강수, 〈국토보유세와 기본소득: 이재명표 기본소득제의 내용과 의의〉, 《국토보유세, 기본소득 그리고 새로운 대한민국》, 기본소득한국네트워크/헨리조지연구회 주최 토론회, 2017. 04. 14.

홍콩의 토지 제도는 기본적으로 공공토지임대제 방식이다. 조선 후기 실학자들이 농지 개혁의 근본으로 삼은 중국의 정전제井田制는 공공토지임대제의 원형으로 볼 수 있다. 성인 남자가 가정을 이루면 농지를 분배받고, 늙거나 병들었을 때 농지를 반환했다. 분배받은 토지에 대해서는 사용권만 있고 소유권은 없었다. 토지를 공동으로 소유하면서 각자에게 일정 기간 토지 사용료 납부를 조건으로 빌려주는 것이다. 이를 고전 경제학의 틀로 재해석한 경제학자로는 헨리 조지 외에도 발라Léon Walras, 아놋과 스티글리츠Richard J. Arnott and Joseph E. Stiglitz, 후지타Masahisa Fujita, 정운찬 등 쟁쟁한 경제학자들이 있다.[•] 하딘도 공공토지임대제를 강하게 언급하지는 않았지만 같은 부류라고 할 수 있다. 한국에서 김윤상 교수와 전강수 교수는 헨리 조지의 이론을 소개하고 정책화하는 데 중요한 기여를 해왔다.

홍콩 토지 제도의 역사

홍콩의 토지 제도가 공공토지임대제라고 했는데, 그러면 왜 실

- Léon Walras, Trans. Jan van Daal and Donald A. Walker, *Studies in Social Economics*, Routledge, 2010; Richard J. Arnott and Joseph E. Stiglitz, 'Aggregate Land Rents, Expenditure on Public Goods, and Optimal City Size', *The Quarterly Journal of Economics* 93(4), 1979; Masahisa Fujita, *Urban Economic Theory: Land use and city size*, Cambridge University Press, 1989; 정운찬, 《한국경제 아직 늦지 않았다》, 나무와숲, 2007.

패했을까? 여기서 중요한 점은 어떤 제도를 시행하느냐보다 토지와 관련한 이해관계의 핵심인 지대를 토지 사용료나 토지보유세 형식으로 얼마나 제대로 환수하느냐이다. 한국의 토지보유세 실효세율은 다른 OECD 국가들에 비해 낮다. 홍콩도 낮은 수준의 명목지대를 거두고 있다. 지대는 결국 부동산 투기의 궁극적 목적인 돈이기 때문에 형식보다 실질이 더 중요하다. 이를 이해하기 위해서는 홍콩 토지 제도의 역사를 살펴볼 필요가 있다.

홍콩섬, 주룽九龍(카오룽)반도, 신제新界를 통틀어 홍콩이라고 부르는데, 홍콩섬은 1840년 발발한 제1차 아편전쟁으로 영국군에 점령되었으며, 1842년 난징 조약을 체결하면서 청으로부터 정식으로 양도되었다. 1843년 영국은 홍콩섬에 빅토리아 시티Victoria City를 건립하고 총독부를 신설했다. 주룽반도는 1860년 제2차 아편전쟁으로 베이징 조약을 체결하면서 영속적으로 영국에 귀속되었다. 신제라고 불리는 곳은 1898년 영국이 중국으로부터 99년간 조차한 곳이다. 조차의 유효 기간은 1997년까지였다. 신제에는 홍콩섬과 주룽반도에 적용된 영구 양도 방식이 아닌 일시적인 조차 방식이 적용되면서 훗날 홍콩 반환에 신제를 넘어 홍콩섬과 주룽반도까지 포함되는 원인이 되었다.

식민지 홍콩의 토지 제도는 홍콩섬 점령과 함께 시작되었다. 전쟁 기간인 1841년 5월, 영국 선장 엘리엇Charles Elliot은 홍콩섬의 토지를 공유 상태로 유지하려고 전체 토지를 공유the Crown로 선포하고, 토지 제도 가이드라인 성격의 명령을 발표했다. ① 토지를 팔지 말고 임대할 것(75년), ② 토지개발권을 공공에 부여할 것, ③ 경매를 위해 '연간' 지대 최저 가격을 설정할 것, ④ 최고가 연간 지대 입찰자에게 임대할 것, ⑤ 정부에 통지하지 않는 사적인 토지 거래는 금지할 것 등의 다섯 가지 원칙은 홍콩 공공토지임대제의 기초를 다지는 데 중요한 역할을 했다.

영국이 홍콩에 이러한 조치를 한 이유에 대해 《홍콩의 역사》를 쓴 엔다콧George Beer Endacott은 "지가 상승에 따른 투기가 예상되기 때문에 좋은 부지를 확보하고 미래 발전을 보장하기 위해서"라고 설명한다.• 당시 모든 영국 식민지는 토지 투기로 몸살을 앓고 있었다. 여기에 더해 당시 홍콩은 낮은 소득세율과 영국 본국의 재정 지원 부족으로 토지 임대료 수입에 의존할 수밖에 없었다.

엘리엇이 제시한 공공토지임대제 원칙은 크게 임대 기간과 지대 납부 방식 두 가지 면에서 변화가 발생한다. 먼저 임대 기간이 길어졌다가 줄어들었다. 초기인 1843년에 건축용지와 기타 용지의 사용 기한은 각각 75년 및 21년으로 결정되었다. 임차인은 공개 경매 또는 연간 지대를 직접 납부함으로써 임차권을 획득했다. 그런데 주민들이 75년의 임대 기한에 만족하지 않자 1848년 영국 정부는 '무상'으로 75년 기한을 999년으로 연장했다. 1860년 주룽반도의 소유권

• G. B. 엔다콧, 윤은기 옮김, 《홍콩의 역사》, 한국학술정보, 2006.

이 영국에 귀속되면서 기존 토지 소유자는 토지 임대 기한이 999년인 임차인으로 인정받았다. 이와 동시에 토지 소유권을 상실한 토지소유주는 보상을 받았다. 그러다가 1898년 영국 정부는 홍콩 총독에게 999년의 임대 기한 제도를 폐지하도록 통지했으며, 75년을 새로운 임대 기한으로 하는 제도를 추진하도록 했다. 그러나 임차인의 강한 반대에 직면한 홍콩 식민지 정부는 부득이하게 75년의 '무상' 연장권을 허용한 뒤에야 75년 임대 기한 제도를 시행할 수 있었다.

또 하나, 경매 대상이 '연간 지대'에서 전체 사용 기간의 지대 총액으로 변경되었다. 즉, 경매로 토지 사용권을 취득할 때의 토지 사용료를 연납年納에서 일시납으로 전환했다. 토지 사용료 연납은 명목지대ground rent(연간 지대의 5%)로 변하여 고정되었다.• 이처럼 토지 사용료 납부 방식이 일시납으로 변경된 것 외에도 앞서 살펴본대로 임대 기간 변경 과정에서 임차료를 전혀 납부하지 않는 무상원칙이 적용되는 토지가 생기면서 홍콩의 토지 제도는 크게 후퇴했다.

현재 홍콩에서 토지 사용료 납부는 초기 토지 경매 임대 단계, 임대 계약 변경 단계, 연장(갱신) 계약 단계의 세 단계로 이뤄지는데, 이러한 세 단계에서 토지 사용료를 일시불로 납부한다. 이 책에서

• Sock-Yong Phang, 'Hong Kong and Singapore' in R. V. Andelson(ed.), *Land-Value: Taxation around the World*, Blackwell Publishers, 2000, p.340.

는 일시납 토지 사용료를 '토지 프리미엄'이라고 표현한다.

우선 1단계인 초기 토지 경매 임대 단계에서 사용 기간에 해당하는 토지 사용료를 일시불로 납부한다. 홍콩 정부는 한 필지의 토지 개발권을 경매 방식으로 임대할 때 계약서상에 용도, 고도, 구획비율 및 건축설계상의 제한을 기재한 후 이러한 내용의 임대 계약서를 토지 개발권 경매에 관심 있는 모든 개발업체에 보낸다. 토지 임대 계획은 각 회계연도 시작 시점에 공개 발표하며, 매월 공개 경매를 진행한다. 경매 진행 시에는 경매에 참여하는 개발업체의 상세한 정보를 공개한다. 앞에서 언급한 대로 매년 납부하는 명목지대가 이미 고정되어 있기 때문에 홍콩 정부는 초기 토지 경매 임대 단계에서 일시납 토지 사용료를 최대한으로 획득하고자 한다. 다음으로 2단계인 임대 계약 변경 시 임대료를 일시불로 납부한다. 임대 계약 변경을 희망하는 임차인은 신청 후 토지청의 공식 허가를 받아야 한다. 토지청이 허가하면 임차인은 변경된 계약으로 발생하는 토지 가치 증가분에 대해 일시불로 개발 이익betterment charge을 납부해야 한다. 마지막으로 3단계인 계약 연장 때 사용 기간에 해당하는 토지 사용료를 일시불로 납부한다.

현행 임대 제도하에서 홍콩 정부는 상술한 세 단계를 통해 토지 사용료를 회수할 수 있는데, 1단계에서 회수하는 일시납 토지 사용료 수입의 비중이 가장 크다. 후술하는 통계에 따르면 전체 토지 수입의 75%를 차지한다.

홍콩의 공공토지임대제가 구조적 한계에 빠진 이유

어떻게든 토지 사용료 수입을 많이 거두면 되는 것 아니냐고 물을 수 있다. 그러나 토지 사용료, 즉 지대가 부동산 투기의 대상이 되지 않으면서도 안정적인 재원이 되는 것이 매우 중요하다. 이러한 관점에서 시장 가치에 준하는 토지 사용료를 매년 회수하는 것이 가장 바람직하다. 그런 점에서 홍콩의 공공토지임대제는 구조적 한계에 빠질 수밖에 없었다. 홍콩의 토지 제도, 즉 공공토지임대제의 구조적 한계를 가져온 원인은 다음과 같이 요약할 수 있다.

먼저 토지 사용료 일시납과 낮은 수준의 명목지대가 고지가의 핵심 원인으로 작용했다. 리카도가 제시하고 헨리 조지가 도시 공간에 맞게 현대적으로 정립한 차액지대 이론에 따르면, 만약 정부가 비개량 토지에서 발생하는 지대를 매년 전부 환수한다면 지가는 이론상 0에 수렴하게 된다. 우리는 지가가 0인 사회를 상상하기 힘들다. 그런데 홍콩 토지 제도는 토지 사용료 일시납 방식이기 때문에 토지 경매 초기에 곧바로 지가가 형성된다. 게다가 75년 치 토지 사용료가 시장 경매로 결정되기 때문에 자연스럽게 고지가가 형성된다. 일시납 토지 사용료가 정부 입장에서 큰 수입처럼 보이지만, 75년 동안 매년 납부하는 토지 사용료 합산액과 비교하면 매우 낮은 수준이라는 점도 심각한 문제다. 필자가 중국 선전 경제특구의 토지 사용권 최초 유상 양도 사례를 분석한 결과, 토지 사용료 일시납 수입은 토지 사용료 연납 합산액의 10% 수준에 불과했다. 그만큼 정부가 누려야 할 재정수입의 큰 부분이 부동산 투기를 통해 개인의 주머니로 빠져나가는 것이다. 이러한 문제는 낮은 수준의 명목지대 부과 시스템과 결부되어 투기 수요를 자극하고, 다시 지가가 급등하는 원인이 되었다.

1970~1995년의 토지 사용료 수입 구성은 홍콩의 지가가 높은 원인을 설명해준다. 이 기간 전체 토지 사용료 수입 971억 4700만 미국달러 중에서 토지 사용료 연납액이 차지하는 비중은 겨우 4%에 불과했던 반면 토지 사용료 일시납 수입은 96%를 차지했다. 또한 일시납 수입 중에서 1단계 토지 경매의 일시납 수입이 75%로 가장 큰 비중을 차지했다. 여기에서 알 수 있듯이 홍콩 정부가 초기 토지 경매 일시납 수입에 지나치게 의존하면서 고지가를 초래했다. 홍콩이 일시납 수입에 의존하게 된 원인은 홍콩의 명목지대가 낮은 수준에 고정되어 있으며, 계약 연장 시 납부하는 일회성 토지 사용료에 대해 임차인들이 강렬하게 반대했기 때문이다. 그리고 재개발 등으로 토지 임대 계약을 재협상해야 하는데 이러한 과정이 어려우므로 결과적으로 초기 토지 경매 단계에서 가장 많은 토지 사용료를 확보하려고 노력했기 때문이다.

다음으로, '지나친 초기 일시납 의존 및 낮은 명목지대' 구조가 고지가는 물론 주택 가격 앙등을 초래했다. 토지 사용료 일시납 방식은 진입장벽과 토지 독점을 형성했고, 토지 독점은 다시 건축물과 주택 가격의 급등과 금융 불안정성 문제를 초래했다. 한 통계에 따르면, 홍콩 전체 주택의 70%가 7대 개발업체에 속하고, 55%는 4대 개발업체에, 25%는 개발업체 한 곳에 속한다. 초기 토지 경매 일시 납 금액이 몇백만 홍콩달러이기에 거대 자본가만이 경매 시장에 참 여할 수 있다. 이러한 자본가는 금융산업과 밀접한 관계를 맺기 때문에 부동산 가격의 폭락은 금융위기를 초래할 가능성이 크다. 비록 초기 토지 경매 일시납 금액이 높다 하더라도 선전 경제특구 사례에서 알 수 있듯이 미래의 토지 가치 증가분을 제대로 환수할 수 없다. 결과적으로 이러한 현상이 토지 투기를 초래하고, 다시 건축물 가격의 상승을 초래한다. 특히 1984년 홍콩 정부가 1997년 6월 27일 만기가 도래하는 모든 임대 계약을 '무상'으로 2047년까지 연장한 사건은 토지 투기를 더욱 강력하게 부추기는 계기가 되었다.

세 번째로, 토지 사용료 일시납 방식과 부동산담보대출의 결합으로 부동산 시장에 유동성 과잉이 초래되고 부동산 투기가 극심해지면서 1997년의 금융위기가 초래되었다. 홍콩의 부동산업과 건설업은 홍콩 증권시장의 45%를 차지했는데, 이는 싱가포르의 13%, 말레이시아의 8%, 일본의 2%, 영국의 10%에 비해 훨씬 높은 수치다.[*] 또 한 연구에 따르면 1998년 이후 대량 은행 대출이 이뤄

* Yu-Hung Hong, 'Policy Dilemma of Capturing Land Value Under the Hong Kong Public Leasehold System', Steven C. Bourassa and Yu-Hung Hong(ed.), *Leasing Public Land: Policy Debates and International Experiences*, Lincoln Institute of Land Policy, 2003, pp.151~176.

졌다.[*] 그리고 1998년의 통계 자료를 보면 과거 20년 동안 부동산 관련 대출이 GDP에서 차지하는 비중이 20~30% 수준이었는데, 1998년에는 무려 70%에 육박했다. 1980년대 초 개인 주택 구매를 위한 대출은 GDP의 8%였는데, 1998년에 이르러서는 40%까지 치솟았다. 이처럼 부동산 건설과 구매를 위한 대량의 담보대출이 부동산 시장에 유입되면서 부동산업이 지나치게 빠르게 확장했을 뿐만 아니라 홍콩의 경제 성장이 지나치게 부동산업에 의존하게 되었다. 자금력 있는 투자자들이 부동산 투기와 주식 투기를 선택하면서 최종적으로 부동산 시장의 거품을 초래했다.

위에서 언급한 세 가지 이유를 하나로 압축하면 '지대 자본화와 토지 사용료 일시납'이다. 이렇게 토지 경매 과정에서 지대를 자본화하여 지가가 형성되면 은행권의 부동산담보대출과 그에 따른 유동성 급증은 필연적이다. 그런데 앞서 하딘과 헨리 조지의 이론과 홍콩의 토지 제도를 소개할 때 그들이 제시한 핵심 원리가 무엇이었는지 상기해보라. 헨리 조지는 "각 필지를 최고 가격 청약자에게 임대"해야 한다고 했으며, 하딘은 "경매 등 시장 방식을 통해 공유 토지의 사용권을 개인에게 분배"하자고 했다. 홍콩의 초기 토지 제도를 설계한 엘리엇은 홍콩 공공토지임대제의 네 번째 원리로 "최고가 연간 지대 입찰자에게 임대할 것"을 요구했다. 매년 최고가 연간

[*]　任宏·王林著,《中国房地产泡沫研究》, 重庆大学出版社, 2008, pp. 203~207.

지대 입찰자에게 토지 사용권을 부여해야만 토지 사용료를 제대로 거둘 수 있으며, 각종 문제를 예방할 수 있다는 것이다. 그런데 홍콩은 그 반대로 갔다. 그 결과는 어떠한가?

물론 정부가 토지 지대를 자본화하여 일시납으로 받으면 장점도 있다. 바로 빠른 시간 안에 도시 기반 시설 재원을 확보할 수 있다는 점이다. 그런데 이는 착시다. 이는 중국의 선전 경제특구 사례에서 확인할 수 있다. 선전은 그러한 도시 발전 전략으로 부동산 거품 및 붕괴 위험과 도시의 지속 불가능성이라는 혹독한 대가를 치르고 있다. 홍콩도 마찬가지다.

바로 이러한 맥락에서 필자는 앨리스 푼이 마지막 장에서 제시한 대책에 대해 관점을 달리한다. 저자는 '토지 공급 확대를 통한 저지가 정책 추진', '직접 소득세 강화, 부유세 도입 등을 통한 토지 매각 의존도 약화' 등을 이야기했으며, 그 과정에서 '일시납 방식에 따른 공공토지 매각 방식의 유지'를 인정했다. 그리고 토지가치세의 도입은 현실적 난관이 클 것으로 예상했다. 하지만 필자는 홍콩이 매년 토지 사용료를 제대로 환수하지 못하면 토지 공급을 확대하더라도 저지가로 이어지기 어렵다고 본다. 그리고 천연자원인 토지는 재원을 확보하는 가장 우선적인 대상이어서 토지 수입 의존도를 낮추자는 주장은 타당하지 않다고 본다. 반면 홍콩의 현행 토지 제도를 개선해 매년 토지 사용료를 시장 평가 가치에 준하게 징수하면 저자가 주장하는 토지 공급 확대와 더불어 저지가라는 목표를 달성할 수 있다. 그리고 직접 소득세 증대와 부유세 도입의 목적인 빈부 격차 완화에도 어느 정도 기여할 수 있다. 그럼에도 복지 시스템 강화를 위해 부유세 등의 도입이 필요하다면 사회적 합의를 거쳐 추진할 수 있다. 또한 토지 사용료를 매년 제대로 징수하면 안정적인 토지 사용료 수입을 확보할 수 있게 되어 토지 매각 수익에 과도하게 의존하는 구조에서 탈피해야 한다는 문제의식은 약화된다. 사실 저자가 이야기한 토지 공급을 확대해 저지가를 유지하자는 주장과 토지 경매 수익에 의존하는 구조에서 벗어나자는 주장은 상호 모순된다. 그런데 토지 사용료 연납 방식으로 토지 경매를 확대하면 둘 사이의 모순을 해소할 수 있다.

토지특권에서 비롯된 경제적 불평등과 청년층의 좌절

홍콩의 공공토지임대제는 초기 모델의 가능성에도 불구하고 토지 임대 기간 및 토지 사용료 납부 방식에서 심각한 후퇴가 진행되었고, 특히 1997년 중국 반환 과정에서 토지 사용권이 무상으로 재연장되는 퇴보를 경험했다. 물론 매년 납부하는 토지 사용료는 여전히 낮은 수준이었다. 즉, 부동산은 투기의 대상이 될 수밖에 없었다. 그러자 중국 본토에서 부동산 자본이 유입되어 홍콩 부동산 시장은 더욱 교란되었고, 다른 사회구조적 요인과 결합되어 홍콩 시민들, 특히 청년들의 불만이 촉발되었다.

저자는 서론에서 "홍콩 사회에 만연한 무기력한 분위기 속에서 어두워지는 지평선 위로 밝은 빛이 희미하게 비쳐오고 있다. 이러한 조짐은 80년대 이후 세대가 각성하기 시작했음을 의미한다"라며 홍콩의 변화 가능성에 주목했다. 이는 2009년 6월 홍콩중문대학 학생회가 '우리 사회의 미래를 위한 건설적 제안'이라는 제목의 공개서한을 모든 홍콩 시민에게 보낸 일에 대한 긍정적 해석이었다. 저자는 서론 말미에 "80년대 이후 세대는 무시할 수 없는 강력한 시민 세력으로 성장할 것이다. 청년들은 부동산 과두 계급이 토지와 여타 경제 자원을 독점하고 있다는 사실과 이와 관련한 온갖 부정을 잘 알고 있다. 그들은 이에 맞서 싸우기로 했다. 이것은 전에는 예상하지 못한 중대하지만 미묘한 사회 변화다. 참으로 반갑고 상쾌한 변화다"라며 희망을 이야기했다.

저자의 바람은 이후 어떻게 전개되었을까? 당시 홍콩의 80년대 이후 세대는 '정치'로 답했다. 청년들은 2014년 우산 혁명을 일으키고 행정장관 직접 선출권과 홍콩 독립을 요구했다. 그러나 홍콩 정부는 이러한 문제들에 제대로 대처하지 못했고, 사회적 갈등과 분노는 누적되었다. 이러한 흐름은 2019년 6월 범죄인 송환법 이슈로 재점화되었다. 홍콩의 청년들은 기성세대와 함께 송환법 입법에 반대하고 홍콩의 민주화를 요구하며 저항했지만 안타깝게도 결국 국가 폭력에 제압당하고 말았다. 이후 2020년 5월 중국전국인민대표대회에서 통과된 홍콩 국가보안법은 중국-홍콩의 일국양제가 끝났음을 상징적으로 선포했다.

이제 홍콩 청년들이 선택할 수 있는 길은 홍콩을 떠나는 것이다. 홍콩중문대학 아시아태평양연구소가 홍콩에 사는 15~30세 시민 803명을 대상으로 조사한 결과 57.5%가 이민을 원한다고 대답했다. 2018년의 46.8%에서 약 10%포인트 상승한 수치다. 홍콩의 미래에 대한 낙관도 10점 만점에서 2.95점을 기록해 지난번 조사의 4.37점에 비해 크게 떨어졌다.[*] 홍콩 청년들은 이제 '탈출'로 답하고 있다. 토지특권이 초래한 경제적 불평등, 이를 시정할 수 있는 행정장관 선거권의 박탈로 홍콩 청년들은 무력감에 빠졌다.

한국은 어떠한가? 한국의 20~30대 청년들은 'N포 세대'로 불린다. 제대로 된 일자리를 구하지 못해 집도 연애도 결혼도 모두 포기했다. 그런데 수도권과 일부 지방 도시를 중심으로 집값이 폭등하자 그나마 자산을 끌어낼 수 있는 이른바 '영끌 청년들'이 부동산과 주식에 몰두했다. 최근에는 비트코인 같은 가상화폐 시장에 빠지고 있다. 한국도 토지와 부동산 문제가 심각하다. 부동산 자산 격차로 인한 사회·경제적 문제가 구조화되었다는 연구가 제출된 지 이미 오래다. 때로는 본서를 읽으며 홍콩과 한국이 오버랩되기까지 한다. 한국의 청년들에게는 대통령 선거권이 있는데도 말이다. 청년들에게 희망을 보여줄 수 없는 사회는 죽은 사회다.

만약 홍콩이 행정장관 직접 선거권을 갖게 된다면 구조적인 부

• 〈'홍콩 미래 없다' 청년 60%, 홍콩 떠나길 원해〉, 《뉴스1》, 2021. 04. 30.

동산 문제를 해결할 수 있을까? 필자가 보기에 소유권 사회ownership society에서 시민들이 직접 선거권을 획득하는 것만으로는 부동산 문제를 해결할 수 없다. 이미 무수한 이해관계가 뿌리 깊게 형성되어 있기 때문이다.

두 가지 성공적 공공토지임대제 사례가 떠오른다. 하나는 싱가포르다. 싱가포르는 리콴유라는 카리스마 넘치는 정치 지도자가 올바른 토지 정책을 강력하게 추진했다. 시민사회는 정치 지도자의 철학을 따라가면서 지지해주었다. 싱가포르의 토지 시스템은 오늘날까지 건강하게 유지되고 있다. 다른 사례는 저자도 부러워한 핀란드다. 핀란드는 러시아와의 전쟁 등을 거치며 개인보다 사회 공동체를 우선시하는 가치관이 형성되었다. 그러한 가치관은 토지 제도에도 잘 반영되었다.

건강한 토지 제도가 수립되고 유지되려면 건강한 비전을 가진 카리스마 넘치는 정치 지도자가 장기간 권력을 행사하거나, 아니면 공동체 의식 수준이 높은 사회 구성원들이 사회를 이끌어가야 한다. 그런데 카리스마 넘치는 정치 지도자를 마냥 기대할 수도 없다. 독재로 치닫기 때문이다. 결국 핀란드처럼 공동체 의식 수준이 높은 시민들이 선거로 정치 지도자를 뽑고 이들을 통해 건강한 제도를 만들고 집행하는 수밖에 없다. 이러한 점에서 중국이 약속한 일국양제라는 정치경제적 자주권과 행정장관 직접 선거라는 시민의 권리가 보장되는 것이 홍콩의 선결 과제다.

서론

1 Mercer Human Resources Consulting, *Worldwide Cost of Living Survey*, 2009.

2 CB Richard Ellis' Survey(www.cbre.com)

3 Census & Statistics Department, the Government of Hong Kong Special Administrative Region.

4 홍콩철도공사는 홍콩의 철도와 지하철을 소유하고 있다. 과거에는 주룽광둥철로 공사Kowloon Canton Railway Corporation와 지하철로공사Mass Transit Rail Corporation였다.

5 주택 소유 계획HOS 주택은 보조금을 지원받는 홍콩 공공주택의 한 유형이다. 이 주택은 구매와 판매, 근저당이 일정 정도 제한된다.

6 Global Property Guide(www.globalpropertyguide.com)

7 9개 항 계획의 요점은 1장의 51쪽 참조.

8 Rating and Valuation Department, the Government of Hong Kong Special Administrative Region.

9 Leung Chun-ying's website(www.cyleung.hk)

10 둥젠화는 1997년 시정보고에서 매년 8만 5000호 이상의 주택을 공급하겠다고 밝혔다.

11 홍콩주택청The Hong Kong Housing Authority은 공공주택을 공급하기 위해 설립된 법정 기구이다.

12 3장의 142~146쪽 참조.

13 David Webb's website(http://webb-site.com)

14 모두 지역 재개발 프로젝트에서 전통 건물을 지키기 위한 운동이었다.

1. 지배 계급

1 Hutchison Whampoa Limited website(www.hutchison-whampoa.com)

2 Feng Bangyan(馮邦彥), *Chinese Conglomerates in Hong Kong 1841-1997*(香港華資 財團 1841-1997), Hong Kong: Joint Publishing, 1997.

3 같은 책.

4 *Economic Digest*, May 26, 1985.

5 NWS Holdings Limited website(www.nws.com.hk)

6 CLP Group website(www.clpgroup.com.hk)

7 주2 참조.

8 PCCW website(www.pccw.com.hk)

9 Hong Kong Cyberport website(www.cyberport.com.hk)

10 Reuters Business News, March 17, 2003.

11 Hong Kong Exchanges & Clearing website(www.hkex.com.hk)

12 주6 참조.

13 Cheung Kong Holdings website(www.ckh.com.hk)

14 Henderson Land website(www.hld.com)

15 Sun Hung Kai Properties website(www.shkp.com.hk)

16 주5 참조.

17 Consumer Council, *How Competitive is the Private Residential Property Market?*, 1996.

18 Cheung Kong (Holdings) 2002 Annual Report.

19 Sun Hung Kai Properties 2002 Annual Report.

20 Henderson Land 2002 Annual Report.

21 Wharf Holdings 2002 Annual Report.

22 New World Development 2002 Annual Report.

23 주15 참조.

24 주14 참조.

25 Lam Pun-lee and Sylvia Chan, *Competition in Hong Kong's Gas Industry*, Hong Kong: The Chinese University Press, 2000.

26 Consumer Council, *Assessing Competition in the Domestic Water Heating & Cooking Fuel Market*, Hong Kong, 1995.

27 Lam Pun-lee, *Competition in Energy*, Hong Kong: City University of Hong Kong Press, 1997.

28 'At PCCW, Every Old is New Again', *Fortune*(www.fortune.com), April 4, 2002.

29 'Doing It Dad's Way', *Asiaweek*(www.asiaweek.com), February 23, 2001.

30 주2 참조.

31 주15 참조.

32 같은 출처.

33 2장 115~123쪽 참조.

34 주2 참조.

35 주14 참조.

36 주2 참조.

37 New World Development website(www.nwd.com.hk)

38 The Wharf (Holdings) website(www.wharfholdings.com); Wheelock and Company website(www.wheelockcompany.com)

39 주2 참조.

40 주6 참조.

41 Hongkong & Shanghai Hotels 2001 Annual Report.

42 *South China Morning Post*, June 18, 2005.

2. 토지와 권력

1 F. L. Ganshof, *Feudalism*, New York: Harper & Row, 1961 & 1964.

2 David Herlihy, *The History of Feudalism*, New York: Harper & Row, 1970.

3 Wendy Davis and Paul Fouracre (ed), *Property and Power in the Early Middle Ages*, Cambridge: Cambridge University Press, 1995.

4 R. H. Britnell, *The Commercialization of English Society*, Cambridge: Cambridge University Press, 1993.

5 Michael Hudson, G. J. Miller and Kris Feder, *A Philosophy for a Fair Society*, London: Shepheard-Walwyn, 1994.

6 Fred Harrison, *The Power in the Land*, London: Shepheard-Walwyn, 1983.

7 Roger Nissim, *Land Administration and Practice in Hong Kong*, Hong Kong: Hong Kong University Press, 1998.

8 1장의 주2 참조.

9 같은 책.

10 PBS website(www.pbs.org)(on tulipmania)

11 The Dirt Gardener's website(www.dirtgardener.com)(on tulipmania)

12 Consumer Council, *How Competitive is the Private Residential Property Market?*, 1996.

13 The Secretary for Housing, Planning and Lands, the HKSAR government, November 13, 2002.

14 The HKSAR government website (www.info.gov.hk/planning/info_serv/
statistic/landu_e.htm) (Map on Land Utilization in Hong Kong 2000)

3. 돈벌이 대 공익

1 Past annual reports of Cheung Kong (Holdings).

2 Past annual reports of Sun Hung Kai Properties.

3 Past annual reports of Henderson Land.

4 Sun Hung Kai Properties website (www.shkp.com.hk)

5 The Wharf (Holdings) website (www.wharfholdings.com)

6 Henderson Land website (www.hld.com)

7 New World Development website (www.nwd.com.hk)

8 Cheung Kong Holdings website (www.ckh.com.hk)

9 CLP Group website (www.clpgroup.com.hk)

10 Hongkong Electric Holdings website (www.hke.com.hk)

11 주9 참조.

12 주10 참조.

13 About Deregulation and Energy Shop website (http://www.energyshop.com/
energyshop/dereg.cfm)

14 The Public Interest Advocacy Centre website (http://www.piac.ca/Ontario%20
Electricity%20Restructuring1.htm)

15 Lam Pun-lee, *Competition in Energy*, Hong Kong: City University of Hong Kong
Press, 1997.

16 Hong Kong & China Gas website (www.hkcg.com.hk)

17 같은 출처.

18 Lam Pun-lee and Sylvia Chan, *Competition in Hong Kong's Gas Industry*, Hong
Kong: The Chinese University Press, 2000.

19 Consumer Council, *Assessing Competition in the Domestic Water Heating & Cooking
Fuel Market*, Hong Kong, 1995.

20 주13 참조.

21 Consumer Council, *Report on the Supermarket Industry in Hong Kong*, Hong Kong,
1994.

22 Consumer Council, *The Practice of Resale Price Maintenance in Hong Kong*, Hong
Kong, 1997.

23 The Environment, Transport & Works Bureau, the HKSAR government, Legislative Council brief, January 2006.

24 Transport International Holdings website(www.tih.hk)

25 Civic Exchange, *Paying for a Cleaner Bus Fleet*, November 2009.

4. 토지와 경쟁

1 *South China Morning Post*, June 18, 2005.

2 Yuming Fu and Stephen Ching, *Examining Competition in Land Market: An Application of Event Study to Land Auctions in Hong Kong*, Madison: University of Wisconsin-Madison, 2001.

3 Christine Loh and Citizens Party, *The Government's High Land Price: Can Hong Kong People Afford It?*, Hong Kong, 1997.

4 Hong Kong Democratic Foundation, *HKDF Newsletter No. 12: Government's Role in the Economy*, Hong Kong, 1999.

5 Consumer Council, *How Competitive is the Private Residential Property Market?*, Hong Kong, 1996.

6 Consumer Council, *Competition Policy: The Key to Hong Kong's Future Economic Success*, Hong Kong, 1996.

7 Trade and Industry Bureau, the HKSAR Government, *Government's Response to the Consumer Council's Report on Competition Policy*, Hong Kong, 1997.

8 Competition Policy Advisory Group, *Statement on Competition Policy*, Hong Kong, 1998.

9 David Webb(www.webb-site.com), *Hong Kong Needs a Competition Law*, 2001.

5. 사회·경제적 병폐들

1 Hong Kong Housing Authority website(http://www.housingauthority.gov.hk)

2 'Who Needs Hong Kong?', *Fortune*, May 2, 2002.

3 *Hong Kong Property Review*, January 2003.

4 Reis Inc's website(www.reis.com)

5 'Warnings for Hong Kong in an Online Retailer's Demise', *Business Week Asia*, December 18, 2000.

6 'Hong Kong's Unkind Cut', *Asia Times*, July 10, 2002.

7 Hong Kong Confederation of Trade Unions(HKCTU), *Annual Survey of*

Violations of Trade Union Rights, Hong Kong, 2002.

8 World Socialist Website(www.wsws.org), 'Opposition Grows in Hong Kong to Beijing's Big Business Administration', July 8, 2000.

9 'The Inevitable Decline of Hong Kong and the Clash of Civilizations', CNN (www.cnn.com), June 26, 2002.

10 *Asiaweek*(www.asiaweek.com), November 27, 1998.

11 Legislative Council website, 'Penny Stock Incident-Database on Particular Policy Issues'(http://www.legco.gov.hk/database/english/data_fa/fa-penny-stocks.htm)

12 The Expert Group to Review the Operation of the Securities and Futures Market Regulatory Structure, March 21, 2003, Report, Hong Kong.

13 David Webb(www.webb-site.com), 'Disserving the Public Interest', 2003.

6. 가능한 해결책

1 Citizens Party, *A New Direction for Public Housing in Hong Kong*, Hong Kong, 2001.

2 Mexico government, Submission Paper to the APEC Competition Policy and Deregulation Workshop in Merida, Mexico, *The Role of Competition Policy in Economic Development*, Mexico, 2002.

3 United Nations Conference on Trade and Development Secretariat, *Notes of Expert Meeting on Consumer Protection, Competition, Competitiveness and Development*, 2001.

4 United Nations Conference on Trade and Development Secretariat, *Report on Analysis of Market Access Issues Facing Developing Countries*, 2002.

5 European Union, *Citizen's Guide to Competition Policy-Introduction*.

6 European Union, *Citizen's Guide to Competition Policy-Liberalisation*.

7 'Women, Citizenship, and the End of Poverty', *YES Magazine*, Winter 2002.

8 'Time for a Wealth Tax?', *Boston Review*, February/March 1996.

9 Common Ground(USA), *The Key to Promoting Prosperity by Reducing Taxes on Labor and Capital*.

10 Common Ground(USA), *An Open Letter to the Mayors of the Cities and Towns in the United States*.

11 Land Value Taxation Campaign, *What is Land Value Taxation?*

텀블벅 북펀딩에 참여해주신 분들의 도움으로 만들었습니다.
관심과 후원에 감사드립니다.

강도	백현수	장아해
강선월	법률사무소 가치	장진실
강지혁	생각비행	저씨
경제운	서동규	전이슬
고두환	서점+마을회관	정경직
구본기	성승현	정철
기호룡	손지애	조성찬
김규희	솔솔	조성현
김남희	스터디카페 미스터콰이엇	조성희
김덕영	신니	조연민
김동진	심나현	조정혼
김상철	안강회	중국인민대학 교우회
김서룡	안건출	지수
김성환	안창영	지영
김성훈	염승탁	참된부동산연구소
김수동	오점환	최유림
김욱토마스크랜머	유병연	최혁규
김원	유상균	쿠웨이트박
김윤상	유영	클로이엄
김은진	유쾌한 말미잘	하명동
김재우	윤수종	하성안
김종범	이귀선	하태동
김주현	이동현	한윤애
김현철	이영림	한현주
김혜린	이원영 수원대 교수	현지
김혜원	이원정	050.111.0.11
김환희	이진수	2b1korea
더불어함께-성북	이태영	Day
문대웅	이희숙	jubileeyh
물빛	익명1	kay jang
박경화	임기헌	lilyrose
박승리	임석환	Sinae+Won
박현서	임인자	Urbanscrap
반달	임재만	White Stone 유승영
배인성	자캐오	YMCho